PFLANZENKRAFT

WOUTER
BIJDENDIJK

JORIS
BIJDENDIJK

PFLANZEN-KRAFT

30 außergewöhnliche Pflanzen und ihre geheimnisvolle Wirkung

Inhalt

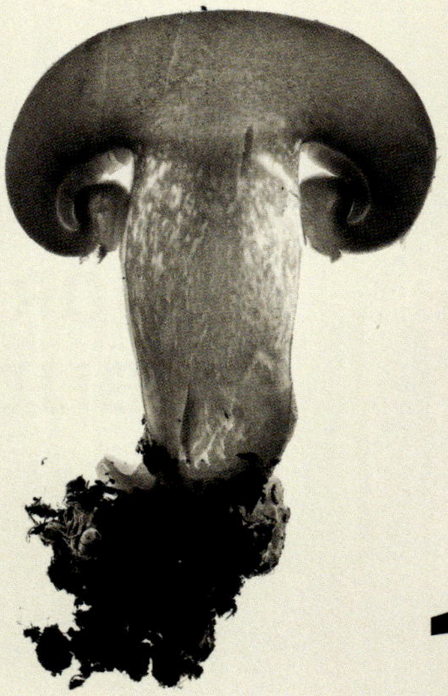

3

KRÄUTER UND GEWÜRZE

4

BLÄTTER UND BLÜTEN

5

KNOLLEN UND WURZELN

Vorwort

Pflanzen sind entwicklungsgeschichtlich viel älter als Tiere und Menschen. Und so müssen sie sich seit Millionen von Jahren bereits mit natürlichen Krankheitserregern wie Pilzen und Bakterien auseinandersetzen. Ebenso lange haben sie Zeit gehabt, sich gegen all diese Bedrohungen von außen zu wehren, indem sie etwa erfolgreich Stoffe entwickelt haben, die Bakterien und Schimmelpilze abtöten. Diese wichtigen Substanzen helfen aber nicht nur den Pflanzen, sondern auch uns. Genau wie die Pflanzen können wir Menschen sie für unsere eigenen Abwehrkräfte und viele andere Zwecke einsetzen.

Während meiner Feldforschung als Kulturanthropologe und Museumswissenschaftler in Südindien entdeckte ich, dass in der dort praktizierten Kampfkunst Kalaripayattu auch Heilpflanzen verwendet werden. In den Kampftempeln verwenden die Lehrer (Gurukals) diese Pflanzen, indem sie sie zu Ölen verarbeiten oder für Dampfbäder und Kompressen nutzen. Die Pflanzen unterstützen nicht nur die Heilung von Muskeln, Knochen, Gelenken und Sehnen der Kämpfer, sondern spielen auch eine wichtige Rolle bei der Vorbeugung von Verletzungen und der Förderung der körperlichen Regeneration.

In Kerala lernte ich die Heilkunst Siddha kennen, die ebenfalls auf Heilpflanzen basiert. Sie hat ihren Ursprung in der dravidischen Kultur und ist älter als die ayurvedische Heilkunst. Ich blieb sechs Monate in Indien, um mehr über Heilpflanzen zu lernen. Swami Siddha Anand Nataraj, der Siddhar-Weise und Alchemist, bei dem ich in die Lehre ging, erzählte mir, er bereite die mächtigste Medizin des Universums zu, die ausschließlich aus Pflanzen und Mineralien aus der Natur bestehe. Das reizte mich. Zusätzlich ging ich bei einem Magier in die Lehre, der mir das Schweben beibrachte – ein uraltes indisches Zauberkunststück.

Nach meiner Rückkehr in die Niederlande trat ich als Magier auf. Bei einer Schwebeaktion über dem Amsterdamer Spui verunglückte ich in zwölf Meter Höhe und zog mir dabei eine schwere Rückenverletzung zu. Ich probierte alle möglichen Arzneien und Therapien aus – Physiotherapie, Mensendieck-Therapie, orthomanuelle Therapie –, aber nichts half. Mein Zustand verschlechterte sich. Bis ich Paké traf, einen Medizinmann aus Surinam, der mir mit seinem Wissen über Heilpflanzen, das er von seinen afrikanischen Vorfahren erlernt hatte, helfen wollte.

Vor meiner Behandlung durch Paké ließ ich Röntgenaufnahmen von meiner Verletzung anfertigen und nach der Behandlung erneut. Ich hatte es schon gespürt, aber jetzt sah ich es schwarz auf weiß: Knochen und Gewebe meiner Wirbelsäule hatten sich erholt. Es schien wie ein Wunder zu sein und beeindruckte mich tief. Daraufhin beschloss ich, Medizin zu studieren, und schrieb mich für Pharmakognosie ein. Das ist ein Zweig der Pharmazie, der sich mit der Erforschung der physikalischen, chemischen, biochemischen und biologischen Eigenschaften von Arzneimitteln natürlichen Ursprungs beschäftigt. Ein weiterer Schwerpunkt dieser Fachrichtung ist die Suche nach neuen Arzneimitteln von natürlichen Quellen. Ich erwarb nicht nur Kenntnisse über die Wirkstoffe der Pflanzen, sondern auch darüber, wie man sie extrahiert und dosiert. Durch mein Studium hatte ich Zugriff auf über 2000 Jahre pharmazeutisches Wissen.

Danach führte ich Studienreisen durch, verfasste Artikel über Heilpflanzen und gründete ein Unternehmen für Ethnobotanik. Ich arbeitete wieder als Magier und trat mehrmals im Jahr im Ausland auf, oft in Ländern, in denen medizinische Heilpflanzen zur Anwendung kommen. 2011 reiste ich zum ersten Mal nach Surinam und lernte von den Paramaribo-Kariben, wie sie medizinisches Öl aus Pflanzen des Amazonasdschungels herstellen – eine Arznei, die sie als Körperschmerzmedizin bezeichnen.

Pflanzenkraft enthält zahlreiche Monografien über Pflanzen aus anderen Ländern und Kulturen. Auf meinen Feldforschungsreisen besuchte ich unter anderem die Kanarischen Inseln und Hongkong, Jamaika und andere Länder der Karibik, Nordamerika, Indien, Ägypten, Lappland und den Nahen Osten. Und zurück in den Niederlanden, kann ich ebenfalls mein Wissen noch weiter vertiefen. Seit Jahren arbeite ich am Hortus Botanicus der Freien Universität in Amsterdams Geschäftsviertel Zuidas. Dort lerne ich viel über den Anbau von Pflanzen und komme durch den Botanischen Garten in Kontakt mit lebenden Pflanzenbibliotheken. Sehr wertvoll! Ist es nicht interessant, dass 80 Prozent der Weltbevölkerung auf traditionelle Medizin angewiesen sind, bei der Pflanzen eine wichtige Rolle spielen?

Pflanzenkraft ist ein wertvolles Zeugnis für das uralte Wissen der Kräutermedizin verschiedener Kulturen. Ich stelle in diesem Buch bekannte und weniger bekannte Pflanzen, Früchte, Nüsse, Zwiebeln, Wurzeln, Blüten und Pilze vor, die eine Wirkung auf das Immunsystem, die allgemeine Gesundheit sowie auf Ausdauer, Verdauung und Vitalität haben und die Gehirnleistung verbessern. Darüber hinaus präsentiere ich Pflanzen, die in unseren Ritualen und Zeremonien eine wichtige Rolle gespielt und es den Menschen ermöglicht haben, mit den tieferen Schichten ihres Ichs in Kontakt zu kommen – Kuriositäten, die teilweise seit mehr als 10 000 Jahren von Menschen genutzt werden.

Die Inhalte dieses Buches basieren auf interdisziplinären Studien aus den Bereichen Anthropologie, Botanik, Pharmakognosie und Geschichte. Die dargestellten Methoden sind durch aktuelle wissenschaftliche Forschungen belegt. Außer in den Kapiteln über die spirituellen Erfahrungen finden sich überdies in jedem Abschnitt zwei vegetarische Rezepte vom Starkoch Joris Bijdendijk, meinem Bruder.

Pflanzenkraft ist nicht nur eine persönliche Reise, sondern auch eine Geschichte über das Streben des Menschen, im Einklang mit der Umwelt, dem Körper, dem Geist und dem »Unbekannten« zu leben und dieses zu begreifen. Zu diesem Zweck wurden und werden Pflanzen sowie Pilze verwendet, die in der Lage sind, fremde Kräfte, oxidativen Stress sowie mentale und körperliche Beschwerden zu beeinflussen und zu kontrollieren.

In einer Zeit großer Umweltverschmutzung, einer Pandemie, des Klimawandels, von Wohlstandskrankheiten, Krebserkrankungen und modernen Stadtmenschen, die entwurzelt und von der Natur abgekoppelt sind, ist es gut, sich wieder auf die uralte Verbindung zwischen Mensch und Natur zu besinnen – insbesondere auf das Reich der Pflanzen und Pilze. Das Buch ist vor allem eine wunderbare und manchmal provozierende Entdeckungsreise zu kraftvollen medizinischen und rituellen Pflanzen und Pilzen aus aller Welt – eine Reise, auf die ich dich hoffentlich mitnehmen kann.

Wouter Bijdendijk (M. A.)

Pflanzen sind entwicklungsgeschichtlich viel älter als Tiere und Menschen. Und so müssen sie sich seit Millionen von Jahren bereits mit natürlichen Krankheitserregern wie Pilzen und Bakterien auseinandersetzen. Ebenso lange haben sie Zeit gehabt, sich gegen all diese Bedrohungen von außen zu wehren, indem sie etwa erfolgreich Stoffe entwickelt haben, die Bakterien und Schimmelpilze abtöten. Diese wichtigen Substanzen helfen aber nicht nur den Pflanzen, sondern auch uns. Genau wie die Pflanzen können wir Menschen sie für unsere eigenen Abwehrkräfte und viele andere Zwecke einsetzen.

Unser Immunsystem

Wir Menschen werden immer älter und sollten folglich dann auch im Alter gesund sein. Doch genau das Gegenteil ist der Fall. Eine gewichtige Rolle für unsere Gesundheit spielt das Immunsystem, das sich aus einem erworbenen und einem angeborenen Teil zusammensetzt. Schon mit einfachen Maßnahmen können wir es stärken: Wir sollten uns ausreichend bewegen, das Rauchen aufgeben, genügend schlafen, uns entspannen und uns gesund ernähren. Ideal wären wöchentlich mindestens 25 verschiedene pflanzliche Lebensmittel, wie Obst und Gemüse in Bioqualität, Kräuter, Nüsse, Kerne und Pilze. Studien haben nachgewiesen, dass wir mindestens 30 verschiedene pflanzliche Lebensmittel in der Woche zu uns nehmen sollten.[1] Eine einseitige Ernährung schwächt das Immunsystem. Unsere Umwelt, unsere genetische Veranlagung, unser Lebensstil und vor allem auch unsere Ernährung spielen eine entscheidende Rolle für unsere Gesundheit. Diese Faktoren stehen in wechselseitiger Beziehung zueinander, und deshalb sollten wir unsere Gesundheit immer ganzheitlich betrachten.

Das Immunsystem ist eine der Grundsäulen unserer Gesundheit. Es wehrt nicht nur zuverlässig schädliche Bakterien, Viren, Pilze und andere Mikroorganismen ab, sondern erhält auch unsere allgemeine Gesundheit. Mir gefällt die Idee der Immunologin Jenna Macciochi, das Immunsystem als ein Sinnesorgan zu betrachten, das wir wie andere Sinne trainieren, verfeinern und stärken können.[2] Wenn du also gesund bleiben willst, dann solltest du dein Immunsystem dauerhaft unterstützen.

So sind etwa Bewegung, ein guter und ausreichend langer Schlaf, viel frische Luft, eine abwechslungsreiche Biokost (inklusive täglich 300 Gramm frische pflanzliche Lebensmittel wie Obst und Gemüse) und die Verwendung von Heilpflanzen und Pilzen ein erster guter Schritt, um das Immunsystem zu stärken. Auch eine kalte Dusche am Morgen verbessert nachweislich unsere Abwehrkräfte.[3] In den frühen Krankenhäusern Europas, die oft in Klöstern angesiedelt waren, hatte der (Kloster-)Garten eine zentrale Bedeutung für den Heilungsprozess.

Darmflora

Auch Omega-3-Fettsäuren (etwa aus Walnüssen) und bestimmte Pflanzenstoffe wie Polyphenole haben einen positiven Einfluss auf unser Immunsystem. Polyphenole hemmen Entzündungen und Krebs, und sie schützen unsere Körperzellen vor freien Radikalen. Beispiele dafür sind Anthocyane aus wilden Heidelbeeren, Schwarzen Johannisbeeren und Himbeeren, Sulforaphan aus Brokkoli, Resveratrol aus Weintrauben und Epigallocatechingallat (ECGC) aus grünem Tee und Matcha. Auch die Vitamine A, C und E sowie Ballaststoffe und Probiotika sind hilfreich. Vor allem Ballaststoffe füttern die guten Bakterien im Darm und sorgen für eine gesunde Darmflora. Gerät die Darmflora aus dem Gleichgewicht, kann das mitunter sogar zu Fettleibigkeit, Depressionen, Alzheimer und Allergien führen.

Der größte Teil unseres Immunsystems befindet sich eigentlich in unserem Darm. Der Schweizer Arzt Alfred Vogel formulierte es so: »Der Tod sitzt im Darm.«[4] Tatsächlich gelangen Krankheiten oft über den Darm in unseren Körper. Deshalb ist eine gute Darmflora unerlässlich. Wir sollten also wissen, was wir unserem Körper zuführen, was wir essen und trinken und wie sich die Ernährung auf unsere Gesundheit und Widerstandskraft auswirkt. In unserem Darm leben Milliarden von Bakterien und Viren. Die meisten brauchen wir, und sie helfen uns.

Ein intaktes Immunsystem erkennt gute Mikroben und lässt sie in Ruhe, während böse Eindringlinge abgewehrt oder bekämpft werden. Eigentlich greift das Immunsystem alles an, was genetisch anders aussieht, und es hat auch ein »Gedächtnis«. Wenn wir unter Stress leiden, bestimmte Medikamente einnehmen und reichlich Alkohol trinken, dann können Krankheitserreger leichter über die Darmschleimhaut eindringen. Unser Körper nimmt auch Hochleistungssport als Stress wahr, denn dadurch gelangt zu wenig Energie in das Abwehrzentrum, unseren Darm.[5]

Die guten Bakterien informieren unser Immunsystem über neue, ihnen unbekannte Mikroben. Unser Gehirn und unser Darm sind eng miteinander verbunden. So werden etwa 95 Prozent des »Glückshormons« Serotonin im Darm produziert. Daraus lässt sich schließen, dass man sein Immunsystem trainieren kann und sich nicht ständig in einer allzu sterilen Umgebung aufhalten sollte. Dies lässt sich vielleicht am besten mit einem Impfstoff vergleichen, der eine Immunreaktion auslösen soll, die uns in der Zukunft vor einer bestimmten Krankheit schützen wird.

Entzündungen

Viele Krankheiten werden durch Entzündungen verursacht. Ein gut funktionierendes Immunsystem erkennt Entzündungen und schaltet sie direkt aus. Eine Entzündung ist eine notwendige Immunreaktion, sollte aber dennoch immer nur ein akuter, kurzfristiger Angriff sein. Bei einem schlecht funktionierenden Immunsystem können Entzündungen schnell chronisch werden und wiederum Krankheiten auslösen. Bakterien sind eine Ursache für Entzündungen. Viele Menschen schrecken vor dem Wort Bakterien zurück. Dabei leben wir in einer engen Symbiose mit vielen guten Bakterien. Besonders in unserem Darm gibt es Milliarden von ihnen, die wir als unsere Verbündeten betrachten sollten. Unser Körper ist wie ein Ökosystem mit vielen verschiedenen Bewohnern. So verursachen etwa 95 Prozent der Bakterien, die uns umgeben und in uns leben, keine Krankheiten.[6]

Die meisten von uns, die beispielsweise wegen einer Blasenentzündung Antibiotika einnehmen, wissen nicht, dass sie damit auch ihre guten Darmbakterien abtöten. Obwohl Antibiotika großartige Medikamente sind und schon Millionen Menschenleben gerettet haben, ist Vorsicht geboten. Werden sie zu häufig verabreicht, schwächen sie langfristig unser gesamtes Immunsystem (insbesondere im Darm) und machen uns anfälliger für Grippeviren. Ein Nachteil der vielen chemischen Antibiotika sind übrigens ihre Langzeitnebenwirkungen. Wir zerstören damit unser natürliches Gleichgewicht und die Darmresistenz und töten auch die guten Bakterien, was wiederum unsere Abwehrkräfte schwächt. Die langfristigen Gefahren waren anfangs noch nicht bekannt. Meiner Meinung nach sollten wir unbedingt gute Pro- und Präbiotika einnehmen, falls wir uns für Antibiotika entscheiden oder nichts anderes mehr hilft.

Kurze, heftige Entzündungen helfen dem Immunsystem dabei, Krankheitserreger auszuschalten.. Das stärkt die Abwehrkräfte. Allerdings können kurze Entzündungen aus verschiedenen Gründen chronisch werden und das Immunsystem langfristig schwächen. Andererseits kann man sein Immunsystem auch überfordern und dann eine Allergie oder eine Autoimmunerkrankung entwickeln – also praktisch überreagieren. Viele Menschen leiden an chronischen Entzündungen, die erst einmal unerkannt bleiben, aber dennoch dem Körper schaden. Gegen diese chronischen Entzündungen sollte man aktiv vorgehen und sie bekämpfen, indem man beispielsweise zunächst seine Ernährung umstellt. Antioxidantien aus Gemüse und Obst sind ein erster Schritt. Viele Menschen leiden an einem Nährstoffmangel, weil sie sich zu einseitig ernähren und

Besonders in unserem Darm gibt es Milliarden von Bakterien, die wir als Verbündete betrachten sollten. Unser Körper ist wie ein Ökosystem mit vielen verschiedenen Bewohnern. So verursachen 99 Prozent der Bakterien, die uns umgeben, keine Krankheiten.

somit zu wenig Spurenelemente, Mineralien, Vitamine, Antioxidantien und andere nützliche Pflanzeninhaltsstoffe, gute Fette und gesunde Proteine zu sich nehmen. Längst bekannt ist ja, dass der Verzehr industriell verarbeiteter und raffinierter Produkte, darunter auch Fastfood, unsere Immunabwehr zerstört. Die »amerikanische Standarddiät« ist nach Ansicht des Arztes und Forschers Kris Verburgh eine der ungesündesten der Welt, und viele stimmen ihm zu.

So ist Verburgh überzeugt, dass viele körpereigene Antioxidantien, die freie Radikale tausendmal besser unschädlich machen als ein Antioxidans-Präparat, unbedingt Selen brauchen, um richtig zu funktionieren, aber auch Proteine des Immunsystems.[7] Die meisten Europäer nehmen zu wenig Selen auf; die Böden in Europa sind vielfach ausgelaugt und enthalten oft zu wenig Selen. Lebensmittel aus dem Meer, wie Austern, und auch verschiedene Nüsse, Kerne und Samen sind reich an Selen. Eine der reichsten natürlichen Selenquellen sind Paranüsse, die 60 bis 90 Mikrogramm enthalten. Zu viel Selen ist ungesund, dennoch ist es lebenswichtig. Man muss also nicht jeden Tag eine Paranuss essen, eine kleine Handvoll in der Woche reicht aus.[8] Brennnessel und Spirulina enthalten ebenfalls Selen.

Für Menschen, die unter Mineralmangel leiden, empfiehlt sich ein natürliches Mineralstoffpräparat. Bei einer abwechslungsreichen Biokost nehmen wir grundsätzlich genügend gesunde Stoffe auf und müssen uns keine Gedanken über zusätzliche Nahrungsergänzungsmittel machen. Wer sie dennoch braucht, für den könnte Shilajit eine besonders interessante Mineralstoffquelle sein. Es wird auch Schweiß oder Tränen des Himalajas genannt. Dieses natürliche Harz ist aus prähistorischem Pflanzenmaterial entstanden und geformt und wird wie eine Art Urpech durch Druck und Sonnenwärme aus den Felsen des Himalajagebirges freigesetzt. Das natürliche Extrakt entstammt dem Urwald, der vor Millionen von Jahren existierte. Shilajit ist eine komplexe natürliche Mischung aus mindestens 85 Mineralien, von denen fünf in keinem anderen Stoff auf der Erde in natürlicher Form vorkommen. Im Ayurveda wird Shilajit als »Rasayana« bezeichnet, das Kraft, Immunität und Vitalität stärkt. In 3000 Jahre alten Sanskritschriften findet Shilajit bereits als »Zerstörer der Schwäche« Erwähnung. Sein wichtigster bioaktiver Bestandteil ist die Fulvinsäure. Sie entgiftet unseren Körper, reguliert seinen pH-Wert und verbessert die Aufnahme von Nährstoffen, insbesondere von Mineralien. Fulvate (die Salze der Fulvinsäure) wirken unter anderem als Antioxidantien, die schädliche freie Radikale neutralisieren und helfen, sie aus dem Körper zu leiten. Tierstudien konnten nachweisen, dass Shilajit kognitive Funktionen und die Blutzufuhr zum Gehirn verbessert.

Menschen, die zu viel Zucker essen, haben ständig einen zu hohen Blutzuckerspiegel, wodurch der Körper quasi »verzuckert« und Entzündungen entstehen. Zu viel Zucker lässt uns schneller altern. Außerdem schwächen Pestizide in nicht biologisch angebauten Lebensmitteln unser Immunsystem und verursachen ungewünschte Entzündungen. Es ist allgemeinhin bekannt, dass Übergewicht chronische Entzündungen begünstigt. Deshalb ist eine gute und ausgewogene Ernährung mit wenig schnellem Zucker, wenig Auszugsmehl und Stärke so überaus wichtig. Wir sollten stattdessen langsamere Zucker, wie Vollkornprodukte, zu uns nehmen und Softdrinks meiden. Welchen Schaden weißer Zucker anrichten kann, ist inzwischen bekannt. Mein Großvater August Bijdendijk, der Haus- und Hautarzt war, erklärte uns, dass weißer Zucker eigentlich das Schlechteste sei, was wir unserem Körper geben könnten. Dieses Wissen ist nicht neu. Schon Joseph L. Greenstein (1893–1977), besser bekannt als The Mighty Atom und einer der stärksten Männer der Welt, schrieb in seiner gleichnamigen Biografie, dass Zucker kein Nährstoff, sondern ein totes Lebensmittel sei: eine vitaminlose, süchtig machende Droge, die weder dem Leben noch dem eigenen Wohlbefinden zuträglich sei.

Ärzte können bestätigen, dass ausreichende Bewegung (allerdings kein übertriebener Leistungssport) eine gute Gesundheit und ein gesundes Immunsystem unterstützt, da dadurch unter anderem unsere Lymphknoten aktiviert werden. Lymphknoten produzieren Immunzellen zur Abwehr von Infektionen und transportieren sie über die Lymphflüssigkeit zu verschiedenen Stellen in unserem Körper. Doch damit das passiert, müssen wir selbst aktiv werden. Das Blut – bei einem Erwachsenen sind es durchschnittlich fünf Liter – wird durch elektrische Impulse und Muskelbewegungen des Herzens durch den ganzen Körper gepumpt. Die Lymphflüssigkeit, von der wir im Schnitt 15 Liter haben, kann nur fließen, wenn wir uns körperlich betätigen. Ideal sind mindestens 40 Minuten Bewegung am Tag. Je mehr wir uns bewegen, desto geringer ist das Risiko für Alterskrankheiten, denn Bewegung zwingt unsere Zellen, härter und länger zu arbeiten. Die dadurch erlittenen Schäden stärken die Zellen für die Zukunft – wir bezeichnen das als Hormesis.[9] Den gleichen Effekt erzielt man mit einer kalten Dusche am Morgen oder einem gelegentlichen Saunabesuch. Unser Körper ist nicht für das lange Sitzen gemacht. Und an zu viel

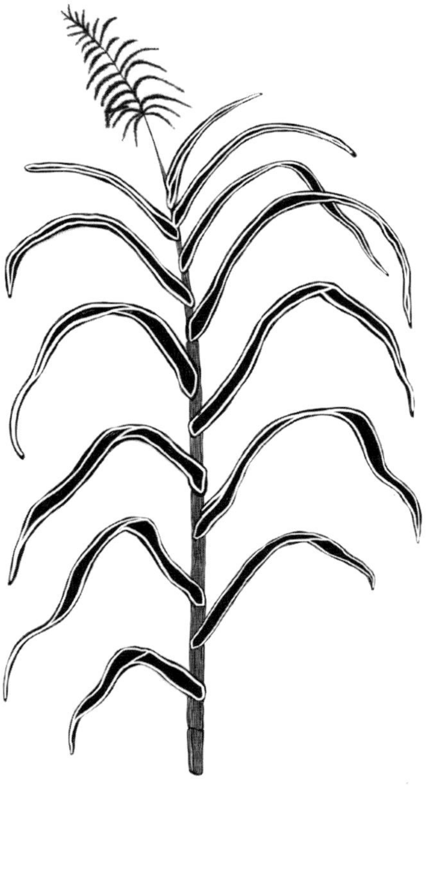

Zuckerrohr — Millionen von Menschen (meist Afrikaner) wurden ausgebeutet und starben durch gierige Menschen aus dem Westen, die sie mit Gewalt und Sklaverei zur Arbeit auf Plantagen zwangen. Viele überlebten nicht einmal die Überfahrt aus ihren Heimatländern. Jahrelang war Zucker in Europa nur der reichen Elite vorbehalten, doch heute ist er zum Milliardengeschäft geworden, und jeder isst ihn. Das ist keine gute Entwicklung, denn zu viel weißer Zucker fördert Krankheiten und Fettleibigkeit. Positiv ist nur, dass Zucker die Haltbarkeit von Lebensmitteln und Heilkräutern, etwa in Sirupen, verlängert.

Die meisten Menschen, die zu viel Zucker essen, haben ständig einen zu hohen Blutzuckerspiegel, was den Körper sozusagen »verzuckern« lässt und Entzündungen begünstigt. Zu viel Zucker lässt uns schneller altern.

Licht in der Nacht sind unsere Körperfunktionen, unser Immunsystem und unsere allgemeine Gesundheit nicht gewöhnt – gerade auch vor dem Hintergrund, dass wir heute im Vergleich zur bisherigen gesamten Evolutionsgeschichte so völlig anders leben und unser Körper diese Zustände bis vor Kurzem nicht kannte. Unser modernes Leben entspricht einfach nicht unserer Natur.

Andere schwächende Elemente

Unser Immunsystem wird durch das Trinken von verunreinigtem Wasser und andere über die Luft aufgenommene Gifte geschwächt. Der Feinstaub von Industrie, Autos, Flugzeugen, Schiffen und Lastwagen schadet uns ebenso und führt zu mehr Krankheiten und einem verkürzten Leben. Auch radioaktive und andere Strahlungen schwächen uns, obwohl Studien belegen, dass eine sehr geringe radioaktive Dosis uns eher stärkt, da Strahlung eine hormetische Wirkung haben kann (siehe vorherigen Absatz).[10] Über einige Arten von Strahlungen ist bislang wenig bekannt. Viele Menschen leiden unbewusst unter elektromagnetischem Stress, weil sie den ganzen Tag vor ihrem Laptop oder am Handy verbringen.

Wenn man sich nun vornimmt, jeden Tag fünf Kilometer zu gehen, dann sollte man ein Stück barfuß auf Gras, Steinböden oder gepflasterten Wegen laufen. Auf diese Weise baut man Anspannung ab. Das Stresshormon Cortisol fördert Entzündungen, und Stress ist, genau wie auch Angst, immunsuppressiv. Meditation, Momente der Stille, Spaziergänge draußen in der Natur, Entspannung und guter Schlaf sind ebenso wichtig. Wer noch nie meditiert hat, schaut in der Natur auf einen Bach oder Fluss und versucht, das Fließen des Wassers zu spüren. Wenn man sich Zeit für die Stille nimmt, um den Fluss der Natur, den Fluss des Wassers und den Fluss seines Organismus zu spüren, ist das genauso gut wie Meditation.[11] Folgt man der fließenden Bewegung seines Atems, wird man ganz ruhig.

Menschen, die sechs Stunden oder weniger pro Nacht schlafen, erkälten sich viermal häufiger, wenn sie einem Virus ausgesetzt sind, als Menschen mit mehr als sieben Stunden Schlaf pro Nacht.[12] Das blaue Licht von Laptops und Smartphones stört unseren Schlaf und unsere biologische Uhr. Zwei Stunden vor dem Schlafengehen sollte man daher das Smartphone zur Seite legen. Oder man trägt eine Brille mit Blaulichtfilter. Es gibt einige schlafbegünstigende Lebensmittel, sie enthalten Tryptophan, eine Vorstufe des entspannenden Stoffes Serotonin und des schlafffördernden Melatonins. Diese Substanz finden wir in Bananen, Brokkoli, Nüssen und Spinat. Pistazien enthalten von allen Lebensmitteln das meiste Melatonin.

Ausreichend Bewegung, Schlafen in einer ruhigen, kühlen Umgebung, Verzicht auf anregende Getränke wie Kaffee und Tee bis zu sechs Stunden vor dem Schlafengehen und ausreichend natürliches Licht am Tag sind hilfreich, um besser zu schlafen. Tatsächlich gibt es viele Möglichkeiten, den Schlaf zu verbessern und das Immunsystem zu stärken. Weiterführende Informationen finden sich in meinem Literaturverzeichnis (ab Seite 256), und natürlich kann man sich auch an seinen Hausarzt wenden und um Rat bitten. Unbestritten ist jedoch – um es mit den Worten des Professors der Neurologie und Psychologie und des Autors von *Sleep,* Matthew Walker, zu sagen –, dass »je kürzer du schläfst, desto kürzer dein Leben« ist.[13]

Ich möchte noch eine Lanze für die gute alte Seife brechen. Die hydroalkoholischen Gele auf Ethanolbasis, die wir inzwischen immer häufiger verwenden, sollten nicht über einen längeren Zeitraum benutzt werden, denn sie schädigen den Bakterien- und Lipidfilm unserer Haut, die eigentlich eine Barriere für Viren und andere Mikroben bildet.[14] Viele Menschen leiden an einer Immunschwäche, die teilweise auf den übermäßigen Gebrauch antibakterieller Produkte und ein falsches Verständnis für die Bedeutung von Bakterien für unser Immunsystem zurückzuführen ist. Unser Körper wird von Jahr zu Jahr empfindlicher. Je mehr alkoholhaltige Gele wir verwenden, desto sensibler und empfänglicher wird unsere Epidermis für Viren. Wir sollten also wieder klassische Seifen benutzen!

Stärkung des Immunsystems

Das Immunsystem wird nachhaltig gestärkt, wenn man Sport treibt und ein nicht allzu steriles Leben führt. Eine wissenschaftliche Studie der Universität Pittsburgh von 1997 konnte zudem nachweisen, dass Menschen mit einem großen und vielfältigen sozialen Netzwerk (Familie, Freunde, Kollegen, Nachbarn) besser vor Erkältungsviren geschützt sind als Menschen mit kleinerem sozialem Netzwerk. Ein großes, vielfältiges soziales Netzwerk stärkt das Immunsystem! Ist das Netzwerk hingegen kleiner, wirkt es sich auf das Immunsystem sogar negativer aus als Rauchen, Schlafmangel, Alkoholkonsum und Vitamin-C-Mangel.

Fast alle kleinen und großen Wehwehchen beginnen mit Entzündungen in den Zellen. Deshalb sind neben einem ausreichenden Maß an Bewegung und Ruhe, einschließlich Schlaf, eine entzündungshemmende Ernährung und der Verzehr verschiedener (Bio-)Lebensmittel unerlässlich für unsere Gesundheit. Erst dann nehmen wir genügend unterschiedliche Nährstoffe und Antioxidantien zu uns, die unserem Körper helfen, zu entgiften und Entzündungen zu hemmen, ausreichend weiße Blutkörperchen zu bilden und unser Immunsystem insgesamt zu stärken.

So ist es beispielsweise gut zu wissen, dass Spargel – neben mehreren anderen Nährstoffen – das meiste Gluthation von allen Lebensmitteln enthält. Gluthation ist ein sehr starkes Antioxidans. Es wird in unserer Leber aus Aminosäuren (Proteinen) gebildet, und zwar etwa zehn Gramm pro Tag. Einige Orthomolekularmediziner bezeichnen Glutathion sogar als die »Mutter aller Antioxidantien«. Der Orthomolekularmediziner Carel Hoffman erzählte mir, dass Glutathion definitiv das Herzstück beim Schutz vor freien Radikalen bilde. Glutathion bindet toxische Substanzen, darunter Schwermetalle, Lösungsmittel und Pestizide, da es diese fettlöslichen Stoffe in wasserlösliche umwandeln kann. Nur wasserlösliche Stoffe können über die Leber, die Galle, den Darm oder die Nieren ausgeschieden werden. Gluthation stärkt das Immunsystem und fördert seine Aktivität. Außerdem beugt es dem Abbau der Gehirnleistung vor. Die Studie von Ralf Dringen und Johannes Hirrlinger aus dem Jahr 2003 konnte beweisen, dass das Antioxidans Glutathion für die zelluläre Entgiftung reaktiver Arten von Sauerstoff in den Gehirnzellen essenziell ist. Alter und Stressfaktoren lassen die Glutathionproduktion sinken. Es scheint daher sinnvoll zu sein, Glutathion zusätzlich über die Nahrung aufzunehmen, wenn wir gesünder und länger leben möchten. Avocados und Walnüsse enthalten von Natur aus viel davon.

Auch das Fasten hilft unserem Immunsystem, denn es befördert abgestorbene Immunzellen aus dem Körper.[15] Darüber hinaus gibt es eine ganze Reihe von Pflanzen, die unsere Abwehrkräfte stärken. Bei Erkältung oder Grippe schwöre ich auf Echinacea *(Echinacea purpurea)*, und in der Grippesaison trinke ich einen Sirup aus Holunderblüten *(Sambucus nigra)*, der meine Abwehrkräfte unterstützt. Viele ätherische Öle wirken antiviral, antibakteriell und antimykotisch. Wir Menschen besitzen ein Abwehr- und Heilungspotenzial, das unendlich viel stärker ist als jedes Medikament und erstaunlich schnell aktiviert werden kann – vorausgesetzt, wir stellen unserem Körper die richtigen Bausteine zur Verfügung. Ja, man könnte sagen, unser Körper ist eine echte Heilungsmaschine!

Spargel enthält von allen Lebensmitteln, neben anderen Nährstoffen, das meiste Glutathion. Fakt ist auch, dass Heilpflanzen und Pilze uns helfen, gesund zu bleiben.

Wer mehr darüber erfahren will, wie man sein Immunsystem auf natürliche Weise stärken kann, muss auf eigene Faust recherchieren. Fast nirgendwo habe ich all dieses Wissen gebündelt vorgefunden. Genau das aber möchte ich mit diesem Buch teilweise erreichen. Ich habe mit Freude und Hingabe dicke Stapel wissenschaftlicher Forschungsarbeiten und jede Menge populärwissenschaftlicher Bücher zu diesem Thema gewälzt. Doch nur in Dr. Jenna Macciochis Buch über das Immunsystem stieß ich auf eine gute und verständliche Erklärung – allerdings erst, als ich dieses Kapitel bereits verfasst hatte. Das Immunsystem ist ein äußerst komplexes Gebilde, dem man nicht mal eben schnell einen echten Booster verpassen kann, sondern das durch Faktoren wie Schlaf, Bewegung, eine gute Darmflora und eine richtige Ernährung gehegt und gepflegt werden muss. Ich werde an dieser Stelle nicht näher auf Autoimmunkrankheiten eingehen, denn deren Gründe bleiben vage und haben selten nur eine Ursache. Allergien sind auf gewisse Weise mit der Autoimmunität verwandt und oft Folge einer Überreaktion des Immunsystems – Allergien reagieren nicht auf uns, sondern auf harmlose Nährstoffe und Dinge aus unserer Umwelt.

Validierung

Die Validierung eines Krebsmittels bis zum Stadium der Erprobung am Menschen in einem validen Umfang kostet heute zwischen 500 Millionen und einer Milliarde Dollar. Eine solche Investition scheint gerechtfertigt zu sein, wenn man bedenkt, dass ein Medikament dem Unternehmen, das das entsprechende Patent hält, eine Milliarde Dollar Gewinn im Jahr einbringt. Aber niemand macht sich die Mühe, den Nutzen von Brokkoli, Himbeeren oder grünem Tee nachzuweisen, da diese Lebensmittel nicht patentiert werden können und sich die Anfangsinvestition für ein solches Vorhaben auch durch die späteren Einnahmen niemals amortisieren würde. Um nachzuweisen, dass auch Lebensmittel gezielt zur Krebsbekämpfung eingesetzt werden können, wird es niemals derart groß angelegte Versuchsreihen an Menschen geben, wie es bei Medikamenten der Fall ist. Deshalb hören wir oft den Satz: »Die ganzen Studien an Mäusen beweisen noch nichts für den Menschen.« Das mag zwar stimmen, aber diese Studien zeigen, wie wahrscheinlich die Wirksamkeit dieser Medikamente ist.[16] Deshalb sollten wir öffentliche Instanzen viel stärker dazu ermutigen, die Erforschung der Wirksamkeit von »ganz normalen« Lebensmitteln gegen Krebs beim Menschen zu finanzieren.

Das gilt meiner Einschätzung nach auch für die Erforschung der Stärkung unseres Immunsystems. Es ist bewiesen, dass Bewegung und eine gesunde Lebensweise das Risiko für bestimmte Krebsarten senken, aber das bedeutet noch nicht, dass der Krebs vollständig ausgerottet wird. Wir können nicht alle Risiken ausschalten, aber wir können viel dafür tun, indem wir unser Immunsystem durch Mittel und Methoden stärken, die es erhalten, die präventiv vor Krankheiten schützen und die zudem vergleichsweise günstig sind. Glücklicherweise gibt es immer mehr wissenschaftliche Studien zu diesem Thema, und wir lernen, den Einfluss von Ernährung und Lebensstil auf unsere Gesundheit immer besser zu verstehen.

Viele Menschen sammeln auf eigene Faust weiterführende Informationen und klären sich gegenseitig auf. Unser Land täte gut daran, eine Stelle einzurichten, die die Präventivmedizin fördert und Denkfabriken unterstützt. So gelangt allmählich immer mehr Wissen in Umlauf, und es entstehen Informationszentren, in denen Menschen Erkenntnisse über die Funktion des Immunsystems erhalten und sich austauschen können. Auch Schulen sollten ein Fach einrichten, das sich mit gesunder Ernährung und natürlichen Möglichkeiten zur Stärkung des Körpers und des Immunsystems beschäftigt. Wir müssen offen für andere Essgewohnheiten, für Speisen und den Lebensstil anderer Kulturen und für andere Ansichten sein, denn wir können viel voneinander lernen. Gemeinsam sind wir stark – immerhin ist alles miteinander verbunden.

Es gibt noch zahlreiche weitere Wege, um unser Immunsystem zu stärken. Und so sollten wir am besten selbst aktiv werden und recherchieren, um herauszufinden, was individuell funktioniert. Ein Ausgangspunkt können die Bücher und die anderen Informationsquellen aus meinem Literaturverzeichnis ab Seite 256 sein.

Myzel — Das unterirdische Myzelsystem verzweigt und formt sich nach dem gleichen natürlichen Prinzip wie bei elektrisch geladenen Blitzen. In unserem Nervensystem, im Gehirn und in den Gehirnzellen finden wir ähnliche Verbindungen und Verästelungen.

WIE DAS BUCH ZU VERWENDEN IST

Jedes Kapitel nennt die lateinischen Namen von Pflanzen oder Pilzen, sodass du nach dem Lesen selbstständig weiterforschen kannst. Im hinteren Teil des Buches findest du ein Glossar (ab Seite 253) mit den wichtigsten Inhaltsstoffen der Pflanzen und Pilze sowie deren Wirkung. In den Texten tauchen gelegentlich komplizierte Wörter auf, wie etwa medizinische Fachbegriffe, die ebenfalls im Glossar erklärt werden. Dieses Buch hat ein Literaturverzeichnis (ab Seite 256), in dem du alle meine Quellen findest.

Du kannst jedes Kapitel einzeln lesen, aber ich empfehle dir, das Buch zunächst von vorn nach hinten durchzulesen. Zur besseren Übersicht ist das Buch in Kategorien unterteilt. Jede Pflanze oder jeder Pilz hat ein eigenes Kapitel in der jeweiligen Kategorie. Und in jedem Kapitel findest du eine detaillierte Beschreibung einer Pflanze, eines Pilzes oder eines pflanzlichen Produkts und deren Wirkung auf den Körper und/oder den Geist. Am Ende jedes Kapitels habe ich praktische Informationen aufgelistet, wie etwa eine kurze, verständliche Vorstellung der Eigenschaften und der Wirkung auf den Körper, eine mögliche Dosierung, die zu beachten ist, und die Nennung von Bezugsquellen. An einigen Stellen erkläre ich, wie man eigene Extrakte herstellt oder die Pflanze selbst anbaut. Alle benötigten Werkzeuge sind leicht erhältlich, oder vielleicht besitzt du sie ja bereits. Die für die Gerichte benötigten Töpfe und Utensilien werden bei jedem Rezept angegeben.

Spirituelle Erfahrungen

In diesem Buch möchte ich neben den Pflanzen und Pilzen, die unsere körperliche Gesundheit unterstützen, auch einige Kuriositäten erwähnen, die mich interessieren und von denen ich glaube, dass sie der Menschheit geholfen haben, zu der zu werden, die sie heute ist. Durch Intervention von Priestern, religiösen und staatlichen Gesetzen wurde jahrhundertelang versucht, uns das Recht zu nehmen, andere Welten, unser eigenes Bewusstsein, zu erforschen. Die westliche Zivilisation ist die einzige auf der Erde, in der der Gebrauch von Heilritualen seit 500 Jahren unterdrückt und dämonisiert wurde, sodass all dieses Wissen und die Praktiken in den Untergrund auswichen, genauso wie auch Magie und andere Künste im Verborgenen bleiben mussten, weil Praktizierende verurteilt wurden. Es sollte jedem von uns freistehen, seine eigenen psychedelischen Erfahrungen zu machen – um etwas über andere Dimensionen und den eigenen Geist zu lernen und Traumata verarbeiten zu können. Warum dürfen wir im Westen zwar literweise Kaffee trinken und dadurch in einen Kampf-oder-Flucht-Bewusstseinszustand fallen, während andere Bewusstseinszustände oftmals noch immer tabu sind? So gibt es zum Beispiel Pflanzen und Pilze, die bei uns entspanntere oder empathischere Gefühle auslösen würden als Kaffee.

Entheogene Heilmittel (wörtlich: »das Göttliche in dir«) helfen uns, unseren Geist und unser Bewusstsein zu verstehen und uns für Offenbarungen zu öffnen. Mir persönlich hat es geholfen, damit zu experimentieren – sowohl in Mikrodosen als auch in leicht erhöhten Dosen, die ich bei Riten, oft in der Natur, ausprobiert habe. Aber jeder Mensch ist anders, also wird auch die Wirkung für jeden anders sein. Riten mit Heilpflanzen und Pilzen können eine Brücke zu einer außergewöhnlichen und faszinierenden, fast unirdisch erscheinenden Welt sein. Aus diesem Grund spielen sie weltweit bei indigenen magisch-religiösen Traditionen eine große Rolle. Heute sind sie bei uns als psychotherapeutische Mittel bekannt.

Unsere tiefste menschliche Urtradition, psychoaktive Pflanzen und Pilze in Ritualen zu verwenden, sie zuzubereiten und einzunehmen, lässt sich bis in die Jungsteinzeit zurückverfolgen, als Menschen in Höhlen zusammenkamen und die Wände mit Kunst schmückten. Heute wissen wir, dass die Menschen damals auch schon Entheogene verwendeten. Beispiele finden sich etwa in den Höhlen auf der Tassili-Hochebene in Algerien. Die genaue Zubereitung und Dosierung dieser Pflanzen und Pilze untersuchen heute Psychonauten und Historiker. In der Archäobotanik und -chemie werden immer neue Beweise gefunden, die zeigen, dass psychoaktive Pflanzen und Pilze häufig verwendet wurden und sie Teil der Sakramente waren, die aus Gralsbechern getrunken wurden. Psychonauten sind echte Pioniere, die mutig den Weg von Gift und Medizin beschreiten. In alten Schriften und Kunstwerken finden wir zahlreiche Hinweise auf die Verwendung entheogener Mittel, wie etwa Visionen hervorrufende Weine im alten Ägypten, in Palästina und Sumer. Wenn das Alte Testament von starkem Wein spricht, handelt es sich vermutlich um Wein aus visionären Pflanzen und Pilzen, denn damals war es üblich, psychoaktive Pflanzen im Wein zu verwenden. In der Bibel kommen solche Pflanzen in Weihrauch, Getränken und Speisen vor. Doch durch das aufkommende Christentum und die Inquisition in Europa gingen Traditionen rund um

entheogene Heilmittel verloren. Wir können uns glücklich schätzen, dass nach der Inquisition und anderen (religiösen und kolonialen) Machtauswüchsen dieses Wissen in alten Schriften und in mündlichen Überlieferungen erhalten blieb. In Lappland, das ich ein paarmal besuchte, gab es eine bedeutsame schamanische Urtradition, die von den Kirchenvätern fast vollständig zerstört wurde. Dass die schamanischen Trommeln der Samen, auf denen die Geschichten und Methoden zum Erreichen von Trance festgehalten waren, fast alle von christlichen Fanatikern verbrannt wurden, empfinde ich als großen Verlust.

Seit den 1960er-Jahren interessieren sich wieder mehr Menschen für Entheogene. Es scheint, als hätten wir uns kollektiv auf die Suche nach unseren spirituellen Wurzeln begeben. Es gibt bei einem halluzinogenen Trip jedoch einen Unterschied zu früher, als man durch die spirituelle Welt Bestätigung und Verbindung und eine Einheit mit den Ahnen suchte. Heutzutage unternehmen wir die spirituelle Reise in erster Linie für uns selbst, wir wollen uns mit einer Gruppe oder dem Kosmos verbinden, oder sie dient dem reinen Selbstzweck. Die Gesellschaft steht dem allerdings meist ablehnend gegenüber. Derzeit erleben wir im Westen eine psychedelische Renaissance. Eine wachsende Zahl an Menschen unterzieht sich Zeremonien, wie zum Beispiel der aus dem Amazonas-Regenwald stammenden magischen und heiligen Ayahuasca-Zeremonie, oder es wird mit psychedelischen Substanzen oder deren Mikrodosierung experimentiert.

Die Einnahme von Psychedelika wird Menschen, die zu Psychosen neigen oder ein Borderline-Verhalten zeigen, nicht empfohlen. Auch bei der Einnahme von Antidepressiva sollte auf Psychedelika verzichtet werden. Psychedelika sollten nur unter Aufsicht von Ärzten verwendet werden. Durch die Einnahme dieser Pflanzen begeben wir uns in eine Sphäre, die wir normalerweise erst nach dem Tod kennenlernen. So lautet die Inschrift über einer Tür des Paulusklosters auf dem Berg Athos in Griechenland treffenderweise: »Wenn du stirbst, bevor du wirklich stirbst, stirbst du nicht, wenn du stirbst.«

Unser Umfeld, unsere Einstellung und die richtige Vorbereitung sind entscheidend. Psychoaktive Pflanzen und Pilze spielten in alten schamanischen Traditionen und Mysterienschulen eine wichtige Rolle. Sie lehren uns, voll Staunen im Jetzt zu leben. Viele Menschen erleben durch Entheogene selig machende Visionen und das Gefühl der Wiedergeburt, sie sehen die Welt und ihr Leben danach mit ganz anderen Augen. Oder um es mit den Worten meines magischen Lehrers Eugene Burger zu sagen: »Jetzt bin ich auf dem Weg zum ultimativen großen Mysterium des Lebens.« Die meisten Menschen haben nur eine einzige psychedelische Erfahrung in ihrem Leben – und das ist der Tod.

Warnhinweis

Dieses hier vorliegende Werk ist ein Sachbuch, das du als ethnobotanische Reise verstehen solltest, die Wissen bewahren und weitergeben möchte. Die in diesem Buch enthaltenen Informationen und Kenntnisse lassen sich hauptsächlich durch Quellen belegen, und wir haben uns sehr bemüht, alle (wissenschaftlichen) Quellen zu nennen.

Pflanzenkraft ist eine Entdeckungsreise in die Welt der Heilpflanzen. Wir möchten dir Informationen über Heilmittel und derenVerwendung geben, doch diese Informationen sollen nicht der Selbstmedikation dienen. Alle Pflanzen und Pilze in diesem Buch enthalten Substanzen, die in irgendeiner Weise auf deinen Körper oder Geist wirken. In einigen Fällen können bei falscher Dosierung und/oder unsachgemäßem Gebrauch unerwünschte bekannte und unbekannte gesundheitliche Nebenwirkungen auftreten. Von der Dosierung hängt es ab, ob eine Pflanze als Arzneimittel oder als Gift wirkt. Viele Pflanzen und Pilze in diesem Buch werden schon seit Jahrtausenden von Menschen genutzt. Dennoch sind wir der Meinung, dass du für die Entnahme von Pflanzenmaterial selbst verantwortlich bist. Besprich alles, was du tust, mit deiner Ärztin oder deinem Arzt. Wenn du krank bist oder wirst, suche ebenfalls ärztlichen Rat. Sei vorsichtig bei der Verwendung von Heilpflanzen, wenn du schwanger bist oder stillst, und besprich das mit dem Arzt.

Dieses Buch soll keinesfalls verschriebene Medikamente ersetzen. Es erhebt auch nicht den Anspruch, ein Selbsthilfebuch zu sein, sondern ist als reines Nachschlagewerk gedacht. Der Verlag, die Autoren sowie alle an diesem Buch Mitwirkenden übernehmen ausdrücklich keine Haftung für die Handlungen der Leserinnen und Leser. Weder Verlag noch Autoren haften für Schäden, die der Leserin oder dem Leser durch Einnahme, Verwendung und Weitergabe oder die Lektüre der Informationen in diesem Buch entstehen können. Mein dringender Appell: Vermeide unbedingt gefährliche und unerlaubte Handlungen und halte dich in jedem Fall an die gesetzlichen Vorschriften.

Das gesamte in diesem Buch beschriebene Wissen ist weltweit verfügbar. In Museen, in botanischen Gärten, an archäologischen Stätten, in Bild- und Schriftbibliotheken sowie in Buchhandlungen gibt es noch viele weitere Werke mit einer enormen Wissensfülle zu den hier beschriebenen Pflanzen und Pilzen. Dieses Buch lüftet nur einen Teil ihrer Geheimnisse. Ich möchte dich ausdrücklich dazu ermutigen, auf eigene Faust weiterzuforschen.

ARBEITEN MIT HEIL- UND RITUALPFLANZEN

Wenn du mit Heil- und Ritualpflanzen sowie psychoaktiven Pilzen arbeiten möchtest, musst du wissen, wie du Pflanzeninhaltsstoffe extrahierst und die richtige Dosierung findest. Erst die Dosierung bestimmt, ob die Substanz ein Gift oder ein Arzneimittel ist. Außerdem solltest du wissen, wie eine extrahierte Substanz aus einer Pflanze oder einem Pilz vom Körper aufgenommen wird. Manchmal muss das Rohmaterial zunächst einige Stunden gekocht werden, bevor die im Extrakt enthaltenen Stoffe vom Körper aufgenommen werden können. In anderen Fällen ist es vorteilhafter, die ganze Pflanze zu verzehren. Im Grunde genommen sind viele der Inhaltsstoffe Abwehrstoffe, mit denen Pflanzen sich gegen natürliche Feinde zur Wehr setzen. In der richtigen Dosierung kann die physiologische Wirkung der Kräutersubstanzen also entweder giftig oder heilend wirken.

Noch immer basiert eine Vielzahl der in der Apotheke erhältlichen Medikamente auf den in Pflanzen gefundenen Molekülen und Atomen. Manchmal werden Moleküle synthetisch nachgebaut, und manchmal handelt es sich um Extrakte. Doch im gesamten Pflanzen-, Pilz- und Tierreich gibt es insgesamt so viel mehr Substanzen, als wir jemals im Labor nachbilden können. Darum ist der Erhalt der biologischen Vielfalt von so immens großer Bedeutung. Denn je größer die Vielfalt, desto größer ist auch die Chance, besondere und ungewöhnliche Stoffe mit einer spezifischen Wirkung zu finden.

Die Phytotherapie, die Wissenschaft der Pflanzenheilkunde, wird immer noch häufig mit der Homöopathie verwechselt. In der Homöopathie werden Substanzen zum Teil derart verdünnt, dass sie manchmal gar nicht mehr nachzuweisen sind. Die Phytotherapie hingegen arbeitet mit Extrakten, in denen tatsächlich echte Pflanzenmoleküle stecken. Wenn Leute mir sagen, dass sie nicht daran glauben, gebe ich ihnen drei Tassen Arabica-Kaffee zu trinken. Schon nach kurzer Zeit merken sie die Wirkung des Kaffees und verstehen mein Argument.

Während meines Studiums fand ich heraus, dass in der allopathischen Medizin, unserer bekanntesten, konventionellen Form der Medizin, die von einer Symptomkontrolle ausgeht, ein Medikament in Doppelblindstudien bei zwei von zehn Patienten eine Wirkung auf den Körper oder die Psyche zeigen muss, um zugelassen zu werden. In der Phytomedizin hingegen muss eine Pflanze bei acht von zehn Probanden eine Wirkung zeigen, damit sie als Medikament verkauft werden darf.

In der EU ist es untersagt, gleichzeitig über Heilpflanzen zu informieren und diese zu verkaufen. Ein Unternehmen darf entweder das eine oder das andere. Es ist ebenfalls verboten, die Wirkung der Pflanze auf der Verpackung zu nennen. Das Gleiche gilt für deren Risiken. Zum Beispiel darf auf einer Packung mit Johanniskraut nicht stehen, dass es ein Antidepressivum ist, weil dies eine »zu große« medizinische Aussage ist – auch wenn Psychiater die antidepressiven Eigenschaften des Krauts längst anerkennen. Kurz vor dem Verbot aller medizinischen Claims konnten einige Phytotherapeuten und Wissenschaftler eine Liste mit erlaubten Angaben aushandeln. Auf der Verpackung von Johanniskraut darf stehen, dass es beispielweise »erbaulich für den Geist« sei. Die Etiketten werden von der Lebensmittelkontrollbehörde überprüft. Wenn du dich mit dem Handel von Kräutern beschäftigen möchtest und mehr als nur den Pflanzennamen auf der Verpackung angeben willst, solltest du dich an die Leitlinien des Heilmittelwerbegesetzes (HWG) halten.

Einige Pflanzen können lebensbedrohlich sein. Der in der freien Natur wachsende Fingerhut zum Beispiel ist in der richtigen Dosierung ein Herztonikum, kann aber in einer überhöhten Dosierung tödlich sein. Ebenso können Pflanzen oder Nahrungspflanzen, wie etwa die Gojibeere, bei unsachgemäßem Gebrauch zu unerwünschten Beschwerden führen. Als Gojibeeren plötzlich in der Superfood-Szene auftauchten und als probates Anti-Aging-Mittel gepriesen wurden, waren sie plötzlich in aller Munde. Wie sich herausstellte, löste die Beere bei vielen Menschen jedoch Krämpfe aus. In der traditionellen chinesischen Medizin wird sie seit Tausenden von Jahren verwendet, allerdings in sehr kleinen Dosen – fünf bis zehn Beeren pro Tag (maximal sechs Gramm). Heute rühren sich viele Leute gleich eine Handvoll in ihre Smoothies, weil die Beeren »ja so gesund sind«. Die richtige Dosierung bei Pflanzen entscheidet also über Nutzen oder Schaden. Einige Pflanzen müssen über einen längeren Zeitraum

verwendet werden, bevor sie überhaupt ihren positiven Effekt entfalten. Der Ginseng zum Beispiel, der unter anderem von Astronauten auf der Internationalen Raumstation ISS gegen Stress eingesetzt wird, wirkt erst nach einer gut dreiwöchigen Einnahme.

Wenn du mit den in diesem Buch beschriebenen Pflanzen experimentieren willst, sollte dies immer in Absprache mit deinem Hausarzt und vorzugsweise mit einem Pflanzenexperten geschehen. Nutze auch deinen eigenen Verstand. Die Informationen zu den beschriebenen Pflanzen und Pilzen erheben keinen Anspruch auf Vollständigkeit. Zu jeder Pflanze kannst du noch weiterführende Informationen in der Fachliteratur suchen. Ich empfehle dir in dem Fall als Ergänzung zu traditionellem Wissen über Pflanzen oder Pilze auch wissenschaftliche pharmakognostische Veröffentlichungen. Sehr informativ ist auch das Heranziehen verschiedener Monografien.

Ich versuche immer, mindestens drei verschiedene Quellen zu konsultieren. Neben (eigener) Feldarbeit vor Ort und neueren wissenschaftlichen Untersuchungen finde ich auch in alten Schriften häufig sehr interessante und nützliche Informationen. Wenn eine Pflanze schon seit Langem von einigen Gemeinschaften für bestimmte Zwecke eingesetzt wird, deutet dies auf ihre eindeutigen medizinischen Eigenschaften hin. Eine sehr lohnenswerte Website, die eine fundierte Übersicht über wissenschaftliche und/oder medizinische Forschungen zu ganz bestimmten Pflanzen gibt, ist www.pubmed.gov. Suche unter dem jeweiligen lateinischen Namen, denn so sind auch Verwechslungen mit anderen Pflanzen ausgeschlossen.

Ich habe für alle Kapitel im Buch auf unterschiedliche Forschungsmethoden zurückgegriffen, darunter eingehende Literaturrecherchen, zahlreiche Interviews und eigene Feldforschungen. Und noch eine Sache: Unser Körper ist Teil der Natur und immer auf der Suche nach einem natürlichen Gleichgewicht. Wir kommen aus der Natur und wir sind Natur. Wir tanken Energie, wenn wir regelmäßig mehrere Stunden in der freien Natur verbringen. Neben der bereits erwähnten Reinigung des Körpers sind aber auch guter Schlaf, ausreichend Ruhe und Regelmäßigkeit für einen guten Heilungsprozess unabdingbar. Atme reichlich gute frische Luft ein, bleib unter Menschen und iss täglich 300 Gramm frisches Bioobst und Biogemüse, die du eventuell um Heilpflanzen und Pilze ergänzt. Jeder Mensch ist anders, und jede Krankheit erfordert eine andere Methode, um sich und seinen Körper wieder in Topform zu bringen.

METHODEN

Extrahieren

UTENSILIEN

Kaffeemühle
Topf (oder einen weiteren)
Alkohol 96 Vol.-% (für den Verzehr geeignet)
Alkohol 40 Vol.-% (Gin, Genever, Wodka)
Wasser
Kaffeefilter
Trichter
Pipettenflasche
große und kleine Einmachgläser mit Deckel
große und kleine Einmachgläser mit Bügelverschluss
Etiketten

Die Pflanzenheilkunde nutzt verschiedene Extraktionsverfahren, um Wirkstoffe aus Pflanzen zu extrahieren. Einige Stoffe sind nur in Alkohol löslich, andere nur in Öl. Manche Pflanzen oder Pilze müssen lange gekocht werden.

Alle verwendeten Utensilien sollten supersauber sein: Topf, Filter und alles andere. Zum Filtern am besten Kaffeefilter aus ungebleichtem Papier verwenden.

Bei der Herstellung von Pflanzen- und Pilzextrakten oder Mazeraten immer den Namen der Pflanze oder des Pilzes und das Datum auf dem Etikett vermerken. Dies ist vor allem dann nützlich, wenn mehrere Extrakte zubereitet werden. Es dient der besseren Übersicht. Zum Konservieren werden Pflanzen in der Regel zuerst getrocknet.

Einige Regeln der Kräutermedizin
Pflanzenmaterial immer mit großem Respekt und Dankbarkeit aus dem Boden entnehmen. Dabei sollten 75 Prozent der Pflanzen am Fundort stehen bleiben, damit sich der Bestand dort weiterentwickeln kann. Das Material sorgfältig untersuchen und auf alle Details achten.

Vor Beginn: Flaschen oder Gläser sterilisieren
Zum Sterilisieren die Glasflaschen oder Gläser 15 Minuten in einem Topf mit Wasser kochen oder im Geschirrspüler auf höchster Temperatur reinigen.

Pflanzen trocknen

Viele Heilpflanzen lassen sich gut trocknen und können dann später als Tee oder zur Herstellung eines Mazerats verwendet werden. Zum Trocknen der Pflanzen in einem dunklen, gut belüfteten und warmen Raum ein Hanfseil spannen. Die Pflanzenteile kopfüber am Seil aufhängen und zwei Wochen trocknen lassen. Die getrockneten Pflanzen in einen Plastikbeutel mit Reißverschluss geben und die gesamte Luft herausdrücken. Dieser Beutel kommt in einen größeren Beutel. Das Datum der Ernte und den Pflanzennamen auf dem Beutel notieren. Die getrockneten Pflanzen trocken und kühl an einem dunklen Ort aufbewahren, damit die Inhaltsstoffe möglichst lange erhalten bleiben.

Wurzeln, zum Beispiel von Baldrian oder Löwenzahn, zunächst unter fließendem kaltem Wasser sauber bürsten und dann auf einem Ständer oder auch in einem Trockenapparat (bei nicht mehr als 40 °C) trocknen.

Pilze möglichst auf einem unbehandelten Holzbrett in einem trockenen Raum trocknen lassen. Die Pilze sollten sich dabei nicht berühren, sodass genügend Luft um sie herum zirkulieren kann.

Alkoholmazerat mit 40, 70 oder 96 Vol.-%

Für die Herstellung eines Mazerats wird frisches Pflanzenmaterial in einem sterilisierten Gefäß mit Alkohol eingeweicht. Dazu das Pflanzenmaterial gründlich säubern und eventuelle Wurzeln unter fließendem Wasser abbürsten. Das Material fein schneiden und in das Gefäß füllen. Mit Wodka, Gin oder Genever übergießen, sodass das gesamte Material bedeckt ist. Ein Etikett mit Pflanzennamen, verwendetem Pflanzenteil und Datum aufkleben und das Gefäß fest verschließen. Je feiner das Material geschnitten ist, desto besser. So kommt mehr von der Oberfläche des Materials in Kontakt zum Alkohol. Das Gefäß mindestens 14 Tage stehen lassen und zwischendurch immer wieder schütteln. Dann den Inhalt durch ein Käsetuch oder einen Filter in eine Schüssel oder Flasche seihen. Alle verwendeten Materialien sollten sehr sauber sein. Dieser Auszug ist durch den Alkohol lange haltbar und kann ein bis vier Jahre verwendet werden. Für eine einfache Dosierung das Mazerat mit einem Trichter aus dem Gefäß in eine Pipetten- oder Tropfflasche gießen.

Extraktionen von Cannabis, Blauem Lotus, Koka mit Kola, Ginseng, Gagel und Chaga mit Reishi (von links nach rechts)

Ein medizinischer Cannabisextrakt aus den Blättern und möglicherweise den Knospen lässt sich selbst herstellen. Dazu getrocknete Blätter der Pflanze (eventuell auch die Knospen) sammeln und von Hand oder in der Küchenmaschine (zehn Gramm getrocknete Blätter ergeben etwa 0,9 Gramm Extrakt) zerkleinern. Die gemahlenen Blätter und Knospen in einen Nylonstrumpf oder eine Strumpfhose (die als Feinsieb dient) geben und verknoten. Die Strumpfhose in eine Schale mit 96%igem Alkohol tauchen und eine Stunde stehen lassen. Den Strumpf aus dem Alkohol nehmen und das eingeweichte Material über der Schale gründlich ausdrücken. Handschuhe (am besten Latex-oder Reinigungshandschuhe tragen) sind wichtig, denn ohne Handschuhe besteht die Gefahr, *stoned* zu werden, weil die psychoaktiven Substanzen über die Haut aufgenommen werden, und das ist genau das, was wir nicht wollen. Die phytochemischen Substanzen in rohem Cannabis unterscheiden sich enorm von den Substanzen im Rauch beim Rauchen von Cannabis, so Experten. Die medizinische Wirkung unseres Cannabisextrakts ist stärker, wenn der Cannabis vorher nicht erhitzt wird. So erhält man eine stärkere pflanzliche Medizin, die nicht *high* macht.

Den restlichen grünen Alkohol in einem Topf mit Wasser oder in einem Destillierapparat (wenn der Alkohol zurückgewonnen werden soll) verdampfen lassen. Bei der Verwendung von 90%igem Alkohol sind die letzten vier Prozent der Substanz, die im Destillierapparat oder im Topf mit Wasser mit den Cannabinoiden übrig bleiben, die größtmögliche Ausbeute. Bei der Zubereitung des Extrakts im Topf genau darauf achten, dass alles flüssig bleibt und nichts anbrennt! Am schnellsten verdampft Alkohol bei geringer Hitze. Die letzten Reste sicherheitshalber über dem Wasserbad verdampfen lassen. Dazu eine hitzebeständige Schüssel auf einen Topf mit leicht kochendem Wasser stellen und den letzten Rest Alkohol, der verdampfen soll, in die Schüssel gießen.

Eventuell mit einem Kochthermometer überprüfen, ob der Extrakt nicht so heiß wird, dass das THC-A in THC umgewandelt wird. THC-A hat keine psychotrope Wirkung und ist daher weniger interessant für Leute, die *high* oder *stoned* werden wollen. Wenn die Temperatur 30 bis 45 Minuten konstant bei 110 °C liegt, wird es in CBD und THC umgewandelt. Aber das ist hier nicht beabsichtigt. Den Extrakt in ein sauberes Gefäß oder in eine saubere Flasche gießen. Der Cannabisextrakt kann bis zu einem Jahr aufbewahrt werden (danach hat er immer noch eine psychotrope Wirkung). Den Extrakt im Verhältnis 1:10 mit Olivenöl mischen. Maximal ein bis zwei Tropfen am Tag einnehmen und die Dosis mit einer Pipette unter die Zunge träufeln.

Es mag überraschen, aber THC und alle anderen Cannabinoiden sind Fette und werden im Körperfett gespeichert. Die Blätter können auch mit Butter gekocht werden, sodass das THC am Fett der Butter haftet und damit zum Backen von Kuchen verwendet werden kann. Für die richtigen Verhältnisse siehe beispielsweise das Cannabis-Koch- und -Backbuch *High Cuisine* vom YouTube-Kanal Munchies.

Heißwasseraufguss (Tee)

Als Faustregel gelten 3 Gramm getrocknete Blätter auf 250 Milliliter heißes Wasser. Die Blätter in einen Teebeutel oder ein Teeei geben und mit dem heißen Wasser übergießen. Den Becher oder den Topf abdecken und den Aufguss eine Weile ziehen lassen, damit die Heilstoffe in den Tee einziehen.

Kaltwasserextraktion

Einige Pflanzen müssen mit kaltem Wasser extrahiert werden, damit ihre Wirkstoffe erhalten bleiben, da mit heißem Wasser auch giftige Stoffe extrahiert werden. So bereitet man beispielsweise Baldrian- und Kavawurzel traditionell immer mit der Kaltwasserextraktion zu. Für diese Art der Extraktion werden die Wurzeln sowie anderes Pflanzenmaterial getrocknet und zu Pulver zerstoßen. Das Pulver in ein Käsetuch geben, das als Teebeutel fungiert. Das gefüllte Tuch einige Minuten in kaltem Wasser einweichen und anschließend gut ausdrücken. Den Kaltwasserextrakt in einem gereinigten Gefäß oder in einer sauberen Flasche im Kühlschrank aufbewahren.

Essig

Technisch gesehen ist Essig eine saure Flüssigkeit, die durch Gärung von Alkohol entsteht. Die Essiggärung geschieht durch *Acetobacter*, die Essigsäurebakterien. Bei der Essigherstellung ist dieses Bakterium erforderlich, genau wie bei Kombucha oder Sauerteig. Oder einfach einen wenig ungefilterten Apfelessig verwenden. Bei häufiger Essigherstellung eine sogenannte Mutterbakterie heranziehen, die als trübe Wolke auf dem Boden der ersten Essigflasche erscheint.

Für den Essig Wein in eine Schüssel gießen, gut umrühren, damit Sauerstoff eindringen kann, und einen Spritzer ungefilterten Apfelessig hinzufügen, um den Gärungsprozess in Gang zu setzen. Die Schüssel oder das Glas an einem dunklen Ort bei Zimmertemperatur stehen lassen. Die Schüssel mit einem Küchentuch abdecken. Wenn nach einigen Wochen der Essig zu riechen beginnt, ist er fertig. Den Essig durch Zugabe von Geschmacksgebern aromatisieren (keine Knoblauchzehen verwenden, da diese Botulismus verursachen können.)

Salbe

Aus Olivenöl lassen sich herrliche Salben herstellen. Dazu über dem Wasserbad Olivenöl und Bienenwachs im Verhältnis 9:1 mischen. Die Schüssel auf einen Topf mit heißem Wasser setzen, dabei sollte sie nicht direkt mit dem heißen Wasser in Berührung kommen. Aus getrockneten Ringelblumenblüten *(Calendula officinalis)* kann man eine wunderbare Salbe mischen. Dazu in einem verschlossenen Gefäß die Blüten mit Olivenöl ziehen lassen, sodass die heilenden Substanzen in das Öl übergehen. Mit diesem Calendulamazerat lassen sich wundheilende Salben herstellen. Das Olivenöl mit den Blütenblättern durch ein Sieb oder ein Käsetuch seihen. Das Öl wirkt regenerierend und beruhigend auf die Haut und lässt Wunden schneller heilen. Durch Zugabe von Bienenwachs wird daraus eine Salbe. Diese lässt man in kleinen Tiegeln fest werden.

Für eine noch intensivere Salbe in einem Tiegel fein gehackte frische Kurkumawurzel in Öl einlegen und dabei genauso verfahren wie bei den getrockneten Ringelblumenblüten. Kurkuma ist ein stark färbender gelber Farbstoff. Daher Vorsicht: Für eine Gesichtssalbe nicht zu viel Kurkuma hinzufügen. Die Salbe sollte auch zuerst auf dem Handrücken getestet werden, bevor sie im Gesicht Anwendung findet. Für eine dickere Salbe oder einen Lippenbalsam das Verhältnis der Zutaten ändern. Für einen Balsam Öl und Bienenwachs im Verhältnis 1:1 nehmen. Beides wiederum über dem Wasserbad mischen.

Ich ermuntere dich ausdrücklich zum Experimentieren! Ich mische zum Beispiel oft eine Salbe aus Beinwell *(Symphytum officinale)*, die bei Prellungen, Verstauchungen, Rückenschmerzen und Osteoarthritis hilft. Für die Salbe 10 Gramm Bienenwachs, 20 Gramm Kokosöl und 90 Milliliter Beinwellöl mischen, genauso wie das Calendulamazerat zubereiten und ebenfalls über dem Wasserbad verrühren. Für den Duft nach Belieben noch 30 Tropfen Weihrauch- oder Lavendelöl hinzufügen.

PILZE

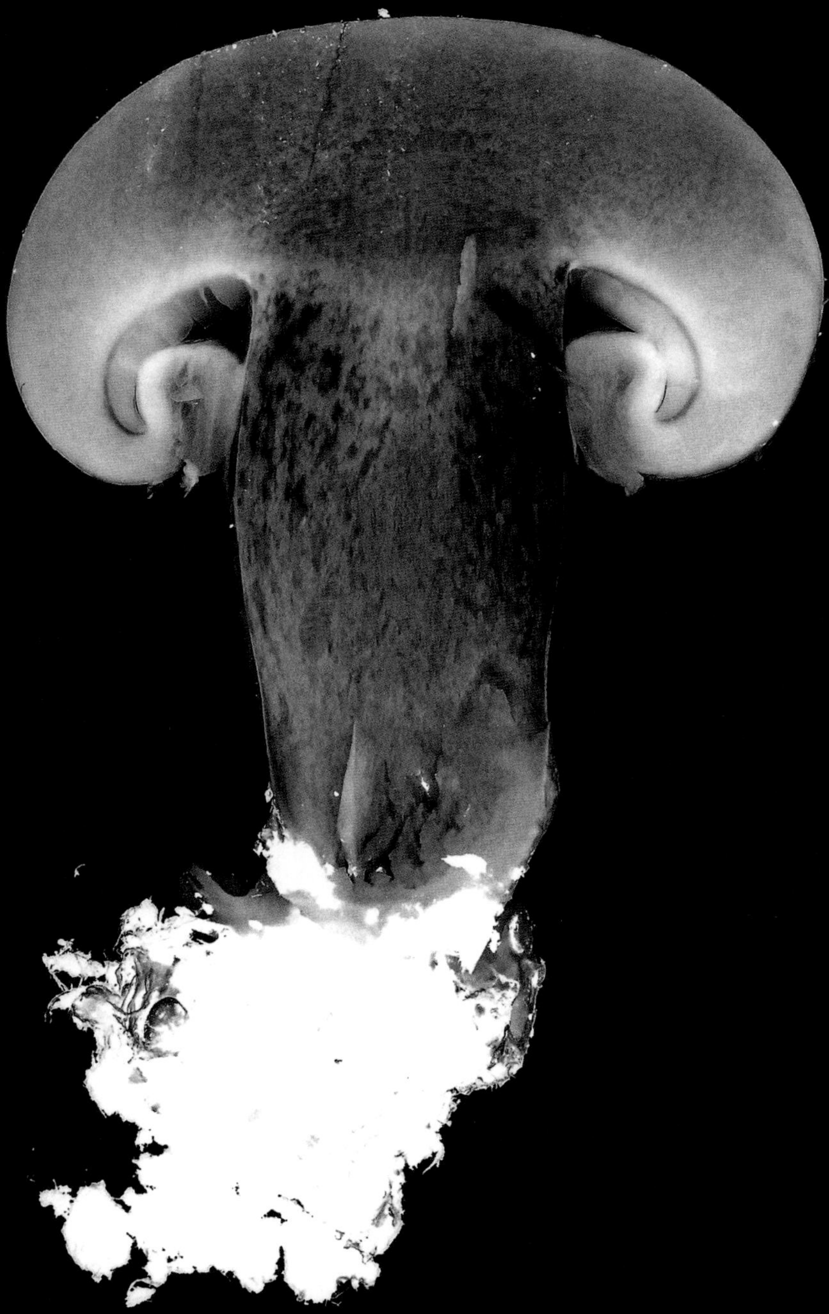

WOUTER

»Die ersten Erinnerungen an Pilze stammen aus meiner frühen Kindheit: Wir sammelten zusammen mit unserem Vater Pilze in den belgischen Ardennen. An unserem Weihnachtsbaum hing immer dieser Christbaumschmuck in Form roter Pilze mit weißen Punkten. Im Haus stand früher eine schön gearbeitete chinesische Holzstatue des Zen-Lehrers Bodhidharma mit einem großen Pilz auf dem Rücken. Kannst du dich noch daran erinnern, wie wir Pilze sammelten?«

JORIS »Klar, ich sehe unseren belgischen Bauernhof und den Wald noch genau vor mir. Früher fuhren wir jedes Wochenende dorthin. Unten am Hang wuchsen Pfifferlinge, es gab Kiefern-Steinpilze und Gemeine Steinpilze in Hülle und Fülle und jede Menge Wiesenchampignons. Wir sammelten die Pilze, schmorten sie anschließend in Butter und bestreuten sie mit Salz, Pfeffer und Petersilie. So einfach und so köstlich. Das sind schöne Erinnerungen. Wir sammelten nur die Sorten, die wir kannten, den Rest ließen wir stehen. Pilze geben einem Gericht einen intensiven, vollen Geschmack. Sie ähneln Fleisch, wenn du mich fragst.«

W »Einige Pilze enthalten viel Eiweiß und sind äußerst nahrhaft. Ich finde, Pilze sind schon etwas Besonderes. Laut einiger Astromykologen (Wissenschaftler, die sich mit Pilzen im Universum beschäftigen) stammen sie ursprünglich aus dem Weltall. Pilze gehörten zu den ersten Bewohnern auf der Erde und wachsen fast überall. Sie verwandeln anorganisches Material in organisches Material, auf dem Pflanzen dann wiederum wachsen. Pilze sind äußerst schmackhaft, aber es gibt zahlreiche Pilze mit starker Heilwirkung. Oder aber sie sind giftig oder sogar tödlich, wie beispielsweise der Grüne Knollenblätterpilz. Deshalb rate ich immer allen, nicht wahllos zu sammeln, sondern zuerst mit einem erfahrenen Pilzsammler rauszugehen. Welche Pilze verwendest du in der Küche? Und sind die in diesem Buch beschriebenen Pilze eine Herausforderung für neue Rezepte?«

J »In meinen Restaurants stehen fast immer Pilze auf der Speisekarte. Champignons schneide ich am liebsten in dicke Scheiben, obwohl du immer davon abrätst, zu viele Champignons zu essen. Aber sie haben eine wunderbare Textur und verleihen einem Gericht eine gewisse Frische. Außerdem liebe ich Morcheln, Steinpilze und Pfifferlinge. Viele der Pilze, die du in diesem Buch beschreibst, kannte ich nicht – das war also eine schöne Herausforderung, um dafür Rezepte zu entwickeln. Chaga und Reishi zum Beispiel waren völlig neu für mich. Den Igel-Stachelbart kannte ich, aber ich hatte immer Mühe, ihn zu bekommen, bis ich auf eine Frau traf, die uns zwei Kisten schenkte. Du sagtest, dass der Igel-Stachelbart gut fürs Gehirn sei, und die Form des Pilzes erinnert mich auch ein wenig an ein Gehirn. Deshalb habe ich diesen Pilz so zubereitet, wie ich auch Tierhirn zubereite. Wieso ist der Verzehr von Pilzen eigentlich gut für unser Gehirn?«

W »Es gibt viele Ähnlichkeiten mit dem Tier- und Pflanzenreich. Pilze leben oft in Symbiose mit Pflanzen. Über das Myzel, das Netz aus Pilzfäden, tauschen sie Nährstoffe wie Zucker und Mineralien mit den Pflanzen aus. Das Myzel fördert die Kommunikation zwischen Pflanzen. Von Pflanze zu Pflanze, von Park zu Park, von Wald zu Wald: Überall auf der Erde existieren Verbindungen zwischen Pilzen und Pflanzen. Wir nennen dies das *World Wood Web,* sozusagen das Internet, bevor es das Wort dafür gab. Das unterirdische Myzelsystem verzweigt und formt sich nach dem gleichen natürlichen Prinzip wie elektrisch geladene Blitze. Auf gleiche Weise finden wir diese Art von Verbindungen und Verästelungen in unserem Nervensystem, im Gehirn und in den Gehirnzellen. Auf der Makroebene sehen wir das gleiche Muster bei der Ausdehnung des Universums in einem Netz von Galaxien. Im Grunde ist es eine grafische Darstellung des World Wide Web. Dank des »waldweiten Netzes« können Pflanzen zusammenarbeiten und miteinander kommunizieren. Alles ist auf der Mikro- und Makroebene miteinander verbunden. Nicht nur in der Theorie, auch in der Praxis, denn Wissenschaftler an der Universität von Singapur konnten nachweisen, dass der Verzehr von zwei Portionen Speisepilzen pro Woche die Gehirnfunktion erheblich verbessert. Dabei war die Art der verzehrten Speisepilze völlig unerheblich.«

Der heilende Pilz

Der Chaga-Pilz wächst rund um den Polarkreis. Der Name leitet sich ab von *tschaga,* dem russischen Wort für »Pilz«. Er ist auch unter dem Namen Schiefer Schillerporling bekannt. In Finnland, wo ich ihn zum ersten Mal sah, als Bekannte mich als Magier einluden, nennt man ihn *pakurikääpä.* Mit dem Auto und zu Fuß reisten wir über tausend Kilometer bis zur Nordspitze Lapplands. Ich hatte von der Heilkraft des Chaga-Pilzes schon viel gehört. Er wächst dort auf Birken, und ich hoffte inständig, auf meiner Fahrt ein Exemplar zu finden. Im Lemmenjoki-Nationalpark kam ich mit Nils Aslak Näkkäläjärvi ins Gespräch, der dem Volk der Samen angehört, einem indigenen Volk Lapplands. Er sang für uns einen Joik, ein uraltes samisches Lied voller magischer Klänge, in dem die Seele der Natur, wie etwa in Bäumen, besungen wird. Die traditionellen Samen glauben, dass alle natürlichen Objekte eine Seele haben. Beim Joik nimmt man Kontakt mit den Seelen der Natur auf. Nils erzählte mir von den Chaga-Pilzen, die die Samen bei Grippe und Erkältung und zur Stärkung des Immunsystems verwenden. Nach einigem Suchen fanden wir endlich einen Chaga. Ich hatte seit Beginn der Reise so ziemlich jede Birke auf unserem Weg abgesucht, aber kein Glück gehabt. Nils' Geschichten stärkten meine Überzeugung von der Kraft des Chaga. Seitdem nehme ich ihn täglich in Form von Tee oder Extrakten zu mir.

Verwendung

Der Chaga wird seit Jahrhunderten zur Verbesserung der Widerstandskraft verwendet. Wissenschaftliche Forschungen zeigen, dass sich der Pilz positiv auf das Immunsystem auswirkt und gegen schädliche Strahlung hilft. Anscheinend erkrankten früher in den Vororten von Moskau die Bewohner seltener an Krebs, obwohl die Lebensbedingungen schlechter waren als in der Innenstadt: Umweltverschmutzung und Armut belasteten die Menschen dort viel stärker. Da viele Bewohner der Vorstädte oftmals nicht genug Geld für Tee hatten, bereiteten sie Tee aus dem Chaga zu. Der Pilz wurde in heißem Wasser im russischen Wasserkessel, dem Samowar, aufgegossen. Anscheinend verhinderte der Chaga-Tee das Wachstum von Tumoren, denn er enthielt eine Substanz, mit der beispielsweise toxische Schwermetalle besser absorbiert und eliminiert wurden. Der Pilz enthält unter anderem Betulin, eine Substanz, die bei der Entwicklung von Krebsmedikamenten inzwischen stärker in den Fokus der Forschung rückt.

Aussehen

Der Chaga kommt nur in der freien Natur vor und wächst, wie die Heidelbeere (siehe ab Seite 84), in alten, reifen Wäldern, die es in Finnland zum Glück noch reichlich gibt. Immerhin sind noch 78 Prozent des Landes bewaldet. Bei etwa einer von 10 000 Birken wächst der Pilz am Stamm. Sein sichtbarer Teil ist nicht der Fruchtkörper, sondern eine kompakte Masse aus Myzelfäden, die an einen schwarzen, geriffelten Klumpen erinnert und innen korkig braun ist. Oft ist diese Masse steinhart und lässt sich nur mit einer Axt oder einem massiven Holzstück vom Baum schlagen.

Extraktion und Dosierung

Traditionell wird getrockneter Chaga auf zwei Arten extrahiert: in heißem Wasser und in Alkohol. In Finnland

EIGENSCHAFTEN

Antioxidativ

Antiviral

Booster für das Immunsystem

Unterstützt Abfuhr von Giftstoffen aus dem Körper

BEZUGSQUELLEN

In den Ländern rund um den Polarkreis findet man Chaga-Pilze in der freien Natur. In Bioläden und über das Internet werden auch Extrakte und gemahlener Chaga angeboten.

VORSICHT

In sehr seltenen Fällen kann Chaga eine allergische Reaktion hervorrufen, die sich in Atemproblemen zeigt. Nierenkranke sollten Chaga meiden. Bei übermäßigem Verzehr schädigt der Pilz aufgrund seines hohen Oxalatgehalts die Nieren.

wird das schwarze Äußere des Pilzes in Alkohol extrahiert und das braune Innere in heißem Wasser. Um die wirksamen Stoffe vollständig zu nutzen, wird der getrocknete Pilz am besten in der Kaffeemühle gemahlen. Dieses Puder kann dann in einem Topf mit Wasser zwei Stunden leicht köcheln. Zum Extrahieren lässt man die Flüssigkeit durch einen Kaffeefilter laufen. Ich beschreibe nachfolgend beide Methoden.

— *Heißwasserextraktion*
Auf 1 Liter Wasser 2 Gramm gemahlenes Chaga-Pulver verwenden. Am besten direkt einige Liter des Extrakts zubereiten. Das Pulver, wie oben beschrieben, aufkochen und filtern. In dem Gefäß ist nun der Extrakt, der Chaga-Tee, im Filter bleibt der Satz zurück. Den Satz eventuell trocknen und beim nächsten Mal erneut mitkochen. Bei sauberer Zubereitung bleibt er lange haltbar.

— *Alkoholmazerat*
Ein sterilisiertes (Weck-)Glas zu zwei Dritteln mit gemahlenem Chaga füllen und dann mit Wodka oder, noch besser, mit 96%igem Alkohol übergießen, bis das Chaga-Pulver gerade bedeckt ist. Das Glas fest verschließen und vier bis acht Wochen an einen dunklen, kühlen Ort stellen. Einmal in der Woche schütteln. Das Datum auf dem Etikett notieren. Das fertige Extrakt filtern und etwas davon in eine Pipettenflasche füllen. Jeden Tag einige Tropfen einnehmen. Alternativ kann man den Extrakt auch zusammen mit dem Wasserextrakt einnehmen.

Als Erhaltungsdosis und zur Vorbeugung von Krankheiten – vorbeugen ist besser als heilen – zwei Gläser Chaga-Tee pro Woche trinken. Viele trinken den Tee als Ersatz für Kaffee.

CHAGA-KOMBUCHA

ERGIBT 1 LITER

2 EL Bio-Chaga-Pulver (selbst gemahlen oder gekauft)
150 g Zucker
50 ml Apfelessig
1 Kombucha-Pilz (Scoby; aus dem Reformhaus oder online)

Utensilien
Kaffeemühle zum Mahlen (nach Belieben)
sterilisiertes Glasgefäß (ca. 1 l Fassungsvermögen)
Käsetuch oder feingewebtes Geschirrtuch
Gummiring

1 Liter Wasser in einem Topf zum Kochen bringen. Den Herd ausschalten und das Chaga-Pulver und den Zucker ins Wasser rühren. Die Mischung zugedeckt 6 Stunden ziehen lassen.

Die Flüssigkeit in ein sterilisiertes Glasgefäß gießen. Den Essig hinzufügen und den Kombucha-Pilz hineinlegen. Das Gefäß mit einem sauberen Tuch abdecken und das Tuch mit einem Gummiband fixieren.

Das Gefäß an einem dunklen Ort bei Zimmertemperatur ein bis zwei Wochen stehen lassen. Danach im Kühlschrank aufbewahren.

MUNGBOHNENSUPPE MIT CHAGA UND NAAN-SOUFFLÉ

FÜR 4 PERSONEN

Für die Suppe
100 g Mungbohnen
4 Stücke Chaga (à 1 cm Länge) oder 4 EL gemahlener Chaga
1 Stück Kombu (8 cm; asiat. Lebensmittelladen)
1 TL Kreuzkümmelsamen
1 TL gemahlene Kurkuma
3 TL (Kokos-)Öl zum Braten
1 TL Koriandersamen
1 TL Fenchelsamen
1 TL gerebelte Bockshornkleeblätter
1 TL Senfsamen
1 Stück Ingwer (3 cm), fein gerieben
½ rote Chilischote, entkernt und fein gehackt
1 Prise feines Meersalz
1 TL frisch gemahlener schwarzer Pfeffer
1 Handvoll Koriandergrün (ca. 20 g), fein gehackt
Saft von 1 Zitrone

Für das Naan-Soufflé
6 g Trockenhefe
100 g Mehl
1 Prise feines Meersalz
1 EL Naturjoghurt
2 Knoblauchzehen, gerieben oder durchgepresst (nach Belieben)

Utensilien
Kochthermometer

Für die Suppe die Mungbohnen 6–12 Stunden in einem Topf in 40 ml Wasser einweichen. Dann abtropfen lassen.

Die Mungbohnen mit 800 ml Wasser, Chaga, Kombu, Kreuzkümmelsamen und Kurkuma in einem hohen Topf zum Kochen bringen und dann etwa 40 Minuten sanft köcheln lassen.

Das Öl in einer Pfanne erhitzen und Koriander- und Fenchelsamen, Bockshornkleeblätter und Senfsamen darin duftend anrösten. Ingwer und Chili hinzufügen und 1 Minute mitrösten.

Kombu und Chaga aus dem Topf nehmen und den Inhalt der Pfanne hinzufügen. Die Suppe 10 Minuten sanft köcheln lassen und mit Salz und Pfeffer würzen.

In der Zwischenzeit für das Naan-Soufflé 40 ml Wasser auf etwa 38 °C – Körpertemperatur – erhitzen, in eine Schüssel füllen und die Hefe darin auflösen. Sobald die Hefemischung Bläschen wirft, das Mehl hineinsieben. Salzen und den Joghurt hinzufügen. Alles zu einem geschmeidigen Teig kneten und 1 Stunde ruhen lassen.

Den Backofen auf 160 °C vorheizen.

Aus dem Teig acht kleine Bällchen formen und diese zu etwa 2 mm dicken Kreisen von 4 cm Durchmesser ausrollen. Die Teigkreise auf ein mit Backpapier ausgelegtes Backblech legen und im vorgeheizten Backofen 6 Minuten backen. Das Brot geht im Ofen zu luftigen Polstern auf. Nach Belieben sofort nach dem Backen mit Knoblauch einreiben.

Die Suppe in tiefe Teller füllen, mit Koriandergrün garnieren und mit einem Spritzer Zitronensaft verfeinern. Mit dem Naan-Soufflé servieren.

CHAMPIGNON

AGARICUS BISPORUS

Der allgegenwärtige Pilz

Früher galten Pilze als rätselhafte, mystische Produkte, die mit Hexen und Zauberern in Verbindung gebracht wurden – so auch der »Zauberchampignon«. Bei Pilzen verzehren Niederländer, Belgier und auch Deutsche vor allem weiße und braune Champignons. In den Niederlanden werden etwa 260 Millionen Kilo Champignons pro Jahr angebaut, hauptsächlich für den Export. In Deutschland sind es im Vergleich knapp 78 Millionen Kilo (Zahlen aus 2023). Doch so viele waren es nicht immer: Mein Vater erzählte mir, dass Champignons in seiner Jugend eine seltene Delikatesse waren, die man nur gelegentlich und mit etwas Glück ergattern konnte.

Verwendung

Champignons sind reich an Antioxidantien und wirken entzündungshemmend. Sie enthalten viel Kupfer, das wichtig für Bindegewebe, Knorpel und Haut ist. Außerdem liefern sie wertvolle Vitamine: B_2 (Riboflavin) unterstützt die Energiegewinnung, B_3 (Niacin) stärkt das Nervensystem und ist an der Bildung von Sexualhormonen beteiligt, und Vitamin C hilft dabei, das Immunsystem zu stärken. Viele Menschen essen Pilze als Ersatz für Fleisch.

Champignons enthalten, wie andere Pilze auch, Proteine, allerdings weniger essenzielle Proteine, die wir in Fleisch oder in der Spirulinaalge finden. Ich selbst esse mehrmals in der Woche Pilze als Beilage, erstens weil sie mir schmecken, zweitens wegen ihrer Nährstoffe und drittens auch wegen einer kürzlich von der Universität Singapur durchgeführten Studie. Sie konnte nachweisen, dass der Verzehr von 100 Gramm Pilzen (egal welche) dreimal in der Woche unsere Gehirnfunktion verbessert.[1]

Pilze müssen gut gekaut werden, sonst werden sie kaum verdaut, und unser Körper kann die enthaltenen Heil- und Nährstoffe nicht gut aufnehmen. Die Pilze am besten klein schneiden und erhitzen und erst dann braten oder unter ein Gericht mischen. Das fördert die spätere Verdauung. Durch das Erhitzen gehen zwar einige Vitamine verloren, aber das sollte man in Kauf nehmen. Der Verzehr frischer Champignons kann bei Stillenden die Milchproduktion steigern.

Laut der chinesischen Enzyklopädie *Icons of Medicinal Fungi from China* enthalten Champignons die Substanz Thyrosinase, die den Blutdruck senkt und gegen Bluthochdruck wirkt. Die Substanz Ergothionein, die ebenfalls in Champignons vorkommt, wirkt durch ihre Antioxidantien positiv auf den Körper.

Aussehen

Champignons erinnern an weiße oder hellbraune Halbkugeln. Bei der Ernte sind sie glatt mit kurzem Stiel. Der Pilz, aus dem der Fruchtkörper entsteht, lebt unter der Erde, und deshalb brauchen Champignons auch kein Tageslicht zum Wachsen. Sie werden vier bis zehn Zentimeter groß und in speziellen Räumen auf einem Nährboden aus Pferdemist und Deckerde gezüchtet.

Extraktion und Dosierung

Champignons möglichst mehrmals in der Woche unter Gerichte mischen.

EIGENSCHAFTEN

Senkt den Blutdruck

Quelle von Antioxidantien

Steigert die Milchproduktion

Schützt unsere DNA

Hemmt Entzündungen

Vitaminquelle

Gut für Bindegewebe, Haut und Knorpelgewebe

BEZUGSQUELLEN

Champignons sind in jedem Gemüseladen, auf dem Markt oder im Supermarkt erhältlich.

VORSICHT

Ich kann den Verzehr roher Champignons nicht empfehlen, da sie die Substanz Agaritin enthalten, die giftig wirken kann. Man hat in Tierversuchen an Mäusen festgestellt, dass Agaritin (in großen Mengen) Schäden verursachen und das Blasenkrebsrisiko erhöhen kann. Beim Kochen oder Braten von Champignons verschwindet diese Substanz. Bei einigen Scheiben roher Champignons, wie im Rezept von Joris, besteht jedoch kein Grund zur Beunruhigung.

MILLE-FEUILLE VON CHAMPIGNON, KAKAO, APFEL UND AVOCADO

FÜR 4 PERSONEN

Für die Zitronencreme (ca. 125 g)
100 g Biozitronen (ca. 3 Stück)
400 g Zucker

Für den Brickteig
4 Platten Brickteig (hauchdünne nordafrikanische Teigblätter; oriental. Lebensmittelladen)
10 g Butter
1 TL Honig

Für die Füllung
250 g ganz frische mittelgroße Champignons, Stiele entfernt
2 Avocados
2 grüne Äpfel
1 Prise ungesüßtes Kakaopulver

Utensilien
Schüssel
Schaumlöffel
Teller oder runde Ausstechform (Ø ca. 20 cm)
Gemüsehobel

Für die Zitronencreme von den Zitronen Ober- und Unterseite abschneiden und die Zitronen längs in Viertel und diese Viertel in dünne Scheiben schneiden. Die Kerne herauslösen. Die Zitronenscheiben in eine Schüssel oder ein Gefäß aus Edelstahl, Glas, Keramik oder Kunststoff legen. (Aluminium, Kupfer und Eisen können säurehaltige Lebensmittel wie Zitronen verfärben und ihnen einen metallischen Geschmack geben.) Die Zitronen mit 500 ml Wasser übergießen, abdecken und über Nacht stehen lassen.

Am nächsten Tag die Zitronen mit dem Wasser in einem Topf bei mittlerer bis starker Hitze zum Kochen bringen. Etwa 45 Minuten köcheln lassen oder bis die Zitronenschale weich und zart ist. Je nach Zitronensorte und Dicke der Scheiben kann die Zeit variieren.

Den Zucker hinzugeben und alles zu einer dicken Marmelade einkochen. Aufsteigenden Schaum zwischendurch mit dem Schaumlöffel abschöpfen. Von der Marmelade 1 Teelöffel abnehmen und auf einen kühlschrankkalten Teller geben. Wenn die Marmelade gut geliert, ist sie fertig, ansonsten muss sie noch weiterkochen. Für eine glatte Konsistenz die Marmelade mit dem Stabmixer pürieren. Die Marmelade ist luftdicht verschlossen in einem sterilisierten Glas 4 Wochen im Kühlschrank haltbar.

Für den Brickteig den Backofen auf 80 °C Ober-/Unterhitze vorheizen. Eine Teigplatte auf ein Schneidebrett legen und mithilfe des Tellers oder der Ausstechform 2 Kreise ausschneiden oder ausstechen. Inzwischen in einer kleinen Pfanne die Butter mit dem Honig zerlassen. Die Teigplatten mit der Butter-Honig-Mischung bestreichen und übereinanderlegen.

Den Teigstapel zwischen zwei Lagen Backpapier legen und mit einer Pfanne oder einem Backblech beschweren. Im vorgeheizten Backofen in 10 Minuten goldbraun backen. Mit dem Gewicht abkühlen lassen.

Für die Füllung die Hüte der Champignons waagerecht über den Gemüsehobel führen, sodass schöne runde Scheiben entstehen. Mit den Avocados und den Äpfeln genauso verfahren. Den abgekühlten Stapel mit Brickteigplatten auf einen großen Teller legen. Darauf die Champignonscheiben, die Apfelscheiben und zum Schluss die Avocadoscheiben schichten. Den Vorgang wiederholen, bis alle Zutaten verbraucht sind, dabei mit einer Schicht Champignonscheiben enden. Mit Kakaopulver bestreuen. In Tortenstücke schneiden und mit einem Löffel Zitronencreme servieren.

CHAMPIGNON À LA GRECQUE MIT ARTISCHOCKE UND FENCHELSAMEN

FÜR 4 PERSONEN

300 g Champignons, halbiert
400 ml Gemüsebrühe
100 ml Weißwein
½ Zwiebel, in feine Streifen geschnitten
Schale von ½ Biozitrone, in feine Streifen geschnitten
3 EL Olivenöl
2 EL Apfelessig
1 TL Fenchelsamen
1 TL Koriandersamen, fein zerstoßen
1 Lorbeerblatt
2 Knoblauchzehen, fein gerieben
4 EL Tomatenmark
5 Thymianzweige, Blätter abgezupft
feines Meersalz und frisch gemahlener schwarzer Pfeffer
4 violette Artischocken, gekocht und geputzt

Alle Zutaten, außer den Artischocken, in einem großen Topf zum Kochen bringen.

Etwa 10 Minuten leicht köcheln lassen, dann die Artischocken hinzufügen und weitere 5 Minuten köcheln lassen. Das Gemüse mit einem Schaumlöffel aus dem Topf heben und auf Tellern anrichten.

Für einen intensiven Geschmack die Brühe noch kurz köcheln lassen. Zum Schluss das Gemüse mit der heißen Brühe übergießen.

SCHOPF-TINTLING

COPRINUS COMATUS

Die blutdrucksenkende Delikatesse

In alten Nachschlagewerken findet sich noch die Information, dass Menschen früher tatsächlich Tinte aus dem Schopf-Tintling herstellten, die im Wesentlichen aus Millionen von Pilzsporen besteht.

Meine ersten Erinnerungen an Pilze stammen aus meiner Kindheit. In den belgischen Ardennen zeigte mein Vater meinen Brüdern und mir, wie wir junge Schopf-Tintlinge erkennen und sammeln können. Wir schmorten sie direkt nach dem Sammeln schön goldbraun und verspeisten sie auf einer Scheibe Brot mit Butter. Die köstlichen Pilze erinnern vom Geschmack her ein wenig an Spargel. Der Schopf-Tintling ist nicht nur schmackhaft, sondern er kann für medizinische Zwecke genutzt werden und enthält jede Menge Vitamine und Mineralstoffe.

Hierzulande ist der Schopf-Tintling weitverbreitet. In Asien ist das Wissen über Heilpilze weitaus größer als bei uns – durch die Hexenverbrennungen in Europa ging sehr viel Wissen verloren –, aber das Schöne am Schopf-Tintling ist, dass er zuerst in Europa als Heilmittel anerkannt wurde. Er ist Teil unserer europäischen Kultur und wird seit jeher als Medizin und als Delikatesse geschätzt. Heute macht sich auch die traditionelle chinesische Medizin den Pilz zunutze.

Verwendung

Der Schopf-Tintling enthält viel Eiweiß, alle acht essenziellen Aminosäuren, die Vitamine A, C, D und E sowie den Mineralstoff Zink – ebenso Vanadium, ein besonderes Mineral, das die Insulinproduktion reguliert. Der Schopf-Tintling bekämpft Parasiten, da er für diese Aasfresser tödlich ist.

Aussehen

Schopf-Tintlinge erinnern an zusammengeklappte Regenschirme. Sie haben eine Ei- bis Glockenform und sind oben weiß mit hellbrauner glatter Mitte und einigen gekräuselten Schuppen. Der Hut faltet sich schließlich auf, reißt ein und färbt sich dann schwarz. Der hohle Stiel ist 10 bis 20 Zentimeter hoch. Die Pilze kann man von Mai bis Oktober sammeln, meist im Gras auf sandigem Boden. Schopf-Tintlinge wachsen häufig im heimischen Garten, an Wegrändern oder auf Wiesen.

Extraktion und Dosierung

Für die Zubereitung den Hut des Pilzes mit einem Messer sauber kratzen. Ich esse nur den schneeweißen Teil. Soll der Pilz therapeutisch genutzt werden, dann am besten vorher einen Mykotherapeuten und den Hausarzt konsultieren. Als medizinische Delikatesse kann er wahrscheinlich nur wenige Male in der Saison verspeist werden. Nebenwirkungen sind nicht bekannt. Alle essbaren (Heil-)Pilze wirken entgiftend: Bei anfänglichem Gebrauch können leichte Kopfschmerzen oder Übelkeit auftreten.

Für die Herstellung von Tinte verwendet man am besten etwa zehn bereits schwarz gewordene Schopf-Tintlinge. Diese mit zwei Gewürznelken in einen Topf geben und etwa 5 Minuten köcheln lassen. Durch ein Sieb über einer Schüssel abseihen und in einem sauberen, luftdicht verschließbaren Glas aufbewahren. Die Tinte lässt sich durch die Gewürznelken, die konservierend wirken, jahrelang verwenden. Die Gewürznelken geben der Tinte einen angenehmen Geruch, sodass sie nicht irgendwann nach verfaulten Pilzen riecht.

EIGENSCHAFTEN

- Verändert die Wirkung des Immunsystems
- Antiviral
- Antiparasitär
- Antioxidativ
- Fördert die Insulinproduktion
- Enthält alle acht essenziellen Aminosäuren
- Gute Vitamin- und Mineralquelle

BEZUGSQUELLEN

In der Pilzsaison möglichst junge, makellose Schopf-Tintlinge in der Nähe sammeln. Hinweis: Immer mit Respekt vor der Natur sammeln und sicherstellen, dass der Pilz weiterwachsen kann (Pilze am Boden abschneiden und nicht herausreißen). Man sollte stets mehr als 75 Prozent der Pilze stehen lassen!

VORSICHT

Alkohol beim Verzehr von Schopf-Tintlingen meiden, da sie dann ein unangenehmes Gefühl im Körper verursachen. Nur junge Schopf-Tintlinge sind essbar. Die Pilze möglichst zeitnah zubereiten, und zwar innerhalb weniger Stunden nach dem Sammeln, denn sie verderben schnell. Unbedingt sicherstellen, dass es wirklich Schopf-Tintlinge sind. Deshalb beim ersten Mal einen erfahrenen Pilzsammler begleiten.

GERÖSTETES BROT MIT GEBRATENEN SCHOPF-TINTLINGEN UND PETERSILIENBUTTER

FÜR 4 PERSONEN

10 Schopf-Tintlinge
50 ml Sonnenblumenöl
50 g Butter
1 Schalotte, in Ringe geschnitten
½ Bund glatte Petersilie (ca. 40 g)
1 Knoblauchzehe
4 Scheiben Sauerteigbrot, geröstet
feines Meersalz und frisch gemahlener schwarzer Pfeffer

Utensilien
Mörser

Nach dem Sammeln die Schopf-Tintlinge zügig verarbeiten. Die Pilze außen mit einem kleinen Messer gründlich sauber kratzen, um möglichen Sand zu entfernen. Die Hüte in Streifen reißen oder schneiden.

Das Sonnenblumenöl bei mittlerer bis starker Hitze in einer Pfanne heiß werden lassen und die Pilzstreifen darin goldbraun braten. Die Hälfte der Butter hinzufügen. Die Schalotte zugeben und kurz in der schäumenden Butter anbraten. Die Blätter von der Petersilie zupfen und die Hälfte der Blätter mitbraten.

In der Zwischenzeit die restlichen Petersilienblätter mit dem Knoblauch im Mörser fein zerstoßen und mit der restlichen Butter mischen. Die gerösteten Brotscheiben damit bestreichen.

Die Pilze mit Salz und Pfeffer würzen und auf dem gerösteten Brot mit Petersilienbutter anrichten.

VEGETARISCHE CARBONARA MIT SCHOPF-TINTLINGEN UND REMEKER

FÜR 4 PERSONEN

400 g Spaghetti
3 Eigelb
1 Ei
100 g Remeker (Rohmilch-Hartkäse), gerieben
200 g Schopf-Tintlinge
1 EL Olivenöl
feines Meersalz und frisch gemahlener schwarzer Pfeffer

Nach dem Sammeln der Schopf-Tintlinge die Carbonara möglichst zügig zubereiten, da die Pilze nur kurze Zeit haltbar sind. Die Spaghetti nach Packungsanweisung in einem Topf mit reichlich Salzwasser kochen.

In der Zwischenzeit die Eigelbe, das Ei und den geriebenen Remeker in einer Schüssel verquirlen.

Die Pilze außen mit einem kleinen Messer gründlich sauber kratzen, um möglichen Sand zu entfernen. Die Hüte in Streifen reißen oder schneiden.

Das Olivenöl bei mittlerer bis starker Hitze in einer Pfanne heiß werden lassen und die Pilzstreifen darin goldbraun braten. Den Herd ausschalten.

Die Spaghetti abgießen, aber eine Tasse Nudelwasser aufbewahren. Die Spaghetti in die Pfanne mit den Schopf-Tintlingen geben und die Hälfte des aufbewahrten Nudelwassers hinzugeben.

Die Pfanne schwenken und die Ei-Käse-Mischung dazugeben. Unter Rühren erneut schwenken, bis die Spaghetti gleichmäßig mit der Sauce überzogen sind. Zügig arbeiten, um zu verhindern, dass die Eier gerinnen. Falls nötig, das restliche aufbewahrte Nudelwasser löffelweise hinzufügen. Mit Salz und Pfeffer würzen und auf Tellern dekorativ anrichten.

REISHI

GANODERMA LUCIDUM

Der Pilz der Unsterblichkeit

Der Reishi hat verschiedene medizinische Eigenschaften. In der traditionellen chinesischen Medizin wird er als stärkendes, entgiftendes und wärmendes Mittel gesehen, das zudem lebensverlängernd ist.[1] Er stärkt das Immunsystem und wird zur Behandlung bei Lebererkrankungen eingesetzt. Von japanischen und russischen Behörden wird er offiziell als aktiver Pilz zur Bekämpfung bestimmter Krebsarten anerkannt: Entsprechende Untersuchungen wiesen nach, dass der Reishi signifikant die Bildung neuer Blutgefäße im Krebsgewebe fördert, sodass diese nicht weiter wachsen und sich ausbreiten können. Laut verschiedener Studien wirkt er antitumoral.[2] Das Buch *Icons of Medicinal Fungi from China* beschreibt, dass dieser Pilz bei Mäusen eine Resistenz gegen Radioaktivität fördert.

Der Reishi wird auch gegen Nervenschwäche und Demenz eingesetzt, ebenso verordnet man ihn zum Stressabbau und als Gegenmittel bei Pilzvergiftungen.

Er enthält viele bioaktive Stoffe wie Polysaccharide, Vitamine und Mineralstoffe sowie die Spurenelemente Chrom, Kupfer, Selen, Bor und Germanium. Germanium stärkt das Immunsystem und findet sich auch in Knoblauch und Ginseng.[3]

Der Reishi beeinflusst auf positive Weise unsere Atmung, da er die Aufnahme von Sauerstoff über die Lunge verbessert, und fördert, wie Ginseng und Koka, unsere Ausdauer. Er hemmt zudem Viren und Bakterien.

Aussehen

Wenn seine Spitze feucht aussieht, wirkt der Pilz fast wie lackiert. Der Hut ist dann schön braun und holzähnlich, und daher wird der Pilz auch Glänzender Lackporling genannt. Er ist an vielen Orten heimisch – ob im Amazonas, in den Südstaaten Nordamerikas oder in Asien. In der Wildnis sieht man ihn allerdings selten. Er wird oft auf Holzstämmen gezüchtet. Dazu bohrt man frische Holzscheite seitlich an und steckt mit Reishi-Myzel (Laich) getränkte Holzstäbchen in die Löcher hinein. Nach gut einem Jahr wachsen aus den Scheiten dunkelbraune, rötliche Reishi-Pilze.

Extraktion und Dosierung

Reishi-Extrakte können täglich präventiv verwendet werden. Bei Pulver reicht bereits ein halber Teelöffel Extrakt. Das Pulver mit Wasser mischen oder unter ein anderes Getränk, wie einen Smoothie, rühren. Die Pharmakopöe (Arzneibuch) der Volksrepublik China empfiehlt 6 bis 12 Gramm Reishi-Extrakt am Tag.[4]

Pilztherapeuten können hochwirksame medizinische Extrakte aus meist wilden oder speziell gezüchteten Pilzen verschreiben und anwenden. Wenn du wirklich etwas heilen möchtest, empfehle ich dir dringend, mit einer gut ausgebildeten Pilztherapeutin wie zum Beispiel Aurora Grigorjeva zusammenzuarbeiten.

EIGENSCHAFTEN

- Unterstützt Atmung und Ausdauer
- Antiviral
- Antibakteriell
- Wirkt gegen Stress
- Antitumoral
- Stärkt die mentale Stärke
- Stärkt das Immunsystem
- Unterstützt die Entgiftung des Körpers
- Scheint lebensverlängernd zu wirken
- Beugt Vergesslichkeit vor

BEZUGSQUELLEN

Reishi-Extrakte gibt es in Pulver- und Kapselform im Reformhaus oder Bioladen, in spezialisierten Drogerien und im Internet.

VORSICHT

Der Reishi kann die Wirkung anderer Medikamente beeinträchtigen. Laut Dr. Geert Verhelst verdünnt er das Blut und zeigt daher eventuell Wechselwirkungen mit blutverdünnenden Medikamenten. Den Reishi sollte man daher nicht vor oder nach einer Operation und bei aktiven Blutungen, wie etwa bei Magengeschwüren, verwenden.

TIRAMISU MIT REISHI-KAFFEE

FÜR 4 PERSONEN

Für die Konditorcreme
200 ml Milch (3,5 % Fett)
50 g Kristallzucker
½ Vanilleschote, Mark herausgekratzt
15 g Puddingpulver
1 Prise feines Meersalz
1 Eigelb

Für das Tiramisu
100 g Mascarpone
100 g Sahne
20 Löffelbiskuits
1 Prise Kakaopulver

Für den Kaffeesirup
40 g Zucker
1 TL Reishi-Pulver
200 ml warmer Espresso

Utensilien
Feinsieb

Für die Konditorcreme die Milch mit 40 g Zucker, Vanillemark und Vanilleschote leicht zum Kochen bringen. Die Milch nicht überkochen lassen.

In der Zwischenzeit das Puddingpulver mit dem Salz und dem restlichen Zucker in einer Schüssel mischen. Das Eigelb hinzugeben und alles zu einer glatten Masse verquirlen.

Unter ständigem Rühren einen Schöpflöffel heiße Vanillemilch in die Puddingmasse gießen. Gut umrühren, damit sich die Mischung etwas erwärmt und sich alles gut verbindet. Die Masse unter ständigem Rühren in den Topf mit der heißen Vanillemilch geben und unter Rühren sanft aufkochen lassen. Die Vanilleschote herausnehmen.

Die Konditorcreme 2 Minuten köcheln lassen, bis sie eine puddingartige Konsistenz bekommt. Den Herd ausschalten und die Creme in eine Schüssel füllen. Mit Frischhaltefolie abdecken – dabei die Folie direkt auf die Creme drücken, sodass keine Luft dazwischen bleibt, sonst bildet sich eine Haut. Abkühlen lassen.

Für das Tiramisu in einer Schüssel 100 g abgekühlte Konditorcreme mit dem Mascarpone glatt verrühren. Die Sahne steif schlagen und vorsichtig unter die Mascarponecreme heben.

Für den Kaffeesirup den Zucker und das Reishi-Pulver im warmen Espresso auflösen. Die Löffelbiskuits eintauchen. Sollen die Löffelbiskuits noch etwas fest bleiben, nur 1 Sekunde eintauchen, für weichere Kekse ein wenig länger eintauchen.

Zum Schichten des Tiramisus die eingeweichten Löffelbiskuits auf dem Boden eines Dessertschälchens oder einer Schüssel dicht nebeneinanderlegen. Mit einer Schicht Mascarponecreme bedecken. Diesen Vorgang wiederholen, bis zwei Schichten Löffelbiskuits und zwei Schichten Mascarpone eingefüllt sind. Kurz vor dem Servieren das Tiramisu mit Kakaopulver fein bestäuben.

REISHI-CHAI-LATTE

FÜR 4 PERSONEN

1 EL Reishi-Pulver
1 Zimtstange
abgeriebene Schale von 1 Bioorange
4 Kardamomkapseln
8 schwarze Pfefferkörner
4 Sternanis
4 Gewürznelken
1 daumengroßes Stück Ingwer, in Scheiben geschnitten
1 Vanilleschote, halbiert
400 ml Milch (3,5 % Fett)

Utensilien
Milchaufschäumer

500 ml Wasser in einem Topf zum Kochen bringen. Den Herd ausschalten und unter Rühren alle Zutaten, außer der Milch, hinzufügen. Bei aufgesetztem Deckel 30 Minuten ziehen lassen.

Den Inhalt des Topfes durch ein Sieb in eine Schüssel abseihen. Die aufgefangene Flüssigkeit zurück in den Topf gießen und erneut aufkochen. Inzwischen in einem Stieltopf die Milch erhitzen und mit dem Milchaufschäumer aufschäumen.

Die Gläser bis zur Hälfte mit der aufgeschäumten Milch füllen und den Reishi-Chai dazugießen.

SHIITAKE

LENTINULA EDODES

Der Pilz der ewigen Jugend

Der auf Holzstämmen wachsende Shiitake ist nach dem Champignon einer der beliebtesten Speisepilze der Welt. Er macht rund ein Viertel des weltweiten Pilzverzehrs aus. Der Pilz gilt in Japan, China und Korea traditionell als Delikatesse. Der Name kommt vom japanischen Wort für eine bestimmte Art von Kastanienbaum, *shiia,* und dem japanischen Wort für »Pilz«, *take.*[1] Der lateinische Name leitet sich von *lentus,* »biegsam«, ab und bezieht sich auf die biegsamen Stiele. Der Artname *edodes* heißt »essbar«, was auf den Hut verweist. In Asien wird der Pilz wegen seiner lebensfördernden Eigenschaften auch als »Lebenselixier« bezeichnet.

In den 1960er-Jahren sammelte ich mit meinem chinesischen Kung-Fu-Lehrer Wing-Chun auf der Geldersekade in Amsterdam ab und zu getrocknete Shiitakes. Nach dem Training kochte Wing-Chun daraus wunderbare chinesische Mahlzeiten. Hierzulande ist der Pilz inzwischen in jeder Gemüseabteilung des Supermarkts oder auf dem Markt erhältlich. Shiitakes wurden durch die makrobiotische Szene und asiatische Einflüsse auch bei uns bekannt – sie sind inzwischen allgemein verbreitet.

Im Vergleich zum Champignon enthält der Shiitake viel Eiweiß – bis zu 13 Gramm auf 100 Gramm. Beim Champignon sind es im Vergleich 2,7 Gramm auf 100 Gramm. Fleisch hingegen enthält etwa 20 Gramm Eiweiß auf 100 Gramm. Spirulina führt in Sachen Eiweiß die Liste an: Die Alge besteht zu fast 70 Prozent aus Eiweiß, sie gilt daher mit Shiitakes und Nüssen als guter vegetarischer Eiweißersatz. Shiitake stärkt die Gesundheit, ist schmackhaft und besitzt diesen gewissen Umami-Geschmack. Bei getrocknetem Shiitake ist dieser Geschmack sogar noch intensiver. Vor der Zubereitung werden die Pilze zunächst in Wasser eingeweicht. Das Einweichwasser bildet die Grundlage für eine kräftige Brühe.

Verwendung

Der Shiitake enthält viele Spurenelemente und Mineralien (Calcium, Kalium, Magnesium, Mangan, Selen, Zink, Kupfer, Eisen und Phosphor) sowie andere Inhaltsstoffe wie die Vitamine A, B_2, B_3, B_6, B_{12}, C, D_2 und E. Somit unterstützt er die Funktion unserer Muskeln, Sehnen und Nerven. Der Pilz ist reich an Antioxidantien. Diese aktiven Verbindungen erkennen und neutralisieren freie Radikale, bevor diese chronische Krankheiten, vorzeitiges Altern oder psychische Probleme auslösen. Der Shiitake enthält alle essenziellen Aminosäuren.

Der Pilz fördert die Durchblutung und schützt vor Kalkablagerungen an den Zellwänden der Venen.[2] Zudem wirkt er stark antiviral und hemmt die Entwicklung von Viren wie dem Herpes-Simplex-Virus.[3] Der Pilz senkt Cholesterin und Blutdruck. Die traditionelle chinesische Medizin nutzt Shiitakes gegen Entzündungen, Arthritis und rheumatische Erkrankungen sowie bei Erkältungen, Grippe, Herz- und Gefäßerkrankungen.[4]

Der amerikanische Mykologe Paul Stamets ist überzeugt, das der Shiitake Killer- und T-Helferzellen aktiviert und deshalb in der Krebsbehandlung Anwendung finden könnte.[5] Zusätzlich zum bekannten Stoff Lentinan, der in Japan zur Krebstherapie in Krankenhäusern eingesetzt wird, gilt inzwischen

EIGENSCHAFTEN

Stärkt das Immunsystem

Hemmt Viren

Reduziert das Krebsrisiko

Senkt das Cholesterin

Senkt den Blutdruck

Reich an Vitaminen, Mineralien und Spurenelementen

Enthält alle acht essenziellen Aminosäuren

BEZUGSQUELLEN

Frische und getrocknete Shiitakes gibt es in (asiatischen) Supermärkten, auf dem Markt und im Gemüseladen. Extrakte sind in Drogerien, Bioläden und im Reformhaus erhältlich. Pilzzüchter verkaufen mit Myzel infizierte Holzdübel, die man in die Löcher von Holzscheiten einschlägt. Frische Scheite (drei Wochen alt) feucht halten und schattig lagern. Die geimpften Scheite produzieren nach etwa sechs Monaten Fruchtkörper. Bei einem festen Hartholz wie Eiche bilden die Scheite bis zu sechs Jahre lang neue Pilze.

VORSICHT

Nur sehr wenige Menschen reagieren allergisch auf den Shiitake und klagen dann über Lichtempfindlichkeit der Haut.

als anerkannt, dass der Shiitake, wie auch andere Heilpilze, antitumorale Verbindungen enthält. In den letzten Jahren erschienen weit über hundert wissenschaftliche Studien, die die gesundheitsfördernden Eigenschaften des Shiitakes beschrieben. Als präventives und unterstützendes Nahrungsmittel kann man in Absprache mit dem Arzt Pilze essen oder zusätzlich Pilzextrakte einnehmen.

Aussehen

Die Hüte werden 5 bis 25 Zentimeter groß. Sie sind zuerst dunkelbraun bis schwarz und werden heller, wenn sie ausgewachsen sind oder trocknen. In jungem Stadium hat der Shiitake eine leichte Kugelform und wird mit zunehmendem Wachstum immer flacher. Die Stiele sind faserig und fest. Shiitakes wachsen auf toten (Eichen-)Stämmen und in der Pilzzucht auf einem Substrat aus Säcken mit sterilisiertem Sägemehl.

Extraktion und Dosierung

Der Shiitake sollte mehrmals im Monat auf dem Speiseplan stehen. Am besten verzehrt man ihn ganz frisch. Oder man bereitet aus getrockneten Shiitakes eine Brühe zu oder verwendet den Extrakt.

AVOCADO MIT FERMENTIERTEM SHIITAKE-PULVER

FÜR 4 PERSONEN

1 kg Shiitakes
ca. 20 g Salz (2 % des Gewichts der Shiitakes)
1 Avocado

Utensilien
großes sterilisiertes Gefäß mit Deckel

Die Shiitakes in gleich große Stücke schneiden und in einer Schüssel gründlich mit dem Salz mischen. 5 Minuten stehen lassen und nochmals gründlich mischen. Es sollte nun wenig Saft aus den Shiitakes austreten.

Das sterilisierte Gefäß mit den Shiitakes füllen und die Pilze gut festdrücken. Es sollte möglichst wenig Luft im Glas bleiben. Oben einen 1 cm hohen Rand aussparen. Das Gefäß fest verschließen. Der Saft sollte die Shiitakes leicht bedecken. Das Gefäß fünf bis sieben Tage bei Zimmertemperatur an einem dunklen Ort stehen lassen. In dieser Zeit werden sich kleine Bläschen bilden.

Die ausreichend fermentierten Shiitakes nun trocknen. Dazu den Backofen auf 60 °C Ober-/Unterhitze vorheizen.

Die Shiitakes nebeneinander auf ein mit Backpapier ausgelegtes Backblech legen und im vorgeheizten Backofen mindestens 8 Stunden trocknen lassen. Die Pilze sollten dann absolut trocken sein, und es sollte beim Zusammendrücken kein Saft mehr austreten. Die getrockneten Shiitakes in der Küchenmaschine zu einem Pulver verarbeiten.

Die Avocado der Länge nach vierteln und schälen.
Mit dem fermentierten Shiitake-Pulver bestreuen und servieren.

SHIITAKE-DASHI MIT FURIKAKE-EIERN

FÜR 4 PERSONEN

Für die Shiitake-Dashi
1 Spitzkohl
1 Grünkohl
1 weiße Zwiebel
½ Blatt Kombu (asiat. Lebensmittelladen)
50 g getrocknete Shiitake (asiat. Lebensmittelladen)
50 ml Ponzu (jap. Würzsauce; asiat. Lebensmittelladen)

Für die Furikake-Eier
4 Eier
10 g Wasabi-Sesamsamen (asiat. Lebensmittelladen)
50 g weiße Sesamsamen
15 g Mohnsamen
5 Blätter Nori (asiat. Lebensmittelladen)
4 g Sushi-Essigpulver (asiat. Lebensmittelladen)
1 TL Zwiebelpulver

Für die Dashi-Einlage
1 Rettich (ca. 450 g; asiat. Lebensmittelladen), geschält
25 g frische Shiitakes, in Stücke geschnitten
100 g Enoki (asiat. Lebensmittelladen), untere Enden abgeschnitten und Pilze auseinandergezupft
1 Blatt Nori (asiat. Lebensmittelladen), in 4 Streifen geschnitten

Utensilien
Spiralschneider
Grill

Für die Dashi zunächst den Grill erhitzen. Den Spitz- und Grünkohl in Viertel schneiden und die Zwiebeln halbieren. Das Gemüse auf den glühend heißen Grill legen und etwa 30 Minuten rundum sehr dunkel rösten.

Die dunkel gerösteten Kohl- und Zwiebelstücke in einen hohen Topf geben und 2 Liter Wasser hinzugießen. Den Kombu und die getrockneten Shiitakes dazugeben. Zum Kochen bringen und 2 Stunden sanft köcheln lassen. Dann den Herd ausschalten, den Deckel aufsetzen und die Brühe eine Weile stehen lassen.

Die Brühe durch ein feines Sieb oder ein Käsetuch über einer großen Schüssel abseihen und das Ponzu einrühren.

Die nicht dunkel geröstete Innenseite von einem Stück Spitzkohl abtrennen, in Stücke schneiden und für später aufbewahren.

Für die Furikake-Eier die Eier in 5–6 Minuten wachsweich kochen. In der Zwischenzeit die restlichen Zutaten für die Furikake in einer flachen Schüssel mischen. Die gekochten Eier in kaltem Wasser abschrecken und pellen. Die gepellten Eier in der Furikake rollen und jedes Ei in Viertel schneiden.

Für die Dashi-Einlage den Rettich durch den Spiralschneider ziehen, sodass spaghettiähnliche Bänder entstehen.

Jeweils 4 Eiviertel in einen tiefen Teller geben und mit den Rettichbändern, frischen Shiitakes und Enoki, 1 Nori-Streifen und den aufbewahrten Spitzkohlstreifen anrichten. Mit der warmen Dashi übergießen.

IGEL-STACHELBART

HERICIUM ERINACEUS

Der Pilz der Neurogenese

Diesen Pilz nahm ich zum ersten Mal als Extrakt in Kapselform zu mir. Später fand ich die ausgezeichneten Extrakte des Kräuterspezialisten Aldo Hakman. Ich stellte eine signifikante Verbesserung meines Denkvermögens fest. In Amsterdam entdeckte ich an einem Pilzstand auf dem Zuidermarkt zum ersten Mal frische Igel-Stachelbärte. Ich schmorte sie und fühlte mich schon eine Stunde nach dem Verzehr viel klarer und schärfer im Kopf. Meine Mutter arbeitet jede Woche als Freiwillige an einem Bioobst-und-Gemüse-Stand auf dem Zuidermarkt. Sie lehrte mich schon als Kind die Kraft von Biolebensmitteln und den richtigen Umgang mit der Gesundheit.

Der Igel-Stachelbart wächst in der Natur auf Laubbäumen und in Baumhöhlen und -spalten sowie auf toten Holzstümpfen. Ursprünglich kommt er aus Europa, Asien und Nordamerika. In Asien genießt man ihn schon lange als Delikatesse und verwendet ihn als Medizin. Im Englischen nennt man ihn *lion's mane* – »Löwenmähne«.

Verwendung

Neben anderen Heilpilzen wird auch der Igel-Stachelbart seit Langem in der traditionellen chinesischen Medizin verwendet. Er erzielt bei Stress, emotionalen Beschwerden, Magen-Darm-Erkrankungen und zur Vorbeugung von Krebs gute Erfolge. Der Japaner Dr. Mizuno konnte 1995 die antitumorale Wirkung des Pilzes in einer Studie nachweisen.[1] Der Igel-Stachelbart wirkt positiv und stärkend auf das Immunsystem. Er unterstützt zudem die Regeneration von Nervenzellen und stimuliert den Nervenwachstumsfaktor NGF. Deshalb glaube ich, dass dieser Pilz eine wichtige Rolle bei der Vorbeugung und Heilung von Alzheimer und Demenz spielt. Überdies verbessert er das Denkvermögen und die Gehirnaktivität.

Der Igel-Stachelbart hat entzündungshemmende und kognitiv unterstützende Eigenschaften und wirkt positiv auf das kardiovaskuläre System. Er ist reich an Mineralien wie Zink, Kalium, Phosphor und Selen sowie an essenziellen Aminosäuren.

Vor allem in Kombination mit einer Mikrodosis an Psilocybin-Pilzen (siehe Seite 63) werden mit dem Igel-Stachelbart außergewöhnliche Ergebnisse erzielt. Dazu sollte man sich, auf eigenes Risiko, an das Protokoll von Paul Stamets halten, das dieser in seinen Büchern beschreibt. Wissenschaftliche Studien konnten in den letzten Jahren die Ergebnisse bestätigen.

Aussehen

Der Igel-Stachelbart ähnelt einer großen weißen Perücke und erinnert an die Mähne eines Löwen. Der weiße, knollige Pilz ist flauschig und scheint aus dünnen, zusammengewachsenen Fäden zu bestehen. Meist ist er weiß bis blassgelb.

Extraktion und Dosierung

Möglichst ein- bis dreimal täglich zwei Kapseln mit getrocknetem Pilz oder 5 bis 20 Gramm frischen Pilz einnehmen. Wenn du ein gutes Extrakt hast, kannst du zweimal im Jahr eine Kur machen, indem du 20 Tage lang dreimal täglich ein Drittel einer Pipette des Extrakts verwendest.

EIGENSCHAFTEN

Neuroregenerativ

Stärkt das Immunsystem

Hemmt Entzündungen

Wirkt wohltuend auf das kardiovaskuläre Gefäßsystem

Enthält viele Mineralien und essenzielle Aminosäuren

BEZUGSQUELLEN

Der Igel-Stachelbart ist über das Internet und in Läden für Nahrungsergänzungsmittel erhältlich, oder man züchtet ihn selbst. Dazu bestellt man bei einem (Online-) Händler mit Myzel getränkte Holzdübel und schlägt diese mit dem Hammer in das aufgebohrte Loch eines Baumstamms. Der frisch geschlagene Stamm sollte drei Wochen alt sein, damit das Holz ausreichend gereift und noch nicht von einem anderen Pilz befallen ist. Der Igel-Stachelbart wächst gern auf Eichen-, Buchen-, Birken- und Kastanienstümpfen. Nach einigen Monaten kann der selbst gezüchtete Igel-Stachelbart geerntet werden. In den Niederlanden sowie auch in Deutschland gilt der Pilz als gefährdete Art. Deshalb sollte man ihn nicht in der freien Natur sammeln.

VORSICHT

Der Igel-Stachelbart kann Wechselwirkungen mit Psychopharmaka auslösen.

TEMPURA VOM IGEL-STACHELBART MIT KNOBLAUCHPULVER UND PETERSILIEN-AIOLI

FÜR 4 PERSONEN

Für die Petersilien-Aioli
½ Bund Petersilie (ca. 40 g)
250 ml Sonnenblumenöl
1 Eiweiß
25 ml Sushi-Essig

Für den Tempura-Teig
3 Eigelb
200 ml eiskaltes Sprudelwasser
80 g Weizenmehl (Type 405), plus etwas mehr
ca. 1 l Sonnenblumenöl
4 mandarinengroße Igel-Stachelbärte
1 Prise feines Meersalz

Für die Garnitur
1 TL Knoblauchpulver
1 TL Zwiebelpulver

Utensilien
hoher Topf zum Frittieren
Kochthermometer
Schaumlöffel
Feinsieb

Für die Petersilien-Aioli die Blätter der Petersilie abzupfen und mit dem Sonnenblumenöl im Mixer zu einem glatten, dicksämigen Öl verarbeiten. Durch ein Feinsieb oder Käsetuch über einer Schüssel abseihen. Das Eiweiß mit dem Sushi-Essig im Mixer gut vermischen, dann bei laufendem Mixer das Petersilienöl in feinem Strahl zugießen und alles zu einer Aioli verarbeiten. Kühl stellen.

Für den Tempura-Teig Eigelbe, Sprudelwasser und Mehl in einer Schüssel mit den Rührbesen des Handmixers verquirlen. Der Teig kann etwas klumpig bleiben – aber nicht zu sehr. Das Sonnenblumenöl in einem hohen Topf mit dickem Boden auf 180 °C erhitzen.

Falls erforderlich, die Igel-Stachelbärte säubern und Sand oder Erde abbürsten. Die Pilze halbieren. Die »haarige« Seite erst in einem Teller mit etwas Mehl und dann im Tempura-Teig wenden. Die Pilze portionsweise vorsichtig im heißen Öl frittieren. Es ist wichtig, dass die Pilze trocken sind, das Öl heiß bleibt und der Tempura-Teig sehr kalt ist.

Nach etwa 3 Minuten die goldbraunen, knusprigen Pilze mit dem Schaumlöffel herausheben und auf Küchenpapier oder einem Kuchengitter abtropfen lassen. Leicht salzen. Die restlichen Pilze auf gleiche Weise frittieren.

Je 1 gehäuften Esslöffel Petersilien-Aioli auf jeden Teller geben und 2 halbe Igel-Stachelbärte darauf anrichten. Für die Garnitur das Knoblauch- und Zwiebelpulver in einer kleinen Schüssel mischen und über die Pilze streuen.

POCHIERTER IGEL-STACHELBART MIT PONZU UND INGWER

FÜR 4 PERSONEN

Für die japanische, süßsaure Ponzu-Brühe
30 ml Reisessig (asiat. Lebensmittelladen)
120 ml Mirin (süßer Reiswein; asiat. Lebensmittelladen)
30 g Kombu (asiat. Lebensmittelladen)
120 ml Yuzu-Saft (asiat. Lebensmittelladen; oder Limettensaft)
120 ml helle Sojasauce (asiat. Lebensmittelladen)

Für das Frühlingszwiebelöl
5 Frühlingszwiebeln mit viel Grün
100 ml Sonnenblumenöl

Für die Einlage
500 g Igel-Stachelbart (egal ob 1–2 große Pilze oder 8 kleine)
1 Stück Ingwer (2 cm), geschält
2 Frühlingszwiebeln
1 EL Frühlingszwiebelöl

Für die Ponzu-Brühe Reisessig, Mirin und Kombu in einem Topf zum Kochen bringen und zugedeckt 10 Minuten leicht köcheln lassen. Den Herd ausschalten und die Brühe mit dem Kombu vollständig abkühlen lassen. Dann Yuzu-Saft und Sojasauce in die abgekühlte Brühe rühren. (Oder eine fertige Ponzu verwenden. Es sollte jedoch keine Shoyu-Ponzu sein, da diese mit dunkler Sojasauce hergestellt wird.)

Für das Frühlingszwiebelöl das Grün der Frühlingszwiebeln fein hacken. Das klein gehackte Grün in eine Edelstahlschüssel oder ein anderes feuerfestes Gefäß geben – Schüssel oder Gefäß sollten auf jeden Fall tief sein, da das Öl bei der Zubereitung spritzen wird. Das Sonnenblumenöl in einem Topf auf etwa 185 °C erhitzen. Das heiße Öl mit einer Schöpfkelle nach und nach auf das Frühlingszwiebelgrün geben und warten, bis es nicht mehr spritzt, und erst dann die nächste Kelle Öl darübergeben. Das Frühlingszwiebelöl vollständig abkühlen lassen.

Für die Einlage die Igel-Stachelbärte in einen ausreichend großen Topf legen. Die Ponzu-Brühe dazugießen und zum Kochen bringen. Zugedeckt 15 Minuten leicht köcheln lassen.

In der Zwischenzeit den Ingwer schälen und das Grün von den Frühlingszwiebeln abschneiden. Ingwer und Frühlingszwiebelgrün sehr fein hacken und in einem Schälchen mit dem Frühlingszwiebelöl mischen.

Die gegarten Igel-Stachelbärte auf vier tiefe Teller verteilen. In jeden Teller etwas Ponzo-Brühe gießen. Die Mischung aus Frühlingszwiebeln und Ingwer auf den Pilzen anrichten. Ein wenig Frühlingszwiebelöl in die Brühe träufeln.

Der magische Pilz

Der Fliegenpilz ist einer der faszinierendsten Pilze weltweit. Fast jeder kennt ihn aus dem Märchen oder aus dem Wald: der rote Pilz mit den weißen Punkten. Überall wird dieser Pilz mit Magie, Hexerei, Kraft und Macht in Verbindung gebracht. Und schon in der Steinzeit wurde er von Schamanen zur Bewusstseinserweiterung eingesetzt. In der Antike war man erstaunt über seine Art zu wachsen – ganz ohne Samen. Nach seiner Geburt aus einem »Ei« (Gebärmutter mit Fötus) erinnert der Pilz an einen Penis, der sich aufrichtet – so wie das menschliche Organ bei sexueller Erregung. Jede Beschreibung der Existenz dieses Pilzes war mit sexuellen Assoziationen verknüpft.[1]

Der Fliegenpilz wird auch zu medizinischen Zwecken eingesetzt, wie in dem Buch *Microdosing with Amanita Muscaria* der russischen Ärztin Baba Masha beschrieben. So hilft er gegen Schuppenflechte und Alzheimer, er verbessert Ausdauer und Kreativität und wirkt gegen Allergien. Masha erzählt in ihrem Buch, dass sie zuerst glaubte, der Fliegenpilz sei wegen der vielen Warnungen und Erwähnungen in Pilzführern ein äußerst gefährlicher Pilz, aber inzwischen sei sie von seinem medizinischen Nutzen überzeugt. Sie zitiert sogar aus Victor Hugos *Les Misérables,* um ihre Erkenntnisse zu untermauern: »Keine Armee kann der Macht einer Idee widerstehen, deren Zeit gekommen ist.«

Der Pilz wurde fast überall auf der Welt mit Donner, Blitz und Regen assoziiert, weil er nach einem Regenschauer aus der Erde auftauchte. Im Persischen heißt er *Banat al-Ra'd,* was so viel bedeutet wie »Töchter des Donners«.[2]

In Lappland und Sibirien ist der Fliegenpilz weitverbreitet, er war dort früher so wertvoll wie ein Rentier. Vom Ethnobotaniker Aldo Hakman erfuhr ich, dass Rentiere frische Fliegenpilze fressen. Ein skandinavischer Schamane erwarb sich das Zutrauen eines Rentiers und trank nach der Festigung dieser vertrauensvollen Bindung einen Mondzyklus lang den Urin des Tieres. Dann tötete er es und verspeiste das rohe Herz. Aus der Haut fertigte er eine magische Trommel. Anschließend ging er in den Wald, um mit dem magischen Pilz zu arbeiten: Erst dann war er stark genug, um den getrockneten Pilz in unverdünnter Form zu verspeisen. Der Fliegenpilz wurde meist in Kombination mit dem Chaga-Pilz (siehe ab Seite 32) verwendet. Chaga gilt als König und der Fliegenpilz als Narr. Sie halten sich gegenseitig in Schach.

FLIEGENPILZ

Wikinger und vedische Arier verwendeten den Fliegenpilz, um Tapferkeit und Kampfgeist zu steigern. 1736 wurde der Pilz vom schwedischen Oberst P. J. Strahlberg beschrieben, der als Kriegsgefangener zwölf Jahre in Sibirien verbrachte. Er berichtete vom Volk der Korjaken, die große Pilzvorräte für den Winter anlegten und bei Festen einen Tee daraus brauten, der sie leicht betrunken machte.[3]

Ich selbst habe aus ethnobotanischem Interesse regelmäßig getrocknete Fliegenpilze und deren Extrakte ausprobiert. Ich fühlte mich wie jemand, der »eine intelligente Tasse Kaffee getrunken hatte«, um es mit den Worten des Künstlers Jesse Faber zu sagen, und wurde quasi zum Ferrari: Ich tat alles schneller und intensiver. Bei höheren Dosen nahm ich Farben besser wahr und sprühte vor Kreativität. Allerdings habe ich nie große Mengen des Pilzes zu mir genommen. Einige Freunde schon, und sie waren voll des Lobes. Hakman erzählte mir, dass er durch den Pilz lernte, sein primitives (Reptilien-)Urhirn stärker einzusetzen, und dass andere Bewusstseinsfunktionen deutlicher im Hintergrund arbeiteten, so als käme er in engen Kontakt zu seiner Urintuition.

In Europa betrachtete man den Fliegenpilz auch durch die Inquisition mit ihren Hexenverbrennungen als Werk des Teufels, weil er einen visionären Bewusstseinszustand auslöste, den die Kirche als Bedrohung ihrer Macht ansah. Der beliebte Pilz wurde verboten. Sehr außergewöhnlich, so John Allegro, der Alttestamentliche Studien an der Universität von Manchester lehrte. Seiner Auffassung zufolge war das Christentum keine ursprüngliche Religion, sondern entwickelte sich aus dem heidnischen Fruchtbarkeitsritus rund um den Fliegenpilz. Allegro war Teil eines Teams, das die Schriftrollen vom Toten Meer untersuchte. So zog er nach Jahren des Vergleichs der ursprünglichen hebräischen Bibeltexte mit Wörtern aus dem Sumerischen und anderen alten Sprachen des Nahen Ostens seine Schlussfolgerung in seinem Buch *The Sacred Mushroom and The Cross* (Der heilige Pilz und das Kreuz) und nahm im Titel Bezug auf ein altes hebräisches Wort für Pilz: kleines Kreuz. Laut Allegro erschienen geheime Bedeutungen und Verwendungen des Fliegenpilzes in heiligen Texten wie der Bibel in Codeform. Informationen, magische Formeln oder spezielle Namen versteckten sich in einem Dokument, das sich scheinbar einem ganz anderen Thema widmete.[4] Es gab Kritik an Allegros Buch, aber noch immer gibt es viele Befürworter seiner Theorien. Andere Forscher vertreten die Ansicht, dass selbst die Kleidung des Papstes auf die Ursprünge des Christentums verweise: ein weißes Gewand mit einem kurzen roten Mantel über der Schulter; Mitren stünden für einen sich öffnenden Pilz. In zahlreichen Glasfenstern in Kirchen und Kathedralen, so auch in der Kathedrale von Chartres, ist der Pilz abgebildet. Im römischen Mithraskult,

Demeter und Persephone — Im Mysterienkult des Tempels von Eleusis spielten psychedelische Pilze eine wichtige Rolle. Bei diesem Kult drehte sich alles um einen seligmachenden Trank, den Adepten nach einer neuntägigen Initiation tranken. Der Tempel war der griechischen Göttin Demeter, der Göttin der Erde, des Ackerbaus, des Getreides und der Pharmaka, und ihrer Tochter Persephone, der Göttin der Unterwelt, geweiht. Die beiden teilen sich hier heilige Pilze. Die Abbildung ist eine Zeichnung des steinernen Originals und befindet sich im Louvre gegenüber der *Mona Lisa*.

der mit dem altpersischen heiligen Feuerkult der Magie eng verbunden war, spielte die Verwendung von *Amanita muscaria* eine zentrale Rolle. Die Perser nannten den Göttertrank der Unsterblichkeit *haoma*. In der *Rig Veda*, einer heiligen Hindu-Schrift, findet sich der Name *soma*. Dass die Anhänger des Darius, des damaligen Königs im alten Persien, seinen Urin tranken, ist für den Professor für Klassische Studien Carl Ruck ein Beweis dafür, dass der Fliegenpilz Teil des Haoma-Sakraments war; vergleichbar dem Verhalten der samischen Schamanen in Lappland und Sibirien. Fliegenpilze wurden als Sakrament bei mithrasischen Gastmählern verspeist, die in geschlossenen, fensterlosen Räumen stattfanden. Der Pilz wurde beispielsweise über das Trinken von Blut und den Verzehr des Fleisches eines Stieres, der mit Fliegenpilzen gefüttert worden war, aufgenommen. Für religiöse Tieropfer in der Antike nahm man meist Tiere, die zuvor mit Pharmaka, Entheogenen, gefüttert worden waren. Die mystische Symbolik der Stieropfer findet sich heute noch im spanischen Stierkampf und im Opferfest (Eid al-Adha) der Muslime.

Wie zu Zeiten der euleusinischen Mysterien, in denen man das altgriechische Getränk *kykeon* mit echtem Mutterkorn *(Clavyceps purpurea)* trank, wurden die Aufgenommenen durch den Verzehr des Fliegenpilzes vergöttlicht. Der Gott Mithras wird meist in einem roten Gewand mit weißen Punkten und einer nach vorn hängenden Weihnachtsmannmütze dargestellt, die auch »phrygische Mütze« genannt wird und den Fliegenpilz symbolisieren soll. Laut Ruck ist der Fliegenpilz die Droge, die Europa zivilisierte und unsere Zivilisation begründete. Seit Hunderten von Jahren war der Mithraismus eine der beiden Staatsreligionen im Römischen Reich. Viele Elemente dieser Religion wurden von den ersten Christen übernommen, wie zum Beispiel der Konsum der (bewusstseinsverändernden) Eucharistie. Laut verschiedener Überlieferungen war das erste Abendmahl die Speise vom Baum der Erkenntnis durch Adam und Eva im Garten Eden – Graham Hancock betrachtet sie als erste psychedelische Erfahrung unseres Volkes. Das letzte Abendmahl ist der Verzehr der psychedelischen Eucharistie, die noch in den ersten christlichen Hauskirchen und in den unter dem Vatikan liegenden Katakomben gebraut wurde. Heute nimmt man die Eucharistie als Platzhalter in der Kirche zu sich, ihr fehlt die richtige chemische Zusammensetzung, und sie wirkt bei manchen Menschen durch Suggestion. Der transzendentale Bewusstseinszustand, der in Eleusis mit dem heiligen *kykeon* herbeigeführt wurde, nannte Platon »das Heiligste des Heiligsten«. Die zweite psychedelische Erfahrung war das Verbot dieser Sakramente, gefolgt vom Drogenkrieg gegen Peyote (siehe Seite 204) und später gegen mexikanisches Marihuana. Somit stellt sich die Frage: Was ist nun das nächste Abendmahl? Viele bedeutsame Entwicklungen in der westlichen Kultur ließen sich von einem zentralen spirituellen, ekstatischen Impuls inspirieren, der oft, aber nicht immer, durch entheogene Substanzen ausgelöst wurde. Die Freimaurer übernahmen Teile dieser Kulte. Die französische Erklärung der Menschen- und Bürgerrechte von 1789 enthält in der Mitte einen roten Pilz mit weißen Punkten. Den oberen Teil der Erklärung ziert das unkörperliche Auge, das auf Visionen verweist.

Entheogene Theorien gehen davon aus, dass die Ursprünge von Religionen wie dem Christentum in der Verwendung psychoaktiver Pflanzen und Pilze lagen, die einen visionären Bewusstseinszustand hervorriefen. Entheogen bedeutet im Grunde »von dem Gott in uns selbst abgeleitet« oder »etwas, das das Göttliche in uns selbst erzeugt«. Donald Teeter, Autor von *Amanita Muscaria: Herb of Immortality*, ist überzeugt, dass der christliche Heilige Gral in Wirklichkeit eine Tonschale war, in der Visionen auslösendes Fliegenpilzmyzel gezüchtet wurde. Das Wort »Gral« stammt aus dem Keltischen und bedeutet »Gebräu der Inspiration«.[5] Der Gral enthielt also vermutlich ein magisches Getränk mit Fliegenpilz. Vielleicht haben wir dem Fliegenpilz also weitaus mehr zu verdanken als bisher angenommen? Im alten Europa wurden beim Julfest (Wintersonnenwende) am 21. Dezember Fliegenpilze verzehrt, die zuvor am Weihnachtsbaum getrocknet wurden. Bei diesem Fruchtbarkeitsfest schwärzte man sein Gesicht mit Ruß und feierte die Rückkehr des Lichts. Der im Haus aufgestellte Weihnachtsbaum in der Weihnachtszeit ist ein Überbleibsel des alten europäischen Baumkults. Zufälligerweise ist der Weihnachtsbaum einer der Bäume, mit denen der Fliegenpilz in Symbiose lebt.

PSILOCYBIN-PILZE u. a. *Psilocybe semilanceata / P. cyanescens*

Die Söhne der Götter

Die Hippies machten in den 1960er-Jahren den Psilocybin-Pilz als *magic mushroom* bekannt. Doch magische Pilze werden schon seit Jahrhunderten in vielen Kulturen als Sakramente genutzt. Seit mindestens 7000 Jahren, aber wahrscheinlich länger, verwenden Menschen Psilocybin-Pilze. Sie spielten vermutlich auch bei der Entwicklung des menschlichen Bewusstseins eine wichtige Rolle, und so nutzten Forscher der Johns-Hopkins-Universität Psilocybin zur Untersuchung des menschlichen Bewusstseins. »Unser Bewusstsein (…) entsteht durch das Kommen und Gehen neuronaler Impulse in Teilen des Gehirns – das Substrat, auf das Wirkstoffe wie Psilocybin wirken«, sagt Charles Schuster, ehemaliger Direktor des US National Institute on Drug Abuse (NIDA). »Zu verstehen, wie diese Wirkungen zustande kommen, fällt eindeutig in den Bereich der Neurowissenschaften, und sie sollten unbedingt näher erforscht werden.«

Der amerikanische Ethnobotaniker Terrence McKenna war der Ansicht, dass Psilocybin-Pilze der »evolutionäre Katalysator« waren, aus denen Sprache, Vorstellungskraft, Kunst, Religion, Philosophie, Wissenschaft und im Prinzip die gesamte menschliche Kultur entstanden. McKennas Hypothese ist auch als Theorie des »bekifften Affen« bekannt geworden.[1] Früheste Kunstwerke, die zeigen, dass Pilze für magische Rituale verwendet wurden, fand man im Süden des heutigen Algeriens in einer Höhle auf der Hochebene von Tassili. Diese Felsenmalerei entstand vor 7000 Jahren. Die Menschenfigur mit dem Kopf einer Biene und einem Körper, aus dem Pilze wachsen, hält in jeder Hand große Pilze. Auf ägyptischen Hieroglyphen sind Psilocybin-Pilze zu erkennen, und einige Ägyptologen meinen, dass die Krone des Osiris ein Pilz sei. Auch in Mexiko und Guatemala finden sich in alten Maya-Tempeln Darstellungen und künstlerische Werke dieses betörenden Pilzes. Von dort stammen auch die Pilzsteine, mit denen das Sakrament für den Verzehr gemahlen wurde. Bei den Azteken heißt der Psilocybin-Pilz *teonanacatl* – auf Deutsch »Fleisch Gottes«.

Psilocybin ist eine Arznei, die uns zu klügeren und besseren Menschen macht. Sie konnte bisher vielen Menschen helfen, Traumata zu heilen und Gehirn und Nervensystem zu regenerieren. Schamanen und Hexen wissen seit Jahrtausenden, dass eines ihrer heiligen Sakramente (die Psilocybin-Pilze) Prophezeiungen auslösen kann.

Über spirituelle und mystische Erfahrungen mit dem Zauberpilz wurde viel geschrieben, und der Pilz

PSILOCYBIN-PILZE

wird seit Jahrtausenden weltweit genutzt, auch in Europa. Sowohl Platon als auch Sokrates nahmen an religiösen Zeremonien teil, bei denen Zauberpilze konsumiert wurden.[2] Ich selbst habe mit Psilocybin-Pilzen experimentiert, die Visionen auslösen. Sie sollen denen ähneln, die durch LSD auftreten. Zu LSD kann ich nichts sagen, da ich es noch nie genommen habe. Von einem erfahrenen Experten hörte ich jedoch, dass LSD als Meister zu betrachten sei: Wenn man ihm nicht folge, zöge das einen schlechten Trip nach sich. Doch Pilze sind ein Freund, und kein Meister, und bewegen sich mit uns im Einklang.

Im Silicon Valley in den Vereinigten Staaten setzt man für Therapien häufig LSD und Psilocybin-Pilze in Mikrodosen ein. Der Biochemiker Kary Mullis hatte, genau wie auch Steve Jobs, Visionen und außergewöhnliche Erkenntnisse unter Einfluss von LSD. 1993 erhielt er den Nobelpreis für Chemie für die Erfindung der PCR, einer Methode, mit der man kleinste Mengen DNA in Stoffen nachweisen kann. Er selbst sagt dazu: »Hätte ich PCR erfunden, wenn ich kein LSD genommen hätte? Ich bezweifle es. Ich konnte auf einem DNA-Molekül sitzen und beobachten, wie die Polymere an mir vorbeizogen. Das erlebte ich zum Teil unter Einfluss psychedelischer Drogen.«[3]

Mikrodosen führen nicht zu einem echten Trip, sondern verstärken bestimmte Gehirnfunktionen. Studien haben gezeigt, dass sich nach einem sechswöchigen Gebrauch von Mikrodosen an Psilocybin-Pilzen einige Verbindungen im Gehirn besserten und verstärkten. Quasi eine Neurogenese oder Neuroregeneration: Nervenzellen bilden sich neu und werden repariert.

Psilocybin hilft, Ängste und Depressionen langfristig abzubauen. Viele Menschen haben ihre Depressionen erst durch einen guten Pilztrip in den Griff bekommen. Derzeit führen verschiedene Universitäten Studien zur Mikrodosierung von Psilocybin-Pilzen durch. Eine steigende Zahl publizierter Studien kommt zu positiven Ergebnissen. In den Vereinigten Staaten laufen aktuell an führenden Instituten, und auch an etwa 20 weiteren in Europa, rund 40 Studien zur Mikrodosierung und zum therapeutischen Einsatz von Psilocybin. Der Stoff ist zu einem globalen Phänomen avanciert, und man spricht bereits von einer psychedelischen Renaissance. Psilocybin-Pilze sind vor allem im Vergleich zu herkömmlichen Medikamenten gegen Depression recht kostengünstig. Sie wirken auf natürliche Weise und gelten als echte Natur-

Pilzsteine — In Mexiko und Guatemala überstanden rund 200 Pilzsteine (der älteste Fund eines solchen Steins stammt aus 3000 v. Chr.) die Zerstörung. Nachdem Europa von psychedelischen Sakramenten befreit worden war, machten sich katholische Missionare auch auf dem amerikanischen Kontinent daran, die tiefste menschliche Urtradition auszuradieren. Mit diesen Steinen waren getrocknete magische Sakramente zu Pulver gemahlen worden. Als einzige Zivilisation weltweit verbot die westliche Zivilisation in den letzten 500 Jahren (nach der Tötung weiser Kräuterfrauen, ihrer Töchter – »Hexen« – und Bierbrauer) die Sakramente, die daraufhin im Untergrund verschwanden und tabuisiert wurden.

Tassili-Felsenschamane — Diese uralte Felsenmalerei (8000–6000 v. Chr.) einer kostümierten oder übernatürlichen Figur wurde auf der Tassili-Hochebene im östlichen Algerien gefunden. Sie zeigt vermutlich einen prähistorischen Bienen-Medizinmann. Der Felsenschamane ist eine der ersten noch erhaltenen Darstellungen von psychedelischem Pilzkonsum.

medizin, die Erkrankten ihre alte Kraft zurückgibt. Auch Ärzte kooperieren zunehmend mit Patienten, die mithilfe von Psilocybin beispielsweise von ihren Antidepressiva abkommen wollen.

Darüber hinaus hat sich Psilocybin als vielversprechendes Medikament zur Linderung von Cluster-Kopfschmerzen erwiesen. In einer Studie aus dem Jahr 2006 berichteten 22 von 26 Patienten, dass durch Psilocybin Schmerzanfälle unterdrückt wurden, und 18 von 19 Psilocybin-Anwendern erlebten eine längere Zeit ohne nennenswerte Anfälle.

Selbst unheilbar kranke Menschen profitieren von der mystischen Erfahrung mit Psilocybin-Pilzen. Sie lernen, besser mit dem Tod umzugehen, wie Forscher der Johns-Hopkins-Universität nachweisen konnten.
Sie machen außerdem die Erfahrung, dass die anscheinend normale Welt in Wirklichkeit nicht normal ist und dass unterschiedliche Realitäten existieren, die durch diese Pilze besser erlebbar sind.

Unsere Sicht auf die Welt ist zum größten Teil von unserem Bewusstsein abhängig. Durch spirituelle Erfahrungen und das Gefühl, Teil von etwas Größerem zu sein, lernen diese Menschen einen inneren Frieden kennen, der sie den Tod leichter akzeptieren lässt. Besonders in Kombination mit dem Igel-Stachelbart wirkt Psilocybin stark neurogen.
Das Protokoll von Paul Stamets und anderen Mykologen und Wissenschaftlern, wie Dr. James Fadiman, ist online nachzulesen. Neurogenese ist möglich und wird von der Forschung bestätigt.

Psilocyn-Pilze erscheinen bei feuchtem Wetter im Herbst im Gras *(Psilocybe semilanceata)* und auf Holzspänen in Parks *(Psilocybe cyanescens)*.

FRÜCHTE UND NÜSSE

WOUTER

»Wir alle wissen, dass eine ausgewogene Ernährung zum großen Teil aus Obst und Gemüse bestehen sollte, um die maximale Menge an Vitaminen, Mineralien und anderen pflanzlichen Inhaltsstoffen aufzunehmen. Viel Obst und Gemüse sollten wir direkt essen, um das Maximum an Geschmack und guten Stoffen zu erhalten. Schau dir nur den frisch geernteten Salatkopf aus dem Gemüsegarten an und vergleiche ihn mit einem zwei Tage alten Kopf aus dem Supermarkt. Jeder Funke von Leben ist verschwunden und mit ihm ein großer Teil der Nährstoffe. Das ist bei Nüssen, Samen und Kernen anders, da sie ihre Kraft behalten. Ihr Lebensprinzip bleibt teils über Jahrhunderte bestehen. Obst esse ich meist unverarbeitet. Verwendest du es in deinen Gerichten?«

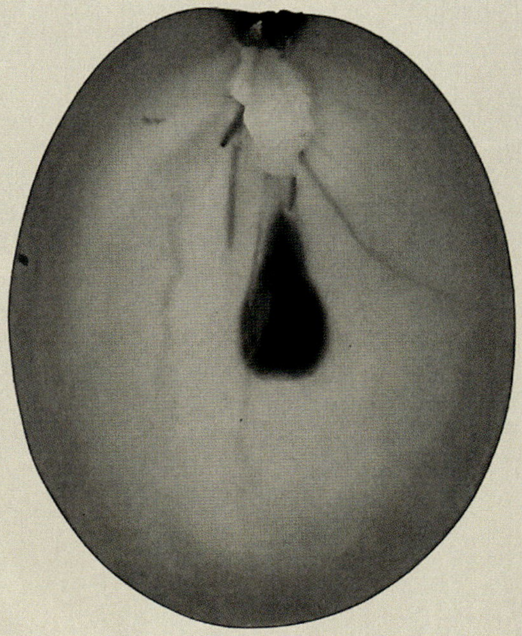

JORIS »Als ich in Frankreich im Restaurant *Le Jardin Des Sens* arbeitete, zeigte mir Küchenchef Laurent Pourcel, wie großartig frische Früchte sind. Ein Tomatensalat mit Himbeeren, frische Pfirsichspalten zum Entenbraten oder Rotweinsauce und Passionsfrucht zum Roastbeef. Das harmoniert ganz wunderbar. Ich verwende gern geröstete Nüsse, da sie einem Gericht eine pikante Note und den tollen Umami-Geschmack geben. Eine frische Nuss schmeckt übrigens völlig anders als eine getrocknete Nuss. Die Ajo-blanco-Suppe bekommt durch geröstete Mandeln einen anderen Geschmack als mit frischen Mandeln, die eher an pflanzlichen Kaviar erinnern. Der Zeitpunkt des Verzehrs beeinflusst vielleicht nicht den Nährwert, aber umso stärker den Geschmack. Erinnerst du dich noch, wie wir früher Heidelbeeren in den Ardennen pflückten? Wenn sie Saison hatten, bekam man beim Bäcker wunderbare Backwaren mit Heidelbeeren und sogar Bonbons. Wir bereiteten aus den Heidelbeeren auch Crème de Cassis zu. Das ist das Schöne an der Natur und den Jahreszeiten: Bestimmte Produkte sind nur zeitlich begrenzt erhältlich, aber dann in großen Mengen. Heidelbeeren taten mir immer sehr gut. Weißt du, warum?«

W »Eine ausführliche Erklärung findest du weiter hinten in meinem Buch, aber es ist erwiesen, dass der Verzehr von reichlich Obst und Gemüse Herz- und Gefäßkrankheiten, den Star und das Krebsrisiko reduziert. Heidelbeeren sind gut für die Darmflora und wirken positiv auf das Immunsystem. Sie wirken günstig auf unser Gehirn und unsere Augen, sind stark antioxidativ und enthalten viele Vitamine. Menschen mit dem geringsten Verzehr von Obst und Gemüse haben ein doppelt so hohes Risiko für verschiedene Krebsarten, im Vergleich zu Menschen, die mehr davon essen. Was sollten wir also tun, um mehr frisches Obst statt Süßigkeiten zu essen?«

J »Wir haben früher immer im Gemüsegarten mitgearbeitet und gesehen, wie alles wuchs. Dadurch lernten wir leckeres frisches Obst und Gemüse wertzuschätzen und zu lieben. Aus diesem Grund bin ich ein großer Fan von Schulgärten. Im Schulgarten unseres Restaurants *RIJKS* steht ein Walnussbaum. Für mich ist Fett ein sehr wichtiger Geschmacksgeber. Sind Fette aus Nüssen und Samen nicht auch gut für uns?«

W »Bei Fett denken wir schnell nur an giftige Transfettsäuren, die entstehen, wenn Fette in Lebensmitteln ranzig werden, oder an Frittiertes und die industrielle Härtung von Fetten für die Lebensmittelindustrie. Diese Fette fördern Herz-Kreislauf-Erkrankungen. Fette in Nüssen und Samen sind in der Tat wichtig für unsere Gesundheit und auch für die Funktion unseres Gehirns, wie etwa die Omega-3-Fettsäuren in Walnüssen. Du verwendest wahrscheinlich nicht nur gesunde Fette in der Küche?«

J »Ohne groß darüber nachzudenken, gebrauchen wir in der Restaurantküche täglich mehrere Liter Fett. Fett steht in meinen Küchen für Geschmack und gibt Gerichten die richtige Textur, wie etwa der Mayonnaise. Wir verwenden tierische Fette wie Rinderfett oder Gänseschmalz, aber natürlich auch Butter. Am häufigsten nehmen wir als Fettstoff ein Öl. In einigen Fällen brauchen wir tatsächlich ein neutrales Öl, um diesem Öl selbst noch Geschmack hinzuzufügen. Das ist das Schöne am Öl, es ist ein echtes Geschmacks-Chamäleon. Wenn du Öl mit einem Bund Petersilie im Mixer verarbeitest, wird es grün und super geschmacksintensiv. Eine Technik, die wir häufig verwenden und die mich immer wieder aufs Neue begeistert. Und nicht zu vergessen: das Allroundtalent Olivenöl! Mit einem guten Olivenöl schmeckt im Grunde alles.«

Die Frucht der Engel

Die süße Papaya stammt aus Süd- und Mittelamerika und den karibischen Inseln. Von dort gelangte sie ab dem 16. Jahrhundert durch die Spanier in fast alle tropischen Regionen der Erde. Sie war angeblich Kolumbus' Lieblingsfrucht. Nach ihrer Ankunft in Amerika erkrankten Kolumbus und seine Mannschaft an den einheimischen Speisen. Die indigene Bevölkerung gab ihnen Papaya zu essen, die ihre Genesung förderte. Der Name der Kariben-Indianer für die Frucht war *ababi,* was so viel wie »Frucht der Engel« heißt. Der ganze Baum, einschließlich Früchte und Samen, wird weltweit medizinisch verwendet. Für einige Bewohner der Tropen hat die Papaya etwas Mystisches, weil sie, wie der menschliche Embryo, neun Monate zur Entwicklung braucht.

Die Papayasamen führen bei einigen Männern vorübergehend zu Unfruchtbarkeit. Dass nach dem Verzehr der Samen eine Unfruchtbarkeit auftritt, ist im Übrigen keine Garantie für ein hundertprozentig funktionierendes Verhütungsmittel. Da allerdings die Samen stark auf die männlichen Geschlechtszellen wirken, könnten sie irgendwann in der Zukunft durchaus als Verhütungsmittel Verwendung finden.

Aussehen

Die Früchte wachsen direkt am Stamm. Das Holz des Baumes ist sehr weich. Die meisten Papayas stammen von einem zweigeschlechtlichen Baum. Dem Biologen Ray Ming zufolge entstand diese hermaphroditische Sorte vermutlich, weil die Maya aus Yucatán den Baum veredelten. Maya, Azteken und Olmeken waren für ihr ausgeprägtes gartenbauliches Wissen bekannt. Erst durch sie kennen wir beispielsweise Tomaten und Kakao. Die Papaya war ihnen sehr wichtig und gehörte zu den Früchten, die am Tag der Toten auf dem Altar geopfert wurde.

Verwendung

Die Frucht enthält Betacarotin und andere Carotinoide. Als Provitamin A stärkt Betacarotin die Abwehrkräfte. Die Papaya enthält die Vitamine C, B_1, B_2 und B_3 sowie Calcium, Phosphor, Eisen und Natrium.

Papayablätter gelten als Entwurmungsmittel. Nach dem Verzehr der Blätter werden oftmals große Mengen an Papayafrüchten gegessen, die eine abführende Wirkung haben und somit auch die Eier der Parasiten ausschwemmen. Auch ohne Würmer wirkt das Blatt darmreinigend: Schwere Speisen und festsitzende Nahrungsreste werden besser verdaut. Die Papaya sollte nicht zu, sondern besser zwischen den Mahlzeiten gegessen werden.

Manche behaupten, der Verzehr von Papayablättern zweimal pro Woche schütze vor Malaria. Die Blätter schmecken in der Tat bitter, und fast alle Bitterstoffe in der Natur werden gegen Malaria eingesetzt und regen die Verdauung an.

Durch das enthaltende Papain können Papayablätter und -früchte Eiweiße leicht verdauen: Jeder Tropenbewohner weiß, dass man zähes Fleisch in ein Papayablatt einwickeln muss, damit es zarter wird. In der Fleischindustrie spritzt man Papain in das Fleisch, um es zart zu machen. Papain hat außerdem eine kosmetische Wirkung: Es löst abgestorbene Hautzellen der obersten Hautschicht. Die Enzyme der Papaya wirken auf unsere Makrophagen. Der

EIGENSCHAFTEN

Wirkt gegen Verstopfung

Fördert die Verdauung

Reinigt den Darm (sowohl Frucht als auch Blatt)

Dämmt Infektion mit Candida-Pilzen ein

Stärkt das Immunsystem

Hemmt Entzündungen

Reich an Vitaminen und Mineralien

Papaya macht Fleisch beim Kochen weich

BEZUGSQUELLEN

Papaya ist inzwischen auch hierzulande im gut sortierten Supermarkt, im Gemüseladen und auf dem Wochenmarkt erhältlich.

VORSICHT

Papayasamen können manche Männer vorübergehend unfruchtbar machen. Das darin enthaltende Carpain senkt die Herzfrequenz. Die Substanz kommt auch in den Blättern des Baumes vor und sollte nicht in Nahrungsergänzungsmitteln verwendet werden. Wenn Papaya auf die Haut auftragen wird, sollte es nicht zu lange einwirken. Bei Lichteinfall können dunkelorange Hautflecken entstehen, die bis zu drei Tage auf der Haut bleiben.

Verzehr von Papaya kann daher das Immunsystem auf natürliche Weise stärken.

In Surinam wird die Frucht als Obst gegessen und zusätzlich bei Bluthochdruck, Magenschmerzen, Verstopfung, Blähungen und Völlegefühl empfohlen. Die Frucht (oder der Saft) soll »den Bauch kühl halten« und das Stillen fördern. Doch der übermäßige Verzehr von Papaya kann den Körper wässrig machen[1] und andere pflanzliche Arzneimittel »verdünnen«, was deren Wirksamkeit herabsetzt. Eine Kreolin aus Amsterdam berichtete mir, Tee aus Papayablättern würde »versteckte Krankheiten nach oben befördern«.
In der Natur gibt es zwei weitere Papayaarten,, die sogenannte männliche und die weibliche Waldpapaya, die beide als Arzneimittel eingesetzt werden. Die Blätter wirken medizinisch unterschiedlich, daher lässt sich gut überprüfen, ob es sich um die kultivierte oder um die wilde Papaya handelt. Die Wissenschaftlerinnen Tinde van Andel und Sofie Ruysschaert beschreiben in ihrem Buch *Medicinale en rituele planten von Suriname* (Medizinische und rituelle Pflanzen Surinams), dass die Blätter der domestizierten Sorte für ein Kräuterbad verwendet werden können, um Dämonen zu vertreiben. Bei Beerdigungen wird mit Papayablättern auf einen Sarg geschlagen, um dem Geist der verstorbenen Person Frieden zu geben und ihn vom Umherirren abzuhalten.

Verwendung und Dosierung

Für medizinische Zwecke drei bis vier Tage ein paar Stücke Papaya als kleinen Snack für zwischendurch essen.

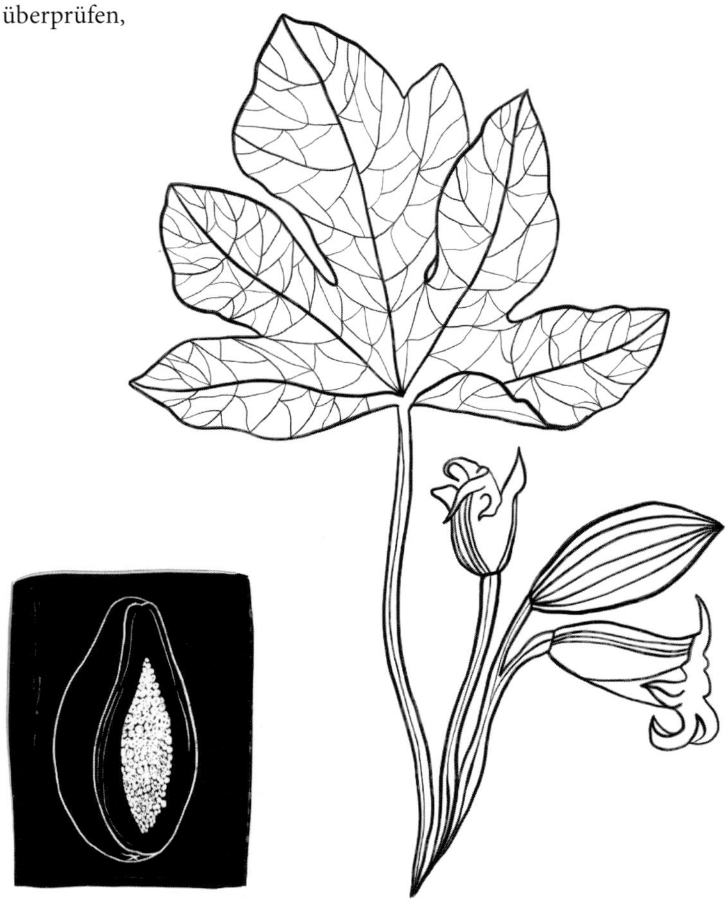

Papaya-Sambal

PAPAYA-SAMBAL

ERGIBT 1 MARMELADENGLAS

1 kleine reife Papaya (ca. 500 g)
1 Schalotte
1 Stück Ingwer (3 cm), geschält
2 Chilischoten Madame Jeanette, entkernt
5 Kardamomkapseln
3 Knoblauchzehen
1 Prise Muskatnuss
50 g brauner Zucker
1 Prise feines Meersalz
100 ml Weißweinessig
Saft von 1 Limette

Utensilien
Mörser
sterilisiertes Marmeladenglas mit Deckel

Die Papaya schälen, halbieren und die Kerne herauslöffeln. Das Fruchtfleisch in Würfel schneiden. Schalotte, Ingwer und Chilis so fein wie möglich hacken. Die Kardamomkapseln zerstoßen und die Samen herauslösen. Die Schoten wegwerfen.

Papaya, Schalotte, Ingwer, Chilis, Kardamomsamen, Knoblauch, Muskatnuss, Zucker und Salz im Mörser zu einer glatten Paste zerstoßen. Essig und Limettensaft hinzufügen. Alles gut mischen und die Paste mit einem Löffel in das saubere Marmeladenglas füllen.

Das Sambal ist recht flüssig. In einem luftdicht verschlossenen Glas ist es mindestens zwei Wochen im Kühlschrank haltbar.

Nach Belieben die schwarzen Samen der Papaya nebeneinander auf Küchenpapier trocknen. Die getrockneten Samen schmecken pfeffrig und sogar ein wenig nach Kapuzinerkresse. Wie Pfeffer einem Gericht hinzufügen.

GRÜNE-PAPAYA-SALAT

FÜR 4 PERSONEN

1 grüne Papaya (ca. 350 g)
3 Knoblauchzehen
1 Chilischote Madame Jeannette, entkernt
1 EL Palmzucker
16 Kirschtomaten, halbiert
3 Stiele Koriandergrün, Stiele und Grün grob gehackt
1 Frühlingszwiebel, in feine Ringe geschnitten
1 Schalotte, in Ringe geschnitten
2 EL Fischsauce
3 EL Limettensaft

Utensilien
gezahnter Sparschäler, Gemüsehobel oder Blockreibe (nach Belieben)
großer Mörser oder Schüssel

Die Papaya schälen. Das Fruchtfleisch mit einem gezahnten Sparschäler oder Gemüsehobel oder mit einer Blockreibe in feine Streifen schnedien. Alternativ das Fruchtfleisch in dünne Scheiben und diese in feine Streifen schneiden.

Für dieses Rezept ist ein großer Mörser ideal, aber eine stabile Schüssel ist auch okay. Mit einer Hand mit dem Stößel die Zutaten im Mörser fein zerstoßen und mit der anderen Hand mit einem Löffel oder Spatel am Rand des Mörsers oder der Schüssel entlangfahren, um sicherzustellen, dass nichts kleben bleibt. Alle Zutaten müssen wirklich gut vermischt werden.

Knoblauch, Chili und Palmzucker im Mörser zu einer Paste verarbeiten. Papayas und Tomaten hinzufügen und alles gründlich zerstoßen, bis die Papayastreifen weich werden. Koriander, Frühlingszwiebel, Schalotte, Fischsauce und Limettensaft hinzufügen. Dabei die Mengen an Zucker, Limettensaft und Fischsauce nach Geschmack dosieren.

Nochmals gut mischen und den Salat sofort servieren.

WEINTRAUBE

VITIS VINIFERA

Die Pupillen der Augen des Horus

Weinranke, Wein und Trauben werden von Kräuterkundigen von alters her als Medizin verwendet. Auch die Symbolik von Weintrauben findet sich in allen Kulturen, in denen Reben angebaut wurden.[1] Die Metamorphose des Traubensafts in berauschenden und die Zungen lösenden Wein umgibt schon immer etwas Geheimnisvolles. Dem Wein eilte der Ruf voraus, Prophezeiungen zu intensivieren, magische Kräfte zu erwecken und Menschen in himmlische Ekstase zu versetzen.[2] Wein spielt in Kultur, Religion und Ritualen Europas und des Nahen Ostens eine wichtige Rolle.

Bereits die alten Ägypter, Sumerer und Perser kannten 3000 v. Chr. eine reiche Weinkultur. Weintrauben wurden in den religiösen Texten der alten Ägypter »Pupillen der Augen des Horus« genannt, und Wein galt als deren »Tränen«. Auf den Etiketten ihrer Weinamphoren notierten die Ägypter sorgfältig, von welchem Boden und aus welchem Jahr der Wein stammte. Der römische Schriftsteller Plinius der Ältere (23–79 n. Chr.), der als Begründer der Botanik gilt, schrieb in seiner *Naturalis historia* von vielen Weinsorten und erwähnte nicht weniger als 150 unterschiedliche Weine.[3]

Die ältesten Spuren der Weinherstellung fand man östlich der heutigen Türkei in Georgien und Armenien, wo bereits vor 8000 Jahren aus gepressten Trauben Wein produziert wurde. Das feuchte und gemäßigte Klima dieser Region ist ideal dafür. Es waren griechische Siedler, die im heutigen Frankreich etwa 600 v. Chr. zuerst Trauben anbauten. Die Franzosen lernten die Kunst der Weinherstellung von den Griechen. Frankreich ist inzwischen zu einem der einflussreichsten Weinländer der Welt geworden.

Dass zwischen Wein, Religion und Kulten eine enge Verbindung besteht, ist schon lange bekannt. Der antike griechische Kalender folgte dem Jahr des Winzers. Die Griechen hatten einen Gott der Natur, des Weins, der Fruchtbarkeit und der Ekstase: Dionysos (Bacchus bei den Römern) wachte über die Ernte und machte den Sorgen und dem Elend ein Ende. Im Dionysos-Kult versetzten sich die Anhänger durch Wein, Pharmaka, Musik und Tanz in eine religiöse Ekstase. Der Gott der Anhänger Jesu Christi hatte Ähnlichkeit mit Dionysos. Beide Götter bieten Erlösung, und ihre Anhänger trinken das Blut Gottes, symbolisiert durch den Wein. Beide spirituellen Bewegungen haben ihren Ursprung in Fruchtbarkeitskulten, und in beiden Bewegungen wurden Pharmaka konsumiert.

Die Mänaden (Bacchantinnen), die Dionysos verehrten und begleiteten, nutzten zum Sammeln der bewusstseinsverändernden Kräuter im Wein einen Stab. Laut Professor Carl Ruck war der Zauberstab, den einige Magier und Zauberer noch heute benutzen, ursprünglich ein Stab, mit dem die Mänaden Narkotika sammelten und dabei mit der Stabspitze Blätter aufspießten. Daher stammt wohl auch unsere Vorstellung des Zauberstabs.[4] Dieses Symbol, umgeben von einer Doppelhelix (zwei Schlangen), ist in vielen Teilen der Welt auch das Zeichen der Medizin.

Verwendung

Die Franzosen nehmen im Allgemeinen nicht gerade wenige gesättigte Fette zu sich, leiden aber nur selten an

EIGENSCHAFTEN

Tonikum für Blutgefäße und gut gegen Arteriosklerose

Verbessert die Augendurchblutung

Verzögert die Alterung der Haut

In kleinen Dosen schützt Wein vor Herz-Kreislauf-Erkrankungen

Wirkt antioxidativ

Beugt Herzproblemen vor

Schützt das Nervensystem

Reinigt als Kur Darm und Gallenblase

Unterstützt Abfuhr von Giftstoffen aus dem Körper

Tonikum für Kapillaren und Gefäßwände

VORSICHT

Jede Alkoholabhängigkeit sollte vermieden werden. Schwangere oder Stillende sollten keinen Alkohol trinken.

Herz-Kreislauf-Erkrankungen. Dieses Phänomen, auch als das französische Paradoxon bekannt, ist angeblich auf drei Substanzen im Rotwein zurückzuführen: Procyanidin, Resveratrol und Alkohol. Der tägliche Genuss geringer Mengen Wein (bis zu zwei Gläser) soll Herz-Kreislauf-Erkrankungen vorbeugen – und sogar noch effektiver sein als der Verzicht auf kleine Mengen Wein.

Wein war und ist ein hervorragendes Mittel, um die Inhaltsstoffe von Heilpflanzen zu lösen. Priester führten in Ägypten die ersten chirurgischen Operationen durch und lösten die Gemeine Alraune, den Blauen Lotus (siehe Seite 200) und Opium in Wein auf, um diese Mischung als Anästhetikum bei Operationen zu verwenden. Imker produzieren seit Jahrhunderten einen milden Wein mit heilender Wirkung. Medizinischer Ambrosia-Wein mit Honig, Propolis und Kräutern wirkt als Herztonikum, regt den Kreislauf an, hemmt Entzündungen und stärkt die Abwehrkräfte. Ambrosia bedeutet »Speise der Götter« und brachte den Göttern Unsterblichkeit und ewige Jugend.

Die Pharmaindustrie stellt aus Traubenkernen einen gereinigten und standardisierten Extrakt her, das oligomere Proanthocyanidin, das für eine bestimmte Gruppe von Flavonoiden, oder Antioxidantien, steht. In diesem Fall handelt es sich um den blauen Farbstoff, der in Pflanzen hauptsächlich in Kernen und Haut vorkommt. Procyanidin wirkt positiv auf die Blutgefäße und schützt vor Arteriosklerose.[5] Es überwindet die Blut-Gehirn-Schranke und wirkt daher auch auf die Blutgefäße im Gehirn. In Kombination mit *Ginkgo biloba* (siehe ab Seite 167) und Gotu Kola, einer Heilpflanze, ist Procyanidin ein exzellentes Medikament für das Gehirn. Es verbessert zudem den Blutfluss im Auge. Durch die hohe Konzentration an starken Antioxidantien verlangsamt Traubenkernöl den natürlichen Alterungsprozess. Es eignet sich sehr gut für die Verwendung in Salaten oder anderen kulinarischen Zubereitungen, ebenso kann es auf die Haut aufgetragen werden. Das Öl ist reich an Omega-6-Fettsäuren, die dem Körper helfen, Sauerstoff anzuziehen, und dafür sorgen, dass Sauerstoff in die Zellwände dringt. Es wirkt gut gegen Hautunreinheiten, Fältchen und Krähenfüße.

Viele der Inhaltsstoffe des ätherischen Öls haben einen antimikrobiellen Effekt sowohl auf Pflanzen als auch auf Menschen. Weinreben produzieren den Abwehrstoff Resveratrol, der unsere Gesundheit positiv beeinflusst: Resveratrol wirkt antioxidativ und beugt Herzproblemen vor.[6] Und es schützt darüber hinaus unser Nervensystem.

Wein wird auch zu Essig verarbeitet (siehe Seiten 26 und 80). Dabei wird der Alkohol im Wein mit Sauerstoff aus der Luft in Essigsäure umgewandelt. Die Essigsäure ist ein wirksames Desinfektions- und Reinigungsmittel, tötet Bakterien und beseitigt mineralische Kalkablagerungen. Auch der Wasserkocher lässt sich damit wirksam entkalken. In vielen nördlichen Ländern legt man Gurken und Zwiebeln in Essig in Gläsern ein, um sie lange haltbar zu machen. Der saure Geschmack wird vielfach durch zugesetzten Zucker überdeckt. Essig ist auch ein Grundstoff für Senf. Mit Essig lassen sich interessante Geschmackskontraste in Speisen erzeugen. Neben seiner Verwendung in der Küche wird Essig auch für medizinische Zwecke eingesetzt: Er lindert Brennnessel- und Quallenstiche, wenn er auf die Stichstellen aufgetragen wird. Er löst das Calcium in den Brennhaaren, die sich dadurch lockern. Essig lässt den glykämischen Index sinken und den Blutzuckerspiegel weniger stark ansteigen. Deshalb empfiehlt es sich, vor jeder Mahlzeit

Eros — Der Gott der Liebe mit Traubenblatt. Eros ist der Sohn von Kronos, Personifikation der Zeit, und Gaia, Göttin der Erde. (Nach einer Zeichnung aus *Mythology Pictures,* Pepin Press, 2006)

BEZUGSQUELLEN

Wein und Weinessig gibt es im Supermarkt sowie in der Spirituosen- und Weinhandlung. Ambrosia-Weine werden von Imkerläden und Imkervereinen angeboten. Hochwertiges Traubenkernöl findet man im Feinkostladen, Weintrauben der Saison auf dem Markt, beim Gemüsehändler oder im Supermarkt. Weintrauben gibt es auch in getrockneter Form. Korinthen und Rosinen werden in vielen Gerichten verwendet; sie sind lange haltbar und ein praktischer Reiseproviant.

einen kleinen Salat mit Vinaigrette (4 Esslöffel Öl, 1 Esslöffel Essig, 1 Teelöffel Senf, Salz und Pfeffer) zu essen. Frische Weintrauben werden zur Reinigung von Darm und Gallenblase eingesetzt. Einige Tage Traubenfasten reinigt den Körper von Giftstoffen. Auch das Weinblatt kann gegessen werden, es ist zudem ein Tonikum für Kapillaren und Gefäßwände. Viele Menschen kennen Weinblätter vor allem in gefüllter Form. Dolmas, gekochter Reis, wird dazu in ein eingelegtes Weinblatt gewickelt.

Aussehen

Im Wald klettern Traubenranken von Ast zu Ast quer durch die Bäume und werden bis zu 35 Meter lang und dick wie Oberarme. Die Dolden der Wilden Weinrebe sind einen halben Meter groß mit tischtennisballgroßen Trauben. Kultivierte Weinreben (Rebstöcke) sind mehrjährige, buschähnliche Pflanzen mit verzweigten Reben und einem gedrehten Stamm. Sie werden bei regelmäßigem Rückschnitt etwa einen Meter hoch. Die Rinde des Stammes blättert ab, und die Blätter sind handförmig eingeschnitten, drei- bis fünflappig und grob gezähnt. Die grünen Blätter färben sich im Herbst rot. Im Sommer erscheinen blassgelbe Blüten, die zu Dolden mit grünen bis dunkelvioletten Beeren – oval oder rund – heranwachsen. Form und Farbe unterscheiden sich je nach Sorte. Die meisten Weintrauben haben Kerne.

Extraktion und Dosierung

Für die Herstellung von Essig den Wein in eine Schüssel gießen, gut umrühren, um ihm Sauerstoff zuzuführen, und einen Spritzer ungefilterten Apfelessig hinzugeben, um den Prozess in Gang zu setzen. Die Schüssel einen Monat bei Zimmertemperatur an einem dunklen Ort stehen lassen. Nach einigen Wochen ist der Essigduft wahrnehmbar.

Höchstens zwei Gläser Wein am Tag trinken, und zwar am besten einen Bio- oder Naturwein, um keine chemischen Pestizide aufzunehmen.

Ich persönlich rühre gern mehrmals in der Woche einen Esslöffel kaltes Traubenkernöl in meinen Joghurt mit Müsli. Das Müsli gebe ich bereits am Vorabend in den Joghurt, so ist es leichter verdaulich.

Bei einer Traubenkur am Tag 1 bis 1½ Kilo Biotrauben essen, verteilt über verschiedene Zeiten. Nach etwa drei Tagen ist der Körper gereinigt und der Darm fast vollständig entleert. Die Kur am besten nach drei Tagen beenden und langsam zum normalen Essverhalten zurückkehren. Während der Kur nur Wasser trinken. Im Grunde ist dies eine Art Traubenfasten.

Aus den Blättern kann man eine Urtinktur herstellen (siehe Seite 24). Die Dosierung beträgt dreimal täglich 40 Tropfen über eine Dauer von ungefähr zwölf Wochen.

Dionysos und Satyr — Das fröhliche Waldwesen und der Fruchtbarkeitsgeist, der Satyr (der Gefährte von Pan, dem Gott der Wildnis), und Dionysos (der griechische Gott der Fruchtbarkeit, des psychedelischen Weins und des Vergnügens) spielen Dudelsack und trinken zusammen. (Nach einer Zeichnung aus *Mythology Pictures,* Pepin Press, 2006)

Salat aus Kiwi, Gurken, Verbene und Trauben

SALAT AUS KIWI, GURKEN, VERBENE UND TRAUBEN

FÜR 4 PERSONEN

Für den Salat
1 Kiwi
1 Salatgurke
12 Verbenenblätter
30 g Butter
12 Weintrauben

Für das grüne Öl
1 Handvoll Petersilien- und Verbenenblätter (je ca. 20 g)
100 ml Traubenkernöl

Für die Vinaigrette
3 EL Traubensaft
1 EL Weißweinessig
1 EL grünes Öl (siehe oben)

Utensilien
Melonen-Kugelausstecher (nach Belieben)
Feinsieb

Für den Salat die Kiwi schälen und in dünne Scheiben schneiden. Die Gurke waschen und mit dem Kugelausstecher kleine Kugeln mit Schale ausstechen (oder die Gurke in Würfel schneiden). Kiwischeiben, Gurkenkugeln und Verbenenblätter in eine Schüssel geben.

Die Butter bei mittlerer Hitze in einer Pfanne zerlassen. Die Weintrauben in der schäumenden Butter anschmoren, bis sie außen leicht gebräunt sind. Die geschmorten Trauben halbieren und ebenfalls in die Schüssel geben.

Für das grüne Öl die Kräuter und das Traubenkernöl mit dem Stabmixer zu einem sämigen Öl verarbeiten. Über einer Schüssel durch ein Feinsieb abseihen.

Für die Vinaigrette alle Zutaten in einer kleinen Schüssel verquirlen, sodass hübsche grüne Perlen entstehen. Das passiert ganz von selbst, da das Öl mit der Flüssigkeit keine Emulsion bildet.

Die Vinaigrette über den Salat träufeln und den Salat in auf einem Servierteller anrichten. Das grüne Öl hält sich im Kühlschrank mindestens eine Woche und lässt sich wunderbar für Salate verwenden.

AJO BLANCO MIT MELONE

FÜR 4 PERSONEN

Für die Ajo blanco
100 g blanchierte Mandelkerne
2 Scheiben Weißbrot, ohne Rinde
100 g kernlose weiße Weintrauben
½ Apfel (z. B. Granny Smith), geschält und entkernt
1 Knoblauchzehe, geschält
35 ml Sushi-Essig
35 ml Apfelessig
50 ml Olivenöl

Für die Beilage
1 Cantaloupe-Melone
100 g kernlose weiße Weintrauben
100 g Mandelblättchen

Utensilien
Gemüsehobel (nach Belieben)

Für die Ajo blanco alle Zutaten, außer dem Olivenöl, mit 250 ml Wasser im Mixer fein pürieren. Das Olivenöl in feinem Strahl langsam hinzugießen, bis eine glatte Suppe entsteht. Mindestens 1 Stunde im Kühlschrank kühl stellen, dann sollte sie schön eiskalt sein.

Den Backofen auf 180 °C Ober-/Unterhitze vorheizen.

Für die Beilage die Melone vierteln, die Kerne herauslösen und die Schale entfernen. Die Melonenviertel auf dem Gemüsehobel oder mit einem scharfen Messer in dünne Scheiben schneiden.

Die Weintrauben längs halbieren.

Die Mandelblättchen im vorgeheizten Backofen in 5 Minuten goldbraun rösten.

Die Melone auf einer Seite eines tiefen Tellers anrichten. Mit den Weintrauben garnieren und mit den Mandelblättchen bestreuen. Die gut gekühlte Ajo blanco danebengießen.

HEIDELBEERE

VACCINIUM MYRTILLUS

Das Augentonikum

Die wilde Heidelbeere wächst an vielen Stellen in Europa und weltweit. Besonders in Skandinavien ist sie weitverbreitet. So sind etwa 20 Prozent der Fläche Schwedens mit Heidelbeerpflanzen bedeckt. Auch in den belgischen Ardennen ist sie häufig zu finden. Ganz in der Nähe unseres (Ferien-)Hauses feiert man im Dorf Vielsalm, auch bekannt als *la capitale des myrtilles,* jedes Jahr am 21. Juli das Heidelbeerfest: eine Parade mit *macralles,* einer Art Hexen, die nach der legendären Hexe Gustine Maka (1836–1915) aus dem Salmtal benannt sind. Für uns Kinder war dieses Fest früher der Höhepunkt des Jahres. Heidelbeeren werden auch andernorts traditionell in der dritten Juliwoche gesammelt.

Beim irisch-keltischen Fest Lughnasadh, dem ersten traditionellen Erntefest des Jahres, werden sie am letzten Sonntag im Juli gesammelt. Die Qualität und Quantität der Heidelbeerernte soll darauf hinweisen, wie gut die restlichen Ernten des Jahres ausfallen. Das Heidelbeersammeln übernahmen früher oft die Kinder. Sie sangen Heidelbeerreime, von denen einige noch bekannt sind. Die ersten drei Beeren wurden als Opfergabe für die Waldgeister auf einen Stein gelegt. Das garantierte eine gute Ernte.[1]

Seit Jahrhunderten wird die Heidelbeere wegen ihrer medizinischen Wirksamkeit verwendet. Der Apotheker Michel Nostradamus schrieb bereits im 16. Jahrhundert: »Wer seinen Augen einen strahlend schönen Glanz verleihen will, sollte so oft wie möglich Heidelbeeren essen.« Auch Hildegard von Bingen soll im 12. Jahrhundert über die medizinischen Eigenschaften der Heidelbeere geschrieben haben. Zeitgenössische wissenschaftliche Studien belegen ebenfalls die besonderen Eigenschaften der Beere.

Verwendung

Ich bin mit Heidelbeeren aufgewachsen. Wir bekamen vom Pflücken blaue Finger, aber wir liebten die Beeren. Später fand ich heraus, dass der blaue Farbstoff (Anthocyan) ein starkes Antioxidans mit antibakteriellen und entzündungshemmenden Eigenschaften ist und die Insulinausschüttung verbessert. Somit hilft er auch bei Diabetes.[2] In den Ardennen haben viele Leute Heidelbeeren als Medizin für Magen-Darm-Beschwerden und Grippe im Gefrierschrank.

Auf einer Reise durch Finnland erzählte mir mein Freund Jani Asikainen, dass schwedische F16-Piloten vor jedem Flug bis zu ein Kilo Heidelbeeren essen, da die Phytonährstoffe in den Beeren gut für die Augen seien. Später las ich, dass englische Piloten im Zweiten Weltkrieg Blaubeerkonfitüre aßen, um ihr Sehvermögen zu stärken. In wissenschaftlichen Studien erfuhr ich, dass es tatsächlich Beweise gibt, die die positive Wirkung von Heidelbeeren auf die Sehkraft belegen.[3]

Eine Studie der Tufts-Universität in den USA konnte nachweisen, dass die Beeren eine verjüngende Wirkung haben. Man hatte ein Experiment mit Ratten durchgeführt, bei dem bestimmte Ratten acht Monate lang zusätzlich zu ihrer normalen Ernährung Heidelbeeren und die Kontrollgruppen Spinat und Erdbeeren erhielten. Die Gehirnaktivität der Ratten, die Beeren fraßen, war chemisch gesehen jünger als vor der Studie.

EIGENSCHAFTEN

Tonikum für die Augen

Stärkt Gefäßwände und verbessert die (Mikro-) Durchblutung

Blutverdünnend

Antioxidativ

Entzündungshemmend

Antibakteriell

Verbessert die Insulinausschüttung

Wirkt positiv auf das Magen-Darm-System

Verbessert die Darmflora

Regt den Appetit an

Mildes Abführmittel (leicht stuhlfördernd)

Unterstützend bei Grippe

BEZUGSQUELLEN

Heidelbeeren kann man im Wald sammeln, frisch auf dem Markt oder tiefgekühlt im Bioladen oder im Supermarkt kaufen. Die Beeren werden auch getrocknet oder als Konfitüre angeboten. Es sollte sich allerdings um die echten Heidelbeeren handeln und nicht um die größeren Kulturheidelbeeren, die unter dem Namen »Blaubeeren« angeboten werden.

Aussehen

Heidelbeeren gedeihen im Frühjahr und Sommer (und manchmal bis in den Herbst hinein) auf kalkarmen Böden im Halbschatten. Die 15 bis 50 Zentimeter großen Pflanzen wachsen sehr langsam. Die Beeren sind tief purpurblau, fast schwarz, haben einen stumpfgrauen Wachsüberzug und werden fünf bis neun Millimeter groß. Die Heidelbeere wird im Englischen *bilberry* genannt. Sie ist nicht mit der amerikanischen *blueberry* zu verwechseln, die einfach anzubauen ist. Diese amerikanische Kultursorte ist größer und wird meist bei uns im Supermarkt angeboten. Das ist schade, denn durch die Veredlung sind viele gute Eigenschaften verloren gegangen. Die echte Heidelbeere wird nicht kommerziell angebaut, weil sie keinen großen Ernteertrag bringt und deshalb finanziell nicht attraktiv ist. Für den Verkauf wird die Art nur in freier Natur gesammelt, wo sie glücklicherweise leicht zu finden ist.

Extraktion und Dosierung

Die Beeren können pur oder als Konfitüre gegessen und in Sahne oder Joghurt gerührt werden. Bei Verstopfung und Durchfall sollte man dreimal täglich 100 bis 300 Gramm frische Beeren zu sich nehmen. Das klingt widersprüchlich, aber es funktioniert in den meisten Fällen wirklich.

Um die Sehkraft zu verbessern, dreimal in der Woche eine Handvoll Heidelbeeren und damit auch Astaxanthin essen. Zusätzlich Sananga *(Tabernaemontana undulata)* in die Augen träufeln. Es half mir, einen Schleier in meinem linken Auge zu heilen. Sananga stammt aus dem Amazonasgebiet, wo es die indigenen Stämme der Kaxinawá und der Yawanawá vor der Jagd verwenden, um besser sehen zu können. Sananga kann online über Anbieter von Ethnobotanicals, wie zum Beispiel Katukina, erworben werden. Um die Degeneration des Augengewebes zu verhindern, ist es wichtig, die Erhaltungsdosen weiter einzunehmen. Heidelbeer-Augentropfen gibt es in (Online-)Apotheken.

VORSICHT

Heidelbeere wirkt blutverdünnend und sollte nicht vor chirurgischen oder zahnärztlichen Eingriffen gegessen werden, da Wechselwirkungen mit blutverdünnenden Medikamenten und Pflanzen auftreten. Bei übermäßigem Gebrauch abführend.

HEIDELBEERTALER

ERGIBT CA. 15 STÜCK

1 Stange Süßholz
125 g Heidelbeermus (aus dem Bioladen, oder Beeren im Mixer selbst pürieren)
1 Blatt Gelatine
3 TL brauner Zucker
½ TL Salmiakpulver (Bioladen oder online)
3 EL Weizenmehl Type 550

Utensilien
(Silikon-)Förmchen (nach Wahl)

Die Süßholzstange in kleine Stücke schneiden und mit 125 ml Wasser in einem kleinen Topf zum Kochen bringen. 5 Minuten köcheln lassen, dann über einem zweiten kleinen Topf abseihen. Das Heidelbeerpüree in die abgeseihte Flüssigkeit rühren und zum Kochen bringen. Auf ein Drittel einkochen lassen.

In der Zwischenzeit das Gelatineblatt in einer Schüssel mit kaltem Wasser einweichen.

Den Zucker und das Salmiakpulver in den Topf geben, die Hitze stark reduzieren und alles unter häufigem Rühren sanft köcheln lassen.

Das Mehl mit einigen Spritzern Wasser in einer Schüssel verrühren.

Das Gelatineblatt ausdrücken und mit dem angerührten Mehl in den Topf geben. Weiter gut rühren, damit sich keine Klumpen bilden. Sobald die Masse glatt und gebunden ist, ist sie fertig.

Noch kurz weiterrühren, dann die glatte, gebundene Masse in die Förmchen gießen und 24 Stunden fest werden lassen. Aus den Förmchen lösen und servieren.

HEIDELBEERTARTE

FÜR 8 PERSONEN

Für den Tarteboden
125 g Zucker
½ TL feines Meersalz
½ Ei, verquirlt
125 g Butter (Zimmertemperatur), in kleine Würfel geschnitten, plus etwas mehr für die Form
250 g Weizenmehl (Type 405) plus etwas mehr zum Bearbeiten
5 g Backpulver

Für die Konditorcreme
250 ml Milch (3,5 % Fett)
60 g Kristallzucker
½ Vanilleschote, das Mark herausgekratzt
20 g Puddingpulver
1 Prise feines Meersalz
2 Eigelb (ca. 40 g)

Für den Belag
500 g Heidelbeeren
Puderzucker

Utensilien
1 Backform von ca. 26 cm Ø mit 2,5 cm hohem Rand
Blindbackkugeln
Spritzbeutel
Backpapier

Für den Tarteboden den Zucker mit Salz, Ei, Butter und 1 Esslöffel kaltem Wasser in einer Schüssel verrühren. Mehl und Backpulver hinzugeben und alles zu einem glatten Teig verkneten. Nicht zu lange kneten, sonst wird der Teig klebrig und zäh. Den Teig zu einer Kugel formen und in Frischhaltefolie wickeln und 1 Stunde im Kühlschrank ruhen lassen.

Den Backofen auf 180 °C Ober-/Unterhitze vorheizen. Die Backform mit etwas Butter einfetten. Den Teig ausrollen und in die Backform legen, mit Backpapier belegen, mit den Blindbackkugeln auffüllen und im vorgeheizten Backofen in 20 Minuten goldbraun backen. Aus dem Ofen nehmen, Blindbackkugeln und Backpapier entfernen. Abkühlen lassen.

Für die Konditorcreme die Milch mit 50 g Zucker, dem Vanillemark und der ausgekratzten Schote in einem Stieltopf langsam zum Kochen bringen.

In der Zwischenzeit das Puddingpulver mit Salz und dem restlichen Zucker in einer Schüssel mischen. Die Eigelbe hinzugeben und alles glatt verrühren.

Eine Schopfkelle heiße Vanillemilch in das angerührte Puddingpulver gießen und gut rühren, damit sich die Mischung etwas erwärmt und verbindet. Die Mischung unter ständigem Rühren in die heiße Vanillemilch geben und kurz aufkochen lassen. Die Vanilleschote herausnehmen.

Die Konditorcreme 2 Minuten köcheln lassen, bis sie eingedickt ist. Die Creme in eine Schüssel füllen und direkt mit Frischhaltefolie abdecken, sodass keine Luft zwischen Folie und Creme bleibt, sonst bildet sich eine Haut. Abkühlen lassen.

Den Backofen erneut auf 180 °C Ober-/Unterhitze vorheizen.

Die abgekühlte Creme leicht aufschlagen und in einen Spritzbeutel füllen. Die Creme bis 5 mm unter den Rand auf den gebackenen Tarteboden spritzen und mit einem Löffel oder Spatel glatt verstreichen.

Die Heidelbeeren auf der Creme verteilen und mit Puderzucker bestäuben. Die Tarte weitere 25 Minuten backen. Herausnehmen und abkühlen lassen.

Das verehrte Öl

Ich weiß noch, wie ich als Sechzehnjähriger mit dem Zug von Amsterdam nach Delphi in Griechenland reiste und von dem silbernen Meer aus Olivenbäumen in den Bergen rund um den antiken Orakeltempel tief beeindruckt war. Der Olivenbaum zählte zu den ersten kultivierten Pflanzen am Mittelmeer, und in allen mediterranen Ländern gibt es Oliven und Olivenöl. Das Öl wird nicht nur zum Kochen verwendet, sondern man reibt sich damit ein und nutzt es als Trägeröl für blumige Parfüms oder als Lampenöl. Olivenzweige wurden früher für Zeremonien und Opferriten verwendet.

In der Antike wurde dem Sieger der Olympischen Spiele ein Olivenkranz überreicht. Im Buch *Genesis* in der Bibel kehrt die Taube mit einem Olivenzweig im Schnabel zu Noahs Arche zurück. Dieses Bild wurde zu einem weltweiten Symbol für Frieden, guten Willen, Hoffnung und Wohlstand. In mehreren Religionen gilt der Olivenbaum als gesegneter Baum.[1] Im Grab Tutanchamuns fand man drei Kränze mit Olivenzweigen. Die erste schriftliche Erwähnung von Olivenöl findet sich in den 4000 Jahre alten pharmazeutischen Tontafeltexten aus dem syrischen Ebla.

Olivenöl war in biblischer Zeit ein gängiges Mittel bei Krankheiten. Hirten verwendeten es, damit sich Insekten nicht in die Wolle ihrer Schafe einnisteten. Vorbeugend rieben sie die Köpfe der Schafe mit Olivenöl ein, sodass die Insekten nicht in die Ohren der Tiere gelangten. Die Salbe wurde zu einem Symbol für Kraft und Schutz. In der Geschichte über den barmherzigen Samariter heilte dieser Wunden, indem er sie mit Wein und Olivenöl beträufelte und verband. Das Wunderkind aus Bethlehem selbst ist der Gesalbte, der Christus. Professor Carl Ruck ist überzeugt, dass es sich um eine Salbe mit Cannabis handelte, die als Entheogen Visionen auslöste.

Sowohl Gegenstände als auch Personen wurden in der Antike Gott geweiht, indem man sie mit wohlriechendem Olivenöl salbte. Die Salbung war ein Zeichen der Gemeinschaft und der Erwählung. Die Gesalbten selbst standen unter Gottes Obhut. Die Ölsalbung steht auch zentral im Initiationsritus der ersten Christen und später bei Priestern und Königen.

Auf der griechischen Insel Kreta wird weltweit das meiste Olivenöl verwendet, und nirgendwo auf der Welt findet man weniger Herz-Kreislauf-Erkrankungen.[2] Auf der Insel steht der älteste Olivenbaum der Welt – er ist mehr als 2000 Jahre alt und bringt immer noch essbare Oliven hervor.

Über so alte Bäume, die unsere Zivilisation begleitet haben, besteht eine direkte Verbindung zwischen den ältesten menschlichen Kulturformen und der Gegenwart. Sie verbinden uns durch ihr Alter in einer direkten Lebenslinie mit der Antike. In Abarkuh im Iran steht eine 4000 Jahre alte Mittelmeer-Zypresse. Im türkischen Gümeli am Schwarzen Meer wächst eine Eibe, die ebenfalls mehr als 4000 Jahre alt sein soll. Der älteste uns bekannte lebende Baum ist eine 5000 Jahre alte Kiefer in den White Mountains in Kalifornien. In der niederländischen Provinz Brabant steht im Ort Den Hout in der Achterstraat eine uralte heilige Eiche, die zwischen 600 und 800 Jahren alt sein soll.

EIGENSCHAFTEN

Beugt Herz-Kreislauf-Erkrankungen, Anzeichen von Alterung, Gallensteinen vor

Wirkt abführend

Blutdrucksenkend

Entzündungshemmend

Neuropräventiv

BEZUGSQUELLEN

In Supermärkten, Bioläden, Feinkostläden und auf dem Wochenmarkt zu kaufen – Olivenöl gibt es wirklich überall.

VORSICHT

Olivenblätter sind für ihre heilkräftigenden Eigenschaften bekannt und werden deshalb von Kräuterkundigen verschrieben, um den Blutdruck zu senken und die Blutgefäßwand der Koronararterie elastisch zu halten. Über eine Giftigkeit ist wenig bekannt.[9]

In De Lind in Oisterwijk, ebenfalls in Brabant, ist hinter dem Rathaus eine über 600 Jahre alte Sommerlinde zu bestaunen.

Auch wenn wir fast überall auf der Welt (verarbeitete) Oliven essen, ist es hauptsächlich das Öl aus Frucht und Stein, das wir wegen seiner medizinischen Eigenschaften so schätzen. Zur Gewinnung des Öls werden die Früchte mit Stein im Ganzen gepresst und gefiltert.

Verwendung

Olivenöl ist ein guter Träger von Inhaltsstoffen anderer Heilpflanzen. In zahlreichen Studien haben sich die gesundheitsfördernden Wirkungen des Öls bei einer »mediterranen Diät« bestätigt. So beugt Olivenöl zum Beispiel neurodegenerativen Störungen und altersbedingten Krankheiten vor.

Durch die regelmäßige Aufnahme von Olivenöl extra vergine werden dem Körper gesunde Fette zugeführt: Das Öl enthält Omega-3-, Omega-6- und Omega-9-Fettsäuren sowie die Vitamine E und K und ein schützendes Antioxidans namens Oleuropein. Dieses wirkt blutdrucksenkend, entzündungshemmend, kardio- und neuroprotektiv.[3]

Olivenöl besteht zu 70 Prozent aus gesunden einfach ungesättigten Fetten, die den Fettgehalt im Blut ausgleichen. Es beugt Cholesterin und Blutgerinnseln vor, die durch ein Übermaß an falschen Fetten und Zuckern entstehen.[4] Das Öl enthält Polyphenole, die das Immunsystem, die Lernfähigkeit und die Aufmerksamkeit verbessern. Es gilt zudem als eines der sichersten Abführmittel. Laut Kräuterexpertin Mellie Uyldert wirkt nichts so gut gegen Darmentzündungen, Krämpfe oder Verstopfung wie Olivenöl.[5]

Die Blätter des Olivenbaums werden phytotherapeutisch als blutdrucksenkendes Mittel, als Antioxidans zum Schutz der Gefäßwände und zur Stabilisierung des Herzrhythmus eingesetzt.[6]

Direkt vom Baum gepflückte und verspeiste Oliven schmecken nicht, da sie hart und bitter sind. Daher werden die Früchte meist verarbeitet: In Griechenland werden leicht eingeschnittene Oliven sauer eingelegt. Auf Kreta verschluckt man angeblich ab und an einen Olivenkern, der im Darmsystem verdaut wird. Er ist reich an Antioxidantien und anderen Substanzen, die eine wohltuende Wirkung auf Muskeln und das Herz-Kreislauf-System haben.

Traditionell wird Olivenöl mit Zitronensaft als Mittel gegen Gallensteine eingenommen.[7]

Aussehen

Die Olivenbäume mit ihrer aschgrauen Rinde wachsen vor allem in die Breite, das allerdings sehr langsam. So entwickeln sie erst allmählich einen dicken, knorrigen kurzen Stamm und lange Wurzeln. Dem wird bereits bei der Anpflanzung Rechnung getragen. Erst nach fünf bis zehn Jahren tragen die Bäume schließlich Früchte. Die graugrünen Blätter sind lanzettförmig und lederig. Die grünen, ovalen Früchte werden ein bis drei Zentimeter groß. Olivenbäume gedeihen besonders gut in sonnigen, trockenen Regionen mit milden Wintern im gesamten Mittelmeerraum.

Extraktion und Dosierung

Sehr empfehlenswert ist die Einnahme von mindestens zwei Esslöffel Olivenöl pro Tag, um dadurch Herz-Kreislauf-Erkrankungen und Alterserscheinungen vorzubeugen.[8]

Olivenöl wird als traditionelles Volksheilmittel beim sogenannten Ölziehen verwendet. Dabei bewegt man nach dem Aufstehen 20 Minuten lang einen großen Schluck Olivenöl im Mund hin und her, wodurch das Öl Giftstoffe aus dem Körper aufnimmt und die Zahnhygiene verbessert. Das Öl wird anschließend ausgespuckt.

Aus Olivenöl lassen sich verschiedene Salben herstellen (siehe Seite 27).

Für einen Aufguss 150 Milliliter kochendes Wasser über zwei Tassen fein gehackte Olivenblätter gießen. Nach 30 Minuten über einer Schüssel abseihen und von dem Sud drei bis vier kleine Tassen am Tag trinken. Über eine mögliche Toxizität dieses Mittels ist wenig bekannt, aber es enthält nachgewiesene wirksame Bestandteile.

Immer ein hochwertiges kalt gepresstes Olivenöl (extra vergine) in Bioqualität verwenden. Das Öl luftdicht an einem dunklen Ort lagern, sonst wird es schnell ranzig. Am besten das Öl kalt verwenden, denn erhitztes Öl verliert schnell seine medizinischen Eigenschaften.

Focaccia mit Oliven & Salbei

FOCACCIA MIT OLIVEN & SALBEI

ERGIBT 1 FOCACCIA

7 g Trockenhefe
500 g Weizenmehl (Type 405) plus etwas mehr
2 TL feines Meersalz
5 EL Olivenöl plus etwas mehr
½ Bund Salbei (ca. 40 g), Blätter in feine Streifen geschnitten
1 TL Fleur de Sel
100 g grüne Oliven (ohne Stein), halbiert

Utensilien
1 Backform oder Springform von ca. 24 cm Ø

Die Trockenhefe in 400 ml lauwarmem Wasser auflösen. Das Mehl mit dem Salz in einer Schüssel mischen und eine Vertiefung in die Mitte drücken. Das Wasser mit der Hefe und 2 Esslöffel Olivenöl hineingießen. Das Mehl vorsichtig in die Flüssigkeit einrühren, bis sich ein Teig bildet.

Die Arbeitsfläche mit Mehl bestäuben und den Teig daraufstürzen, dabei an den Seiten der Schüssel mit einem Spatel entlangfahren, damit keine Teigreste in der Schüssel bleiben. Den Teig etwa 10 Minuten kneten, bis er weich und weniger klebrig ist. In eine saubere Schüssel legen, mit einem Küchentuch abdecken und an einem warmen Ort 1 Stunde gehen lassen, bis er sein Volumen verdoppelt hat.

Die Backform mit etwas Olivenöl einfetten und den Teig hineinlegen. Den Teig auseinanderdrücken, bis er die gesamte Backform ausfüllt. Mit einem Küchentuch abdecken und erneut etwa 45 Minuten gehen lassen.

In der Zwischenzeit den Backofen auf 220 °C Ober-/Unterhitze vorheizen.

Den Teig mit dem restlichen Olivenöl beträufeln und mit Salbei und Fleur de Sel bestreuen. Die halbierten Oliven etwa 1 cm tief in den Teig drücken.

Die Focaccia im vorgeheizten Backofen 20 Minuten backen, bis sie durchgebacken und goldbraun ist.

PASTA AGLIO E OLIO

FÜR 4 PERSONEN

400 g Spaghetti
150 ml Olivenöl extra vergine
4 Knoblauchzehen, fein gehackt
1 rote Chilischote, entkernt und fein gehackt
½ Bund glatte Petersilie (ca. 40 g), fein gehackt
feines Meersalz und frisch gemahlener schwarzer Pfeffer

Die Spaghetti in einem Topf mit reichlich Salzwasser 1 Minute kürzer als auf der Packung angegeben kochen. Abgießen, aber eine Tasse Nudelwasser aufbewahren.

Das Olivenöl in einer großen Pfanne mittel bis stark erhitzen. Knoblauch und Chili 30–60 Sekunden darin anbraten. Die Petersilie hinzufügen und die Pfanne schwenken, damit sich die Petersilie im Olivenöl verteilt.

Die Hitze reduzieren und die Spaghetti hineingeben. Einige Esslöffel Nudelwasser hinzufügen und die Pfanne erneut schwenken, damit sich alles gut verteilt und das Öl an den Nudeln haften bleibt. Mit Salz und Pfeffer würzen und sofort servieren.

WALNUSS

JUGLANS REGIA

Proviant für das Gehirn

Wenn ich an Walnüsse denke, fallen mir sofort die Brownies ein, die ich jedes Jahr zu meinem Geburtstag backe – und ich denke sofort an mein persisches Lieblingsgericht Fesenjan, ein köstlicher süßsaurer Eintopf mit Walnuss und Granatapfelsaft. Auf Englisch wird die Walnuss auch *Persian walnut* genannt. Das englische *walnut* bedeutet wörtlich »Nuss des Fremden«. Die Walnuss stammt aus Persien und gelangte im Altertum nach Griechenland und von dort mit den Griechen und Römern nach Europa. Im Osten fand die Walnuss ihren Weg über Afghanistan nach China. Inzwischen wird die Nuss, eine der ältesten Kulturpflanzen der Menschheit, an vielen Orten angebaut. Frankreich, Italien und die Vereinigten Staaten sind derzeit die größten Walnussproduzenten.

Griechen und Römer weihten den Walnussbaum dem obersten Gott Zeus (Jupiter). Walnüsse galten als Nahrung der Götter, und diese heilige Verbindung zwischen Baum und höchstem Gott zeigt sich auch im botanischen Namen *Juglans regia:* die königliche Eichel des Jupiters. Der Baum wird mit dem Tod assoziiert und häufig auf Friedhöfen gepflanzt, gleichzeitig galt die Nuss als Fruchtbarkeitssymbol bei Hochzeiten: Junge Bräute wurden früher mit Walnüssen beworfen.

Der belgische Professor für Ethnobotanik, Marcel de Cleene erzählte mir, dass in Europa und anderen romanischsprachigen Ländern die Walnuss als bevorzugter Wohnort der Hexen galt. Die Hexen versammelten sich am 24. Juni, dem Johannistag, unter dem Walnussbaum.[1] Auch Brian Muraresku, Autor des Buches *The Immortality Key,* erwähnt den Walnussbaum als Versammlungsort weiser Kräuterfrauen, die später Hexen genannt wurden. Der heiligste Wallfahrtsort der Hexen war ein Walnussbaum im italienischen Benevento, an dem Frauen aus ganz Europa zusammenkamen. »Sie trafen sich unter den Zweigen, die der griechischen Göttin Artemis heilig waren, und huldigten einer weiblichen Gottheit, die viele Namen trug: Matrone, Lehrerin, die weise Sibilla, Königin der Feen und griechische Herrin.« Wie alle Sabbate war das Ritual in Benevento eine alternative Messe mit einer Eucharistie zu Ehren einer alternativen Gottheit.[2]

Die Eucharistie der »Hexen« war häufig eine psychoaktive Hexensalbe. Muraresku und andere Historiker, darunter auch Professor Carl Ruck, vertreten die Ansicht, dass Psychedelika als schneller Weg zur Erleuchtung dienten und die Grundlage der westlichen Zivilisation bildeten. Diese Historiker bewiesen, dass der Vatikan die ursprüngliche (psychedelische) Eucharistie – zunächst in den Mysterien von Eleusis, dann in den Dionysischen Mysterien, später in den ersten Hauskirchen der ersten Christen und in den Katakomben des Vatikans und dann bei den Hexentreffen unter Walnussbäumen – immer zu verbieten versuchte, um den Menschen die seligen Visionen zu nehmen. Der Vatikan betrachtete diese Bewusstseinsveränderungen als große Gefahren für seine Macht. Sein Verbot wurde zuerst in Europa und dann durch katholische Kolonisatoren auch in Afrika, Asien und Lateinamerika durchgesetzt. Katholischen Gläubigen werden nun in der sonntäglichen Messe ein leeres Ritual und ein Placebo (Hostie und Wein) anstelle des ursprünglichen psychedelischen Sakraments dargeboten.

EIGENSCHAFTEN

Liefert Omega-3-Fettsäuren

Hemmt Entzündungen

Antithrombotisch (beugt kardiovaskulären Gefäßerkrankungen vor)

Hellt die Stimmung auf

Reich an Antioxidantien

Belebend

BEZUGSQUELLEN

Walnüsse und Walnussöl gibt es auf dem Markt, im Supermarkt, im Reformhaus und im Bioladen zu kaufen.

VORSICHT

Walnussöl wird schnell ranzig. Deshalb das Öl in einer gut verschließbaren dunklen Flasche an einem kühlen Ort lagern.

Gegenwärtig erfahren immer mehr Menschen von dieser Geschichte, und wir befinden uns mitten in einer psychedelischen Renaissance. Wir erleben weltweit das Wiederaufleben einer uralten Praxis – des sakramentalen Gebrauchs heiliger Substanzen, dessen Wurzeln bis in die Jungsteinzeit reichen. Vielleicht versammeln wir uns in Europa irgendwann wieder unter einem Walnussbaum, um uralte Rituale mit neuem Leben zu füllen. Der Walnussbaum galt im alten Europa als Orakelbaum, und es existieren zahlreiche alte Bräuche, in denen Walnüsse Vorhersagen über Ehe und Leben zeigten.

In Belgien pflanzt man bei der Geburt eines Sohnes einen Walnussbaum. Meine Mutter pflanzte noch vor meiner Geburt im Garten unseres Bauernhofs in Wallonien einen solchen Baum. Die Namen Wallonien und Wales haben einen Bezug zum Wort »Walnuss«. Walnussbäume wurden früher unweit von Bauernhöfen gepflanzt, da die Bitterstoffe und Aromen der Blätter Mücken und Fliegen fernhalten. Walnussblätter hängte man daher auch über Kinderwiegen.

Walnüsse sind eigentlich keine Nüsse, da sie nicht der offiziellen Definition einer Nuss entsprechen: Eine Nuss ist eine Frucht mit einem Samen, deren Schale fest wird, wie etwa Haselnüsse. Die Walnüsse sind eigentlich Steinfrüchte, doch wir nennen sie kollektiv einfach Nüsse.

Verwendung

In der traditionellen Medizin werden Walnüsse zur Stärkung von Nieren, Lungen und Darm verwendet. Sie sind wärmend und wirken heilend auf die Libido. In der chinesischen Küche gehört die Walnuss zu den am häufigsten verwendeten Nüssen. Die Walnuss ist reich an Proteinen und Fetten und äußerst nährstoffreich.

Nach der Signaturenlehre wird die Walnuss mit unserem Gehirn assoziiert. Durch ihre gesunden essenziellen Omega-3-Fettsäuren ist die Walnuss tatsächlich gut für das Gehirn. Essenziell bedeutet, dass unser Körper die Fettsäuren nicht selbst herstellen kann und wir sie deshalb über die Nahrung aufnehmen müssen. Unser Gehirn besteht aus Zellmembranen, die sich wiederum aus Fett zusammensetzen. Omega-3-Fettsäuren wirken entzündungshemmend und schützen vor degenerativen Krankheiten wie Alzheimer, Herz-Kreislauf-Erkrankungen und Arthritis. Walnüsse enthalten das Protein Tryptophan, das nach dem Verzehr in den Neurotransmitter Serotonin umgewandelt wird. Dieses stimmungshebende Glückshormon ist eine der wichtigsten Substanzen, die den Gemütszustand des Gehirns beeinflusst.

Walnüsse sind reich an Antioxidantien und Ballaststoffen. Vitamin E beugt Blutgerinnseln vor und gilt als unverzichtbar zur Vorbeugung kardiovaskulärer Gefäßkrankheiten. Es unterstützt die reibungslose Funktion der Fortpflanzung und verhindert Unfruchtbarkeit und Fehlgeburten.

Als bekanntes Hausmittel bei Erkältungen und Verdauungsproblemen galt früher der Branntwein, in den frische Walnüsse mit ihrer grünen Schale eingelegt wurden. Gewürznelken und Zimt kamen für das nötige Aroma dazu.

Aussehen

Der Walnussbaum hat lanzettförmige, duftende ovale Blätter und eine harte zweiwandige Schale mit lederartigen Scheidewänden auf der Innenseite. Die Schale der Walnuss ist von einer grünen glatten Hülle überzogen, die sich später schwarz färbt und von der Schale löst. Die Nuss im Inneren erinnert stark an zwei zusammengewachsene Gehirnhälften.

Extraktion und Dosierung

Meist wird Erwachsenen der tägliche Verzehr einer Handvoll (etwa 25 Gramm) ungesalzener Walnusskerne empfohlen. Walnüsse machen lange satt und beugen einem schnellen Hungergefühl vor. Ideal wäre es, mehrmals in der Woche ein hochwertiges Walnussöl unter eine Vinaigrette oder eine andere Salatsauce zu rühren.

Fesenjan mit Schwefelporling, Granatapfel und Walnuss

FESENJAN MIT SCHWEFEL-PORLING, GRANATAPFEL UND WALNUSS

FÜR 4 PERSONEN

100 g Walnusskerne
2 EL Olivenöl plus etwas mehr
1 rote Zwiebel, gewürfelt
2 Knoblauchzehen, fein gehackt
½ EL gemahlener Zimt
½ EL Cayennepfeffer
200 g gegarte Kichererbsen
250 ml Gemüsebrühe
3 EL Granatapfelsirup
1 EL Ahornsirup
feines Meersalz und frisch gemahlener schwarzer Pfeffer
400 g Gemeiner Schwefelporling (Bioladen oder Gemüsehändler)
Granatapfelkerne
Reis als Beilage

Eine große Pfanne ohne Fett leicht erhitzen und die Walnüsse darin in einigen Minuten goldbraun rösten. Die Walnüsse in der Küchenmaschine zu feinen Bröseln verarbeiten.

Das Olivenöl in einem hohen Topf mit dickem Boden mittel bis stark erhitzen. Zwiebel und Knoblauch darin etwa 5 Minuten anbraten, bis sie gerade braun werden. Zimt und Cayennepfeffer zugeben und kurz mitrösten. Walnussbrösel, Kichererbsen, Gemüsebrühe, Granatapfel- und Ahornsirup dazugeben. Alles zum Kochen bringen und zugedeckt 10 Minuten köcheln und eindicken lassen. Mit Salz und Pfeffer würzen.

In der Zwischenzeit den Gemeinen Schwefelporling sauber bürsten oder reiben. Einige Spritzer Olivenöl in einer Pfanne stark erhitzen und die Pilze darin kurz bissfest anbraten. Den Schwefelporling in Scheiben schneiden. Den Nusseintopf auf tiefen Tellern verteilen und die Pilzstreifen darauf anrichten. Mit Granatapfelkernen bestreuen. Den Reis dazu servieren.

WOUTERS GEBURTSTAGSBROWNIE

FÜR 20 PERSONEN

250 g Butter plus etwas mehr zum Einfetten
400 g Ursüße (nicht raffinierter Pflanzensaft aus Zuckerrohr)
2 Päckchen Vanillezucker
35 g ungesüßtes Kakaopulver
abgeriebene Schale von 1 Biozitrone
4 Eier
190 g Dinkelvollkornmehl
225 g Walnusskerne, grob gehackt
100 g Zartbitterschokolade

Utensilien
1 (Brownie-)Backform von ca. 20 × 30 cm

Die Butter in einem Topf zerlassen. Abkühlen lassen.

Den Backofen auf 175 °C Ober-/Unterhitze vorheizen.

Zerlassene Butter, Ursüße, Vanillezucker, Kakaopulver, Zitronenabrieb und Eier mit dem Schneebesen oder Mixer in einer Schüssel verquirlen. Dinkelvollkornmehl und gehackte Walnüsse zugeben und alles nochmals verrühren. Die Backform mit Backpapier auslegen, mit Butter einfetten und den Teig einfüllen. Im vorgeheizten Backofen auf der mittleren Schiene 40 Minuten backen.

Die Garprobe machen: Den Brownie mit einem Holzstäbchen einstechen. Wenn Teig daran kleben bleibt, ist der Brownie noch nicht fertig gebacken. Dann noch einige Minuten weiterbacken.

Kurz vor dem Ende der Backzeit die Schokolade in Stücke brechen und über dem Brownie verteilen. Einige Minuten im Backofen schmelzen lassen. Den Brownie aus dem Backofen nehmen und die geschmolzene Schokolade mit einem Löffel oder Spatel glatt verstreichen. Den Brownie vollständig abkühlen lassen, dann in 20 Stücke schneiden.

MOLTEBEERE

RUBUS CHAMAEMORUS

Der Immunbooster

Moltebeeren wachsen jenseits des Polarkreises, zwischen 55 und 78 Grad nördlicher Breite – also in Regionen, in denen kaum noch andere Nutzpflanzen gedeihen. Sie vertragen Temperaturen von -40 °C. Zwar ist es möglich, die Beere anzubauen, doch meist findet man sie in der freien Natur. Die Moltebeere ist hierzulande relativ unbekannt, aber in Ländern wie Finnland, wo die Beeren getrocknet oder zu Konfitüre verarbeitet werden, sehr beliebt. Sogar auf der finnischen Zweieuromünze ist sie abgebildet. Als echter Immunbooster wird sie seit Jahrhunderten in der nordischen Volksmedizin verwendet.

Frisch schmecken die Beeren sehr herb, weshalb sie meist in Gerichten, Süßigkeiten oder Konfitüren verarbeitet werden. In Finnland isst man sie zum Frühstück auf weichem Roggenbrot mit Butter. Sie werden als Konfitüre in den Joghurt gerührt und zum Frühstück mit Leipäjuusto, einem im Ofen gebackenen finnischen Käse, serviert. In Finnland ist die Beere eine Delikatesse, sie wird an Feiertagen auch als Likör getrunken. In Europas waldreichstem Land ist die Kraftbeere auch als *lakka, hilla, valokki* oder *suomuurain* bekannt. Das Sammeln der Moltebeeren ist überaus mühsam. In der Natur wachsen sie nur in borealen Bergwäldern, sodass sie bei uns sehr teuer sind. Sie werden auch »Gold der Arktis« genannt.

Verwendung

Die Moltebeere schützt vor Herz-Kreislauf-Erkrankungen, was an den Polyphenolen liegt. Diese Pflanzenstoffe fördern unsere Gesundheit, vor allem die Anthocyane, Mikronährstoffe und Ballaststoffe.[1] Moltebeeren unterstützen auch die Entgiftung des Körpers und stärken durch die hohe Konzentration der Vitamine A und C das Immunsystem.

Moltebeeren wirken dem Alterungsprozess entgegen. Sie sind reich an Vitaminen und Mineralien und enthalten sowohl das Provitamin A-Carotin, das eine positive Wirkung auf die Augen hat, als auch Ellagsäure. Diese Säure schützt die menschlichen Hautzellen vor Schäden durch UV-Strahlung und bindet krebserregende Stoffe (Karzinogene), die so eliminiert werden können. Dank der Ellagsäure sind Zubereitungen mit Moltebeeren natürlich konserviert und gut lagerfähig. Moltebeeren können – gekühlt – im eigenen Saft ohne Zuckerzusatz aufbewahrt werden.

Beerenextrakte wirken positiv auf die Haut und werden daher auch in Kosmetika wie Shampoos, Handcremes und Körperlotionen verarbeitet.

Extraktion und Dosierung

In einen Smoothie oder Joghurt einen Esslöffel getrocknete Beeren rühren. Moltebeerenkonfitüre aufs Brot streichen oder unter den Joghurt mischen.

EIGENSCHAFTEN

Immunbooster

Beugt kardiovaskulären Gefäßerkrankungen vor

Gut für das Herz durch Omega-3- und Omega-6-Fettsäuren

Wirkt dem Altern entgegen

Reich an Vitaminen, Mineralien und Ellagsäure

Schützt vor UV-Strahlung

BEZUGSQUELLEN

In Feinkostläden, skandinavischen Lebensmittelläden (und selbst im Möbelhaus) oder online erhältlich. In Finnland und anderen Ländern rund um den Polarkreis wird die Beere auch als getrocknetes Pulver angeboten. Moltebeeren können in ihren Herkunftsländern im Frühherbst in der freien Natur gesammelt werden.

VORSICHT

Es sind keine Nebenwirkungen bekannt.

MOLTEBEERENKONFITÜRE MIT COULOMMIERS, KRÄUTERSALAT UND MOLTEBEERENBROT

FÜR 4 PERSONEN

Für die Moltebeerenkonfitüre
125 g Moltebeeren
75 g Kristallzucker
75 g Gelierzucker

Für den Kräutersalat
1 Bund Süßdolde (ca. 80 g)
1 Bund grüner Sauerampfer (ca. 80 g)
1 Bund roter Sauerampfer (ca. 80 g)
50 g Mizuna (asiat. Senfkohl)
50 g Bronzefenchel
25 g Kornblumenblüten

Für die Beilage
1 Stück Coulommiers
(ca. 250 g; frz. Weichkäse)

Für die Konfitüre Moltebeeren, Zucker und Gelierzucker in einer Schüssel mischen und über Nacht in den Kühlschrank stellen. Die Mischung am nächsten Tag bei schwacher Hitze in einem Topf 10 Minuten köcheln lassen. Den Topf vom Herd nehmen, sobald die Mischung etwas eindickt und eine konfitürenartige Konsistenz bekommt. Abkühlen lassen.

Das Moltebeerenbrot nach dem Rezept auf der rechten Seite zubereiten und backen. Hinweis: Da der Teig gehen muss, ausreichend Zeit einplanen.

Für den Kräutersalat von allen Kräutern und Blüten die Stiele entfernen und die Blätter grob zerpflücken. In einer Schüssel mischen. Nach Belieben mit einem Dressing beträufeln. Ich finde, dass die frischen Kräuter und Blüten auch alleine schon ausreichend Geschmack haben.

Das Moltebeerenbrot in Scheiben schneiden. Den Käse, die Konfitüre und den Kräutersalat als Beilagen servieren.

MOLTEBEERENBROT

ERGIBT 2 LAIBE

Für die Vorstufe
20 g frische Hefe
60 ml kaltes Wasser
60 g Weizenmehl (Type 405)

Für den Teig
500 g Moltebeeren
120 g Vorstufe
500 g Weizenmehl (Type 550 oder 812) plus mehr zum Bestäuben
300 g Weizenvollkornmehl
18 g feines Meersalz
2 Biozitronen
½ Bund Thymian (ca. 40 g)

Utensilien
Kochthermometer
2 Backformen (Form nach Belieben)

Für die Vorstufe die Hefe im Wasser in einer kleinen Schüssel auflösen und dann in einer zweiten Schüssel mit dem Mehl vermischen. Über Nacht abgedeckt in den Kühlschrank stellen. Das Volumen sollte sich dann mindestens verdoppelt haben.

Moltebeeren, die später beim Backen aus dem Teig schauen, werden verbrennen. Deshalb die Moltebeeren 15 Minuten in einer Schüssel mit warmem Wasser oder Likör einweichen und dann abtropfen lassen. Nicht trocken tupfen, denn sie sollen nicht zu viel Feuchtigkeit aus dem Teig aufnehmen.

Für den Teig 600 ml Wasser (etwa 28 °C) in eine große Schüssel gießen. Die Vorstufe darin auflösen. Die beiden Mehle unterrühren und alles zu einem Teig verarbeiten. Darauf achten, dass das Wasser vollständig aufgenommen ist, aber den Teig nicht weiter kneten. Die Moltebeeren unterheben. Den Teig 30 Minuten ruhen lassen – das ist die sogenannte Autolyse. Indem der Teig selbst Stärke abbaut, bildet er Gluten und Zucker.

Das Salz mit 2 Esslöffel Wasser in einer kleinen Schüssel verrühren, damit es sich besser auflöst. Zum Teig geben. Nun wird der Teig gefaltet. Dazu zwei Ecken am Rand des Teigs nach oben ziehen und zur Mitte falten. Diesen Vorgang viermal wiederholen, und zwar jedes Mal an einer anderen Stelle am Teigrand, also links, rechts, oben und unten. Anschließend den Teig umdrehen und 1 Stunde ruhen lassen.

In der Zwischenzeit die Zitronen in feine Streifen schneiden und die Thymianblätter abzupfen. Beides zum Teig geben, gut vermengen und den Teig erneut wie oben beschrieben falten. Nochmals 1 Stunde ruhen lassen. Den Teig in zwei Hälften teilen, jede Hälfte zu einer Kugel formen und auf der Arbeitsplatte ruhen lassen. Eventuell herausschauende Moltebeeren einfach zurück in den Teig drücken.

Inzwischen den Backofen auf 200 °C Ober-/Unterhitze vorheizen.

Die beiden Teigkugeln mit etwas Mehl bestäuben und erneut wie oben beschrieben falten. In den Handflächen zu schönen runden Kugeln rollen. Mit etwas Mehl bestäuben und die Kugeln umdrehen. Die Backformen mit Butter einfetten und leicht mit Mehl bestäuben. Die Teigkugeln mit der Faltnaht nach unten in die Formen legen und etwa 40 Minuten gehen lassen.

Die Moltebeerenbrote im vorgeheizten Backofen etwa 25–30 Minuten backen. Aus der Backform nehmen und weitere 5 Minuten auf einem Backblech backen, damit sie rundum Farbe bekommen.

Es kann immer mal eine Moltebeere aus dem Teig »aufsteigen« oder gerade unter der Kruste sitzen und verbrennen, das ist nun mal so. Die verbrannten Beeren einfach herauspulen und entsorgen.

MOLTEBEEREN-PAVLOVA MIT JOGHURT

FÜR 4 PERSONEN

Für den abgehangenen Joghurt
1 kg Naturjoghurt (3,5 % Fett)

Für den Moltebeerensirup (ergibt ca. 300 ml)
125 g Moltebeeren
75 g Kristallzucker

Für die Pavlova
3 Eiweiß
150 g Kristallzucker
2 TL Speisestärke
1 TL Zitronensaft
1 TL Moltebeerensirup
30 g Ringelblumenblüten

Utensilien
Geschirrtuch

Mit dem Joghurt beginnen, der über Nacht abtropfen muss. Dazu ein Sieb oder einen Durchschlag über einer Schüssel mit einem feuchten Geschirrtuch auslegen. Den Joghurt in das Tuch löffeln, die Ecken des Tuchs zusammennehmen und fest verdrehen. Entweder mit einem Gewicht beschweren oder das Tuch im Kühlschrank aufhängen und die Schüssel darunterstellen. Über Nacht im Kühlschrank abtropfen lassen.

Für den Moltebeerensirup Moltebeeren, Zucker und 75 ml Wasser in einem Topf zum Kochen bringen und 1 Stunde leicht köcheln lassen. Den Sirup in eine Schüssel abseihen und abkühlen lassen.

Den Backofen auf 100 °C Ober-/Unterhitze vorheizen.

Für die Pavlova die Eiweiße mit dem Zucker in einer fettfreien Schüssel steif schlagen. Die Speisestärke unterheben und weiterschlagen, bis sich steife Spitzen bilden.

Den Zitronensaft mit 1 Teelöffel Moltebeerensirup in einer kleinen Schüssel verrühren. Vorsichtig unter den steifen Eischnee heben, sodass sich schöne Farbverläufe zeigen. Der Moltebeerensirup hält sich einige Monate im Kühlschrank und kann für die nächste Pavlova verwendet werden.

Die Baisermasse auf ein mit Backpapier ausgelegtes Backblech löffeln und in eine schöne Form bringen. Im vorgeheizten Backofen 2 Stunden trocknen lassen. Herausnehmen und weitere 15 Minuten abkühlen lassen.

Die Pavlova auf einem Teller anrichten und mit einigen Löffeln abgehangenem Joghurt anrichten. Mit den Ringelblumenblüten bestreuen. Der Rest des Joghurts schmeckt hervorragend als Frühstück zu frischem Obst.

KOLANUSS *Cola acuminata*

Die afrikanische Kraftnuss

Die Euphorie auslösende Kolanuss stammt ursprünglich aus Westafrika. Die bittere Nuss wird hauptsächlich als Muntermacher gekaut und wirkt ähnlich wie Kaffee, Tee und Kakao, wenngleich auch stärker.[1] Die Wirkung kann bis zu sechs Stunden nach der Einnahme anhalten. Kolanüsse gehören in vielen westafrikanischen Ländern zur Kultur. Beim nigerianischen Volk der Yuruba werden Kolanüsse bei Hochzeiten und Verlobungszeremonien und zu Besuchen gereicht. Im Afrika-Museum im niederländischen Berg en Dal finden sich Kolanussschalen und -statuen mit Abbildungen von Kolanüssen. Die Kolanuss hat durch das Getränk Coca-Cola weltweite Bekanntheit erreicht. Die ursprüngliche Rezeptur des Erfrischungsgetränks enthielt Kokablatt- und Kolanussextrakte, daher der Name Coca-Cola (siehe auch Koka, Seite 198). Ob diese Extrakte heute noch verwendet werden, ist unklar, denn der Softdrink-Riese hält seine Rezeptur nach wie vor geheim. Vermutlich wird Koffein verwendet, das bei der Herstellung von koffeinfreiem Kaffee anfällt. Im Internet kursieren einige Coca-Cola-Rezepte.

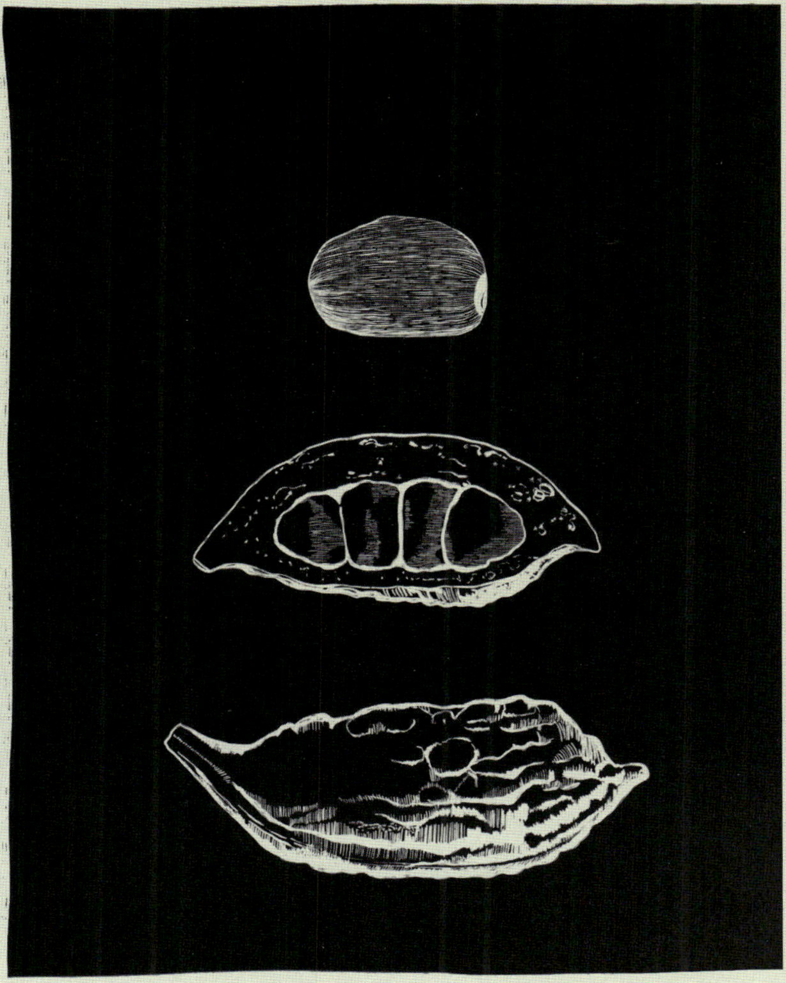

Kolanüsse enthalten Koffein, Catechin und Theobromin, also Substanzen, die vorübergehend unsere Konzentration, unsere kognitiven Funktionen und unsere Aufmerksamkeit erhöhen – vergleichbar dem natürlichen Energydrink Guayusa. Catechin ist ein Antioxidans mit positiver Wirkung auf den Blutkreislauf. Die Antioxidantien in Kolanüssen beugen oxidativem Stress vor. In Tierversuchen wurde gezeigt, dass die Nüsse eine analeptische (stimulierende) Wirkung auf das zentrale Nervensystem sowie einen chronotopischen (beeinflusst den Rhythmus des Herzschlags) und einen harntreibenden Effekt haben und zudem die Verdauung fördern.[2] Man findet sie nicht nur in Westafrika. Während eines Aufenthalts in Jamaika erfuhr ich, dass die geriebene Kolanuss *(bisi)* bei Lebensmittelvergiftungen eingesetzt wird. Der Verzehr einer halben frischen Kolanuss beeinflusst Stimmung und Aufmerksamkeit.

Kolanüsse sind in (west-)afrikanischen Läden erhältlich. Sie werden als ganze Nuss gegessen oder geknabbert (nie mehr als zwei Nüsse auf einmal). Personen mit Magengeschwüren, Bluthochdruck oder Herzkrankheiten sollten frische Kolanüsse meiden.

Das Hauttonikum

Carapa guianensis-Bäume werden bis zu 35 Meter hoch und produzieren Samen, aus denen ein Heilöl extrahiert wird. Der Artname *guianensis* verrät, dass der Baum ursprünglich aus Guyana (Französisch-Guayana, Surinam und Guyana) stammt. Der Gattungsname *Carapa* kommt aus dem Surinamischen und leitet sich von *ka* ab, was »Öl« bedeutet. Mit Blick auf die Botanik ist Surinam eines der reichsten Länder der Welt. Es ist fünfmal so groß ist wie die Niederlande und hat eine größere Artenvielfalt als ganz Europa. Indigene Pflanzenheiler arbeiten Seite an Seite mit Menschen mit afrikanischen Wurzeln, den Maroons, die im Landesinneren leben, sowie mit javanischen und chinesischen Kräuterkundigen. Diese Kräuterkundigen mit unterschiedlichem kulturellem Hintergrund haben Zugang zu einer umfangreichen Pharmakopöe der Botanik, die sie für ihre Medizin nutzen. Es gibt für jede Gesundheitsbeschwerde ein Kraut, einen Baum oder eine Frucht, die unterstützen oder heilen kann.

Wenn man auf einem surinamischen Markt nach einem probaten Mittel sucht, das bei Hautproblemen hilft, werden die Kräuterhändler vermutlich Andiroba empfehlen. Zwischen den Bündeln frischer Kräuter und Zweige werden auf dem Markt stets auch Flaschen mit medizinischem Öl angeboten. Neben Plastikflaschen mit schwarzem Öl *(tjotjofatoe)*, das Knochenbrüche schneller heilt, und durchsichtigem, gelbem Öl, das Copaiba-Öl *(Copaifera officinalis)* genannt wird und äußerlich gegen Narbenbildung und eiternde Wunden und innerlich gegen Halsentzündungen und Parasiten eingesetzt wird, finden sich auch Flaschen mit einem weißlichen, blassgelben Öl von körniger Konsistenz, das aus Andiroba-Nüssen hergestellt wird: das Andiroba-Öl.

Ein Bekannter aus Amsterdam reiste einmal durch Surinam. Aufgrund des tropischen Wetters, seiner verschwitz-

ten, klammen Hosen und unbekannter anderer Faktoren erschien zu seinem Entsetzen ein blumenkohlartiger Ausschlag an den Innenseiten seiner Oberschenkel. Als er auf einem Heilkräutermarkt die kreolische Verkäuferin fragte, ob sie ein Mittel kenne, antwortete sie ihm nur: »Andiroba. Das ist für alles gut!« Nachdem er sich zwei Tage damit eingecremt hatte, war der Hautausschlag verschwunden.
Im Frühjahr 2022 war ich mit meiner Familie drei Monate auf Jamaika, um im Urwald und auf ausgelaugtem Ackerland einen botanisch-medizinischen Paradiesgarten in Gedenken an den Künstler Lee »Scratch« Perry anzulegen: The New Ark, LSP Paradise Garden. Dort gab es jede Menge Zecken im Gebüsch. Nichts half, bis ich mir aus Surinam Andiroba-Öl mitbringen ließ. Unser ganzes Team war danach zeckenfrei – vermutlich hilft es wirklich gegen alles.

Für einen Liter Öl braucht man etwa fünf Kilo Samen. In Surinam sammeln Indigene und Maroons die Andiroba-Samen und kochen sie in Wasser. Anschließend ruht die Masse einige Zeit und trocknet dann in der Sonne. Dadurch steigt ein goldbraunes Öl nach oben, das abgeschöpft und in Flaschen gefüllt wird. Der Handel mit Andiroba-Samen ist seit 2004 sprunghaft gestiegen, als Yves Rocher sie patentieren ließ. Derartige Patente werden als Biopiraterie stark kritisiert. Von Biopiraterie spricht man, wenn Erbmaterial, wie beispielsweise Pflanzen, aus Ländern der Dritten Welt beschafft und in sortenfähiges Material verwandelt wird, um dafür Patent- oder Züchtungsrechte zu beantragen. Die Bauern in Entwicklungsländern, die diese Sorten anbauen wollen, müssen fortan teures Saatgut kaufen.

Andiroba-Öl beruhigt und pflegt die Haut bei Insektenstichen und dient auch als Insektenschutzmittel. Eine kleine Menge Öl wird mehrmals täglich in die Haut einmassiert, bis die Beschwerden nachlassen. Das Öl unterstützt die Heilkraft der Haut und lindert Ekzeme, Akne, Hautflecken (rote und empfindliche Haut), Hautausschläge und Hautpilz. Es wird gegen Haarausfall und Hautschuppen auf der Kopfhaut eingesetzt. Die Indigenen mischen das Fett der *Boa constrictor* mit Andiroba-Öl, um Gelenkschmerzen zu behandeln. In Surinam träufelt man bei Stress einen Tropfen Andiroba-Öl unter die Zunge. Mit dem heilenden Öl werden in Brasilien sogar Möbel gestrichen, um sie vor Termiten und holznagenden Insekten zu schützen.[1]

Wegen der medizinischen Wirkung und des positiven Effekts auf die Haut verarbeitet man Andiroba-Öl auch in Seifen. Bei uns wird es dann als Andiroba-Seife verkauft. In surinamischen Läden und im Kräuterläden findet man Andiroba-Öl in Flaschen.

KRÄUTER UND GEWÜRZE

WOUTER

»In der Welt der Pflanzen und der Pflanzenheilkunde gibt es noch vieles zu entdecken. In der Pflanzenheilkunde spielen neben der Wissenschaft auch Intuition und Mystik eine wichtige Rolle. Große Wissenschaftler wie Albert Einstein haben dies offen anerkannt. Ich verstehe die Kräutermedizin als eine Kombination aus Kunst und Wissenschaft. Setzt du beim Kochen auf deinen Verstand oder manchmal auch auf deine Intuition?«

JORIS »Wenn ich zu Hause koche, ist es immer schön, vorher über den Markt zu schlendern und neue Zutaten zu entdecken. Die Verkäufer erzählen mir, wie diese zu verwenden sind, und ich kann dann später damit experimentieren. Natürlich braucht es ein gewisses Grundwissen, aber ohne Versuche und Intuition wirst du niemals Neues entdecken und lernen. Wurden auf diese Weise auch die Heilkräfte der Pflanzen entdeckt?«

W »Heute lässt sich mithilfe von Labortechniken wie Mikroskopie, Chromatografie und NMR analysieren, welche Inhaltsstoffe in den Pflanzen stecken. Die NMR-Spektroskopie ist eine spektakuläre und fortschrittliche Methode zum Auffinden von Inhaltsstoffen, wobei die Abkürzung für *Nuclear Magnetic Resonance Spectometry* (Kernspinresonanzspektroskopie) steht. Die Pflanzeninhaltsstoffe sind in einer »Matrix« enthalten. Das heißt, man muss sie zunächst aus der Pflanzenzelle extrahieren und dann aus einem Gemisch aus Hunderten bis Tausenden anderer Substanzen trennen und isolieren. Die Analyse und Trennung von Pflanzeninhaltsstoffen aus Pflanzenzellen geschieht meist mit einem Lösungsmittel, das je nach der zu untersuchenden Komponente gewählt wird. Das ist ein gewisser Luxus und war nicht immer so. Früher wurde die Wirkung von Pflanzen durch Experimente bestimmt. Man aß eine Pflanze, bekam Bauchschmerzen und wusste dann: »Aha, sie macht etwas mit meinem Magen.« Wenn man dann die Dosis reduzierte und vertrug, wurde die Pflanze zur Arznei erklärt. Man untersuchte die Verwendung von Pflanzen, indem man (kranke) Tiere untersuchte. Und mit der Zeit gelang es, Krankheiten immer besser zu erkennen und zu diagnostizieren und dabei Medikamente zu entdecken, die aus einem oder mehreren (pflanzlichen) Inhaltsstoffen bestehen. Verwendest du Pflanzen und Kräuter wegen ihrer Wirkstoffe oder hauptsächlich wegen ihres Geschmacks?«

J »Auf einer großartigen Reise durch Peru besuchten meine Frau und ich einen Markt, auf dem Kräuter angeboten wurden. Die Verkäuferinnen erzählten uns nichts über deren Geschmack, sondern nur etwas über die Wirkung. Und genauso aßen wir in Peru auch Kokablätter gegen die Höhenkrankheit. So schenkt uns die Natur viele Kraftstoffe, durch die wir uns besser fühlen oder gesund bleiben. In der Profiküche wähle ich eine Zutat in erster Linie wegen ihres Geschmacks aus. Wenn ich hingegen zu Hause etwas zubereite, denke ich oft daran, was ich brauche beziehungsweise was mein Körper braucht. Das kann eine Brühe sein, die mich wieder fit macht, oder ein köstlicher Kuchen, wenn ich Verlangen nach Süßem verspüre, um mich glücklich zu fühlen. Unbewusst verwenden wir viele Pflanzen und Kräuter für unser allgemeines Wohlbefinden. Manchmal habe ich das Gefühl, dass der Körper selbst sehr gut weiß, welche Pflanzen er braucht, und mir dann durch meinen Appetit darauf signalisiert, dass ich sie essen soll.«

W »Ich sprach gerade davon, wie westliche Methoden uns helfen, Inhaltsstoffe von Pflanzen zu entschlüsseln. Naturvölker, Schamanen und Pflanzenmenschen wissen schon lange, dass Pflanzen direkt zu uns sprechen können. Als der Maroon Quassi nach einem Mittel gegen Malaria suchte, offenbarte die Pflanze sich ihm im Traum: Er sah, wie aus der Pflanze kleine Becher geschnitten wurden, in denen Wasser oder Hochprozentiges die Bitterstoffe der Pflanze aufnahmen. Dieser Extrakt wird getrunken, und er hat tatsächlich eine starke Wirkung gegen Malaria. Bei der Pflanze handelt es sich um *Quassia amara* (siehe Seite 195), deren Extrakt als offizielles, bei der WHO registriertes Medikament gilt. Auch der Anthropologe Dr. Jeremy Narby berichtet in seinem Buch *The Cosmic Serpent: DNA and the Origins of Knowledge* aus dem Jahr 1995 von »geträumten« Arzneimitteln. Er verbrachte lange Zeit im peruanischen Amazonasgebiet und erfuhr dort, dass indigene Völker, die Ayahuasca verwendeten, ihr Wissen – etwa über unsere DNA – direkt durch den Gebrauch heiliger Substanzen (Sakramente) erhielten. Die Schamanen berichteten, dass die Heilpflanzen direkt zu ihnen sprechen würden. Dank dieser Methode wurden viele Heilpflanzen entdeckt, die inzwischen auch bei uns im Westen Verwendung finden. Dazu zählt beispielsweise Curare, das als Pfeilgift zum Einsatz kommt, aber als Muskelrelaxans viele Leben gerettet hat, weil Operationen unter Anästhesie dank dieses Mittels erheblich leichter durchgeführt werden können. Oftmals profitiert die indigene Bevölkerung allerdings kaum von ihren Entdeckungen. Ihr Wissen wird ohne Dank oder Anerkennung übernommen, kopiert und in der westlichen Medizin in ein gewinnbringendes Modell gesteckt – vorzugsweise kombiniert mit einem Patent. Wir nutzen das Wissen, aber davon, wie dieses Wissen erlangt wurde, verstehen wir sehr wenig.«

GEWÜRZNELKE

SYZYGIUM AROMATICUM

Das betäubende Gewürz

Gewürznelken sind die noch geschlossenen Blütenknospen des Gewürznelkenbaums, der nur in tropischen Küstengebieten mit gleichbleibender Temperatur und Luftfeuchtigkeit wächst. Sie werden vor dem Öffnen der Blüte geerntet, sonst wäre das Gewürz wertlos. Zwei Drittel der weltweiten Gewürznelkenproduktion werden für die Herstellung indonesischer Kretek-Zigaretten verwendet. Der Name »Kretek« ist eine klangliche Nachahmung des beim Rauchen entstehenden Knisterns dieser Zigaretten.

Die ursprünglich von den Molukken in Indonesien stammenden Gewürznelken werden bei uns meist zum Kochen und Backen verwendet. Um 1600 beanspruchten die Portugiesen den Handel mit Gewalt für sich, später gelang es den Niederländern nach einem Krieg, die Portugiesen zu entmachten. In den portugiesischen Jahren wurden Gewürznelken nur in Lissabon und Antwerpen gehandelt; als die Niederländische Ostindien-Kompanie den Handel übernahm, waren Gewürznelken fortan auch in Amsterdam erhältlich. Die Niederlande hielten lange Zeit das weltweite Monopol. Die Insel Ambon wurde zum Zentrum der weltweiten Gewürznelkenproduktion, und die Niederländer ließen auf anderen, unter ihrer Herrschaft stehenden Inseln alle Gewürznelkenbäume fällen. Obwohl auf Besitz oder Handel mit Gewürznelkenpflanzen die Todesstrafe stand, gelang es 1770 einem Franzosen, einige Exemplare nach Mauritius zu schmuggeln, wodurch in der Folge auch Frankreich in den Handel einstieg. Der Reichtum aus dem Gewürzhandel fand auf dem Rücken der indigenen Bevölkerung statt, die meist nur wenige Cent bekamen oder als Sklaven in der Anzucht und auf den Plantagen arbeiten mussten. Erst später wurden Gewürznelken auch in anderen Ländern angebaut, zum Beispiel in Madagaskar und Tansania.

Verwendung

Gewürznelken werden hierzulande als Gewürz in Gebäck, wie Spekulatius, in Saucen und zum Würzen von Rotkohl und Roter Bete verwendet. Bei der Zubereitung von Rindersteaks, Wildgerichten und Eintöpfen werden sie vielfach im Ganzen mitgekocht, und zur Weihnachtszeit verfeinern sie den allseits beliebten Glühwein.

Neben ihrer Verwendung in der Küche besitzt die Gewürznelke medizinische Eigenschaften. Ihr ätherisches Öl hat eine stark narkotische Wirkung und hilft bei akuten Zahnschmerzen. Als Hausmittel wird eine Gewürznelke zwischen die Zähne oder in das Zahnloch gesteckt, um den Schmerz zu lindern. Oder es werden Gewürznelken einige Tage zerkaut. Ihre betäubende Wirkung beruht auf dem Wirkstoff Eugenol, der übrigens auch heute noch von Zahnärzten bei Wurzelbehandlungen verwendet wird. Eugenol findet sich auch in Basilikum, Zimt und Muskatnuss. Nelkenöl wirkt zudem krampflösend, antibakteriell und gegen Blähungen.

In China wird die Gewürznelke als Mundwasser und Aphrodisiakum verwendet. Chinesische Eunuchen am Hof der alten Dynastien durften nur dann mit dem Kaiser sprechen, wenn sie Gewürznelken gekaut hatten. Gewürznelken enthalten eine Reihe weiterer wichtiger Wirkstoffe, darunter viele Flavonoide sowie Mangan, Eisen, Magnesium und Zink.

EIGENSCHAFTEN

Anästhetisch

Antibakteriell

Pilzhemmend

Aromatisches Gewürz

Entzündungshemmend

Mildert Blähungen

Krampflösend

BEZUGSQUELLEN

Gewürznelken gibt es im Lebensmittelladen oder Supermarkt. Nelkenöl ist unter anderem in Drogerien oder im Reformhaus erhältlich.

VORSICHT

Das destillierte Öl löst allergische Reaktionen wie Juckreiz und Hautausschlag aus. Als erste Hilfe bei Zahnschmerzen sind Gewürznelken ein gutes Mittel, aber es empfiehlt sich ein zeitnaher Besuch beim Zahnarzt. Gewürznelken sollten nicht länger als 48 Stunden gegen Zahnschmerzen verwendet werden.

Einige Weihraucharten enthalten Gewürznelken, die dem Weihrauch eine antiseptische Wirkung geben und negative Entitäten verjagen, Reichtum anziehen und böses Gerede stoppen sollen.

Aussehen

Gewürznelkenbäume können um die 20 Meter hoch werden und tragen erst nach etwa acht Jahren Früchte. Am Ende der Zweige bilden sich Büschel mit ungeöffneten Blüten, die dann geerntet werden. Gewürznelken ähneln kleinen dicken Nägeln und sind etwa einen Zentimeter lang. Getrocknete Gewürznelken haben eine schwarze oder dunkelbraune Farbe und einen kleinen braunen Kopf, an dessen Unterseite vier kleine Kronen sitzen.

Extraktion und Dosierung

Für ein Gericht sind zwei oder drei Gewürznelken völlig ausreichend, da sie einen sehr intensiven Geschmack haben. Man sollte nicht eine ganze Gewürznelke in den Mund bekommen und sie versehentlich zerkauen, denn sie schmeckt auch nach einigen Stunden des Kochens noch sehr intensiv. Selbst gut verstaut in der Dose behalten Gewürznelken jahrelang ihren Geschmack und ihren Geruch.

Das ätherische Öl findet sich in großen Mengen in den Köpfen. Es wird gegen Pilzinfektionen, Schwimmerekzem und Zahnschmerzen eingesetzt. Bei Zahnfleischschmerzen einen Tropfen unverdünntes Öl auf ein Wattestäbchen träufeln und damit kurz das Zahnfleisch betupfen. Bei Zahnschmerzen einen Tropfen auf den schmerzenden Zahn geben. Bei Pilzinfektionen auf der Haut zehn Tropfen des Öls in 100 Milliliter Pflanzenöl auflösen. Nelkenöl sollte nur nach Rücksprache mit dem Arzt eingenommen werden.

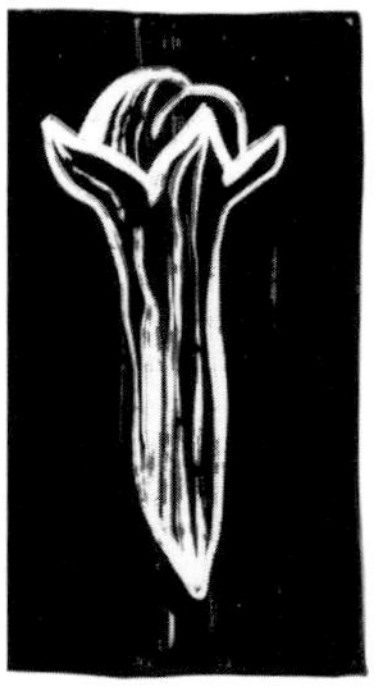

Eccles Cakes mit Remeker

ECCLES CAKES MIT REMEKER

ERGIBT 8 STÜCK

500 g Korinthen
120 g Butter
300 g brauner Zucker (vorzugsweise Basterdzucker)
6 g gemahlener Piment
6 g gemahlene Muskatnuss
6 g gemahlene Gewürznelken
8 Platten Blätterteig, aufgetaut
1 Eigelb, verquirlt
600 g Remeker (Rohmilch-Hartkäse)

Die Korinthen in einem Schälchen Wasser über Nacht im Kühlschrank einweichen.

Die Butter mit Zucker und Gewürzen in einem großen Topf etwa 1 Stunde sehr sanft schmelzen lassen. Die Butter sollte nicht anbrennen. Deshalb zwischendurch den Herd aus- und wieder einschalten. Den Topf vom Herd nehmen, sobald die Butter anfängt zu schäumen, und die Gewürzbuttermischung 1 Stunde abkühlen lassen.

Eventuell etwas Flüssigkeit der eingeweichten Korinthen abgießen. Die Korinthen mit der abgekühlten Gewürzbuttermischung in einer Schüssel verrühren. Sollte die Mischung sehr trocken sein, noch einige Spritzer Wasser hinzufügen.

Aus der Masse acht Bällchen von etwa 50 g formen und kurz in den Gefrierschrank legen.

Den Backofen auf 180 °C Ober-/Unterhitze vorheizen.

Die Bällchen aus dem Gefrierschrank nehmen und jedes in eine Platte Blätterteig wickeln. Überstehenden Teig abschneiden. Die Teigbällchen mit der Naht nach unten auf ein mit Backpapier ausgelegtes Backblech legen und mit dem verquirlten Eigelb einpinseln. Die Eccles Cakes im vorgeheizten Backofen in 15–20 Minuten goldbraun backen.

Die Eccles Cakes mit dem Remeker servieren.

POCHIERTE BIRNE MIT GLÜHWEIN-ZABAIONE

FÜR 4 PERSONEN

Für den Glühwein
1 Bioorange, in Scheiben geschnitten
½ Biozitrone, nur die Schale
4 Zimtstangen
5 Sternanis
10 Gewürznelken
100 g feiner Zucker
750 ml Rotwein
50 ml roter Portwein

Für die Zabaione
2 Blatt Gelatine
140 g Eigelb (ca. 4 Stück)
120 g Zucker
120 ml Glühwein (siehe oben)

Für die pochierten Birnen
2 Birnen (möglichst die Sorte Conference)
100 g Zucker
Saft von 1 Zitrone

Utensilien
Kochthermometer

Für den Glühwein die Zutaten, außer Rotwein und Portwein, mit 250 ml Wasser in einen Topf geben und 20 Minuten köcheln lassen. Rotwein und Portwein hinzugießen und den Herd ausschalten. Den Glühwein 1 Stunde ziehen lassen, dann in eine Schüssel abseihen. Abkühlen lassen.

Für die Zabaione die Gelatineblätter in einer Schüssel mit kaltem Wasser einweichen. Eigelbe, Zucker und Glühwein in einer hitzebeständigen Schüssel über einem heißen Wasserbad kräftig schlagen, bis die Masse 55 °C erreicht hat (mit dem Kochthermometer kontrollieren). Die Gelatineblätter ausdrücken und in die Schüssel geben. Einmal umrühren, dann die Schüssel vom Herd nehmen. Die Zabaione möglichst zeitnah verwenden.

Für die pochierten Birnen die Früchte schälen und mit 250 ml Wasser, Zucker und Zitronensaft in einen Topf geben. Sanft erhitzen – darauf achten, dass das Wasser nicht kocht, sondern knapp unter dem Siedepunkt bleibt. Die Birnen sind ausreichend pochiert, wenn sie nach 30–40 Minuten ganz glasig sind.

Zum Anrichten die pochierten Birnen längs halbieren und jede Hälfte vorsichtig in Streifen schneiden, ohne sie oben ganz durchzuschneiden. Jeweils eine halbe Birne auf einen Teller legen und leicht nach unten drücken, sodass sie sich auffächert. Die Zabaione mit einem Löffel daneben anrichten.

PETERSILIE

PETROSELINUM CRISPUM

Die grüne Eisenbombe

Von Ägypten aus gelangte die Petersilie über die Insel Sardinien nach Europa. Bei den Griechen war sie ein Symbol für den Tod und wurde deshalb kaum gegessen. Petersilie spielte in der europäischen Antike eine wichtige Rolle für den Todeskult und wurde oftmals auf Friedhöfen angepflanzt. Das mag auch ein Grund sein, warum in vielen Regionen Europas lange Zeit der Glaube vorherrschte, dass das Umpflanzen von Petersilie Unglück bringe. Doch das sollte sich später ändern, und schon bald wurde Petersilie in Liebesritualen verwendet, auch in der Ehe, um die Lust zu wecken.[1]

Heute werden meist drei Sorten von Petersilie angeboten, von denen die französische krause Petersilie und die italienische glatte Petersilie wohl am bekanntesten sind. Eine dritte Sorte ist die Wurzelpetersilie, auch Petersilienwurzel genannt. Mit Petersilie werden Speisen kurz vor dem Servieren garniert, sodass das Kraut möglichst lange Geschmack und Frische behält.

Verwendung

Petersilie ist in der westlichen Welt das am häufigsten verwendete Garniturkraut. Sie gilt allgemeinhin als sehr gesund, da sie reich an den Mineralien Calcium, Magnesium, Kalium, Silizium und vor allem Eisen ist. Zudem enthält sie viele Vitamine, darunter eine große Menge Vitamin C und die Vitamine A, E, K und Folsäure.

Neben Vitaminen und Mineralien sind die wichtigsten medizinischen Inhaltsstoffe der Petersilie Apiol und Myristicin. Myristicin ist als psychoaktive und berauschende Substanz der Muskatnuss bekannt. Laut *Enzyklopädie der psychoaktiven Pflanzen* von Christian Rätsch wird Petersilie normalerweise nicht mit psychoaktiven Substanzen assoziiert, doch sie enthält starke aktive Wirkstoffe. Petersilienöl wird für die Herstellung von psychoaktiven Phenethylaminen des Typs MDA und MDMA verwendet. In kleineren Mengen hilft Myristicin bei Muskelsteife durch fehlende Bewegung und wirkt sich positiv auf die Leber aus.[2] Petersilie beugt kardiovaskulären Herz-Kreislauf-Erkrankungen vor und wirkt günstig auf den Blutdruck.[3]

In der Kräuterheilkunde wird Petersilie meist als Mittel zum Entwässern eingesetzt, um Giftstoffe aus dem Körper zu schwemmen sowie Flüssigkeitsansammlungen und Schwellungen, etwa an den Händen, zu senken.[4] Auch bei Kurzatmigkeit ist sie ein wirksames Kraut. Da Petersilie reich an Eisen ist, erhöht sie den Sauerstofftransport im Blut.[5] Außerdem nutzt die moderne Pflanzenheilkunde Petersilienblätter als blutreinigendes Mittel, da die Pflanze eine große Menge Chlorophyll enthält.[6] Kräuterkundler verschreiben Petersilie, um die Menstruation zu stimulieren und Krämpfe zu lösen.[7]

Durch Artikel zu Gesundheit und Ernährung in der Populärliteratur haben immer mehr Menschen von Bioflavonoiden gehört. Diese Verbindungen gelten neben anderen Polyphenolen inzwischen als unverzichtbar, um dem Altern entgegenzuwirken und die gesundheitsfördernden Wirkungen von grünem Blattgemüse wie Spinat zu unterstützen. Bioflavonoide finden sich in Beeren, verschiedenen Obst- und Gemüsesorten sowie in dunkler Schokolade und Kaffee. Allgemein kann man sagen, dass die farbigen Bestandteile von Lebensmitteln, wie etwa

EIGENSCHAFTEN

Entwässernd

Nährwertreich: gute Vitamin- und Mineralienquelle

Reich an Antioxidantien

Stimuliert die Menstruation und löst Gebärmutterkrämpfe

Absorbiert starken Knoblauchgeruch

BEZUGSQUELLEN

Petersilie wird in allen Supermärkten, beim Gemüsehändler und auf dem Wochenmarkt verkauft. Sie kann auch leicht selbst angebaut werden – in Töpfen oder im Garten und sogar auf dem Balkon.

VORSICHT

Wird Petersilie nur als Garnitur benutzt, ist nicht mit Nebenwirkungen zu rechnen. Vorsicht aber bei übermäßigem Verzehr. Das enthaltene Myristicin führt in hohen Dosen zu Halluzinationen.

Fruchtschalen, die höchsten Konzentrationen an Flavonoiden enthalten. Durch den Verzehr industriell verarbeiteter Lebensmittel leiden viele Menschen unwissentlich an einem Nährstoffmangel. Auch Immunschwäche kann auf einen Mangel an Bioflavonoiden hinweisen. Sie zeigt sich, wenn man leicht Erkältungen oder Infektionen bekommt. Die fehlenden Nährstoffe sollten wir möglichst über das Essen aufnehmen und nicht über Nahrungsergänzungsmittel in Kapselform.

Ein weiterer Vorteil der Petersilie: Sie neutralisiert bekanntlich starken Knoblauchgeruch.

Aussehen

Petersilie ist eine kleine, leuchtend grüne zweijährige Pflanze. Sie ist winterhart, und ihre Samen haben eine lange Keimzeit. Aus der Pfahlwurzel wachsen kräftige Stiele, an denen sich die Blätter entwickeln. Die Petersilienpflanze wird etwa 20 Zentimeter groß. Die Blattränder sind oft unregelmäßig und gekräuselt. Die italienische Sorte hat gefiederte Blätter aus mehreren Teilblättern.

Extraktion und Dosierung

Petersilie wird frisch zum Garnieren von Speisen wie Salate und Gemüse verwendet oder in Kräuterbutter und Suppen verarbeitet. Bei uns zu Hause streuten wir fast über jedes Gemüse Petersilie und etwas Salz und gaben einige Butterflöckchen dazu. Wir hatten immer einen Vorrat an Petersilie aus unserem Garten. Und auch in meinem Garten wächst eigentlich immer Petersilie.

Die Petersilie bleibt lange frisch, wenn das Bund in einem Glas Wasser steht.

BROKKOLISTIEL UND PETERSILIENSALAT AUF GERÖSTETEM BROT

FÜR 2 PERSONEN

1 langer Stiel Brokkoli
4 EL Olivenöl
4 Scheiben Sauerteigbrot
Fleur de Sel und frisch gemahlener schwarzer Pfeffer
1 Bund glatte Petersilie (ca. 80 g), nur die Blätter
1 Schalotte, in feine Scheiben geschnitten
1 EL Kapern, fein gehackt
2 EL frisch gepresster Zitronensaft

Den Brokkolistiel in einem Topf mit Salzwasser in etwa 5 Minuten bissfest garen.

Den Stiel längs vierteln. Aus jedem Viertel das Innere herausschneiden und dieses in einer Pfanne ohne Fett dunkel rösten. Die äußeren Stielteile aufbewahren.

Die dunkel gerösteten Brokkolistiele in Stücke schneiden und auf den äußeren Teilen anrichten.

2 Esslöffel Olivenöl in einer Pfanne erhitzen und die Brotscheiben darin auf jeder Seite goldbraun rösten. Mit Fleur de Sel bestreuen.

Für den Petersiliensalat Petersilie, Schalotte, Kapern, Zitronensaft und das restliche Olivenöl in einer Schüssel verquirlen. Mit Fleur de Sel und Pfeffer würzen.

Den Petersiliensalat auf dem gerösteten Brot anrichten und die Brokkolistiele dazu servieren.

Brokkolistiel und Petersiliensalat auf geröstetem Brot

GRÜNER SALAT MIT ZUCCHINI, MINZE, PISTAZIEN UND PETERSILIE

FÜR 8 PERSONEN

Für den Salat
je ½ Bund Minze und glatte Petersilie (je ca. 40 g)
je 1 Kopf grüner Salat und Eichblattsalat
50 g Pistazienkerne
2 EL Olivenöl
1 Zucchini, in Scheiben geschnitten
feines Meersalz und frisch gemahlener schwarzer Pfeffer

Für die Petersiliensauce
½ Bund krause Petersilie (ca. 40 g)
250 ml Sonnenblumenöl
1 Eiweiß
25 ml Sushi-Essig

Utensilien
Feinsieb

Für den Salat Minze, Petersilie, grünen Salat und Eichblattsalat waschen und trocken tupfen. Grob zerpflücken und auf einem großen Teller anrichten. Mit den Pistazien bestreuen.

Das Olivenöl in einer Pfanne auf mittlere Temperatur erhitzen und die Zucchini darin anbraten. Mit Salz und Pfeffer würzen. Die Zucchini auf dem Salat anrichten.

Für die Petersiliensauce die Petersilie waschen und zerpflücken. Mit dem Sonnenblumenöl im Mixer oder mit dem Stabmixer und zu einem glatten Öl pürieren. Das Petersilienöl durch ein feines Sieb in eine Schüssel gießen.

Das Eiweiß mit dem Sushi-Essig im Mixer verrühren und bei laufendem Mixer das Petersilienöl in feinem Strahl zugießen, bis eine feste Mayonnaise entsteht.

Die Petersiliensauce zum Salat servieren oder über den Salat träufeln.

SALBEI

SALVIA OFFICINALIS

Der heilende Desinfizierer

Seit der Antike wird Salbei wegen seiner medizinischen Eigenschaften geschätzt. *Salvia* bedeutet Heilung oder Rettung und *officinalis* zeigt an, dass Salbei zum Vorrat eines Apothekers gehörte. In alten Kräuterbüchern wird er stets mit einem langen Leben in Verbindung gebracht. Die Pflanze wurde als Allheilmittel gegen verschiedene Krankheiten gesehen und galt allgemein als Stärkungsmittel. Sie hat sich über Klostergärten in ganz Europa verbreitet.

Die alten Griechen glaubten, dass Salbei die Menschen unsterblich machen könne und das Gedächtnis verbessere. Die Ägypter betrachteten ihn als ein Leben spendendes Kraut, während die Römer ihn neben dem Eisenkraut als *herba sacra* (heiliges Ritualkraut) bezeichneten.

Verwendung

Der Salbei stammt aus Südeuropa. Im Mittelalter galt er als magische Pflanze wegen seiner weitreichenden Wirkung, unter anderem bei Erkältungen, Halsentzündungen, Husten, Nervenschwäche, Verdauungsproblemen, Fruchtbarkeitsproblemen und zur Förderung der Menstruation. Keine andere Heilpflanze war so beliebt wie Salbei.

Auch heute wird er noch häufig gegen Entzündungen im Mund-, Hals- und Rachenraum eingesetzt. Die ätherischen Öle des Salbeis sind bakterientötend, deshalb ist Salbei oft in Zahnpasten enthalten. Wenn ich spüre, dass ich eine Halsentzündung bekommen könnte, beuge ich ihr meist vor, indem ich auf einem frischen Salbeiblatt kaue und zusätzlich einige Tropfen Bienenpropolis sowie etwas Vitamin C zu mir nehme. Die antibakterielle und entzündungshemmende Wirkung der Pflanze ist auf Flavonoid- und Gerbstoffverbindungen sowie die Verbindungen Salvin und Carnosolsäure zurückzuführen. Diese beugen oxidativem Stress vor und stärken die Abwehrkräfte.

Die Pflanze wird auch von Müttern zum Abstillen verwendet, da der Salbei die Milchproduktion senkt – im Gegensatz zu einer Reihe anderer Pflanzen, wie Bockshornklee und die unter anderem in Pilzen vorkommende Verbindung Thyrosinase, die die Milchproduktion erhöht.

In den Wechseljahren erleben Frauen einen natürlichen Rückgang des Hormons Östrogen. Salbei wurde traditionell zur Behandlung der unangenehmen Symptome in den Wechseljahren eingesetzt.

Laut der niederländischen Kräuterexpertin Mellie Uyldert fördert der hohe Phosphorgehalt des Salbeis einen guten Schlaf. Salbeimilch war früher traditionell ein Beruhigungsmittel. Darüber hinaus enthält Salbei Vitamin K, das wichtig für den Knochenerhalt ist und gegen Blutgerinnsel hilft.

Für Gärtner gut zu wissen: Salbei wird als natürliches Schneckenmittel im Garten empfohlen. Außerdem wird (weißer) Salbei häufig bei rituellen und spirituellen Salbeiverbrennungen oder beim sogenannten *smudging* verwendet, um Räume spirituell von Geistern und negativer Energie zu reinigen.

Aussehen

Salbei ist eine winterharte, immergrüne, aromatische, strauchartige Pflanze. Sie trägt kreuzweise gegenüberliegende dickliche Blätter, die

EIGENSCHAFTEN

Schweißhemmend

Entzündungshemmend

Antibakteriell

Stärkt den Magen

Reduziert die Milchproduktion

Beruhigend und schlaffördernd

BEZUGSQUELLEN

Salbei ist in Gärtnereien, Gartenzentren und auch im Supermarkt als Topfpflanze erhältlich. Getrockneten und frischen Salbei findet man im Supermarkt, auf dem Wochenmarkt und beim Gemüsehändler.

bis zu fünf Zentimeter lang werden können. Die Oberseite des ellipsenförmigen Blattes ist graugrün und die Unterseite wollig weiß. Vom Salbei gibt es zahlreiche Kultursorten mit einer wunderbaren Vielfalt an schönen, oftmals köstlich duftenden Blüten.

Extraktion und Dosierung

Sowohl aus getrockneten als auch aus frischen Salbeiblättern lässt sich ein wunderbarer Tee zubereiten. Für eine Kanne Salbeitee 5 Gramm Blätter auf 1 Liter Wasser aufkochen. Bei beginnenden Halsschmerzen kaue ich gewöhnlich ein bis zwei frische Blätter.

Maya-Vase — Hun Hunahpu, Vater der Heldenzwillinge aus dem *Popul Vuh,* erfährt ein Pflanzenbewusstsein. Abbildung einer spätklassischen Maya-Vase. Das *Popul Vuh* ist das heilige Buch und der geheime Leitfaden der Maya. Die Maya waren hervorragende Astronomen, Architekten, Bauern und Erfinder der Zahl 0. Außerdem hatten sie eine besondere Schamanentradition. (Nach einer Zeichnung aus *The Gods and Symbols of Ancient Mexico and the Maya: An Illustrated Dictionary of Mesoamerican Religion* von Mary Miller und Karl Taube, 1993)

VORSICHT

Bei regelmäßigem Genuss von Salbeitee den Konsum möglichst auf ein bis zwei Tassen am Tag beschränken und nicht länger als drei Wochen am Stück trinken, da *Salvia officinalis* sonst süchtig macht. Salbeitee enthält die halluzinogene und luzide Träume auslösende Substanz Thujon, die auch als Inhaltsstoff von Absinth bekannt ist. Vincent van Gogh liebte Absinth und schuf unter Einfluss dieses Getränks einige seiner Meisterwerke. In großen Mengen kann Thujon das Nervensystem lähmen, also Vorsicht vor dem reinen ätherischen Öl, das zu stark für die orale Anwendung ist.

Salbei erhöht den Blutdruck. Das ist hilfreich bei Schwächegefühl und niedrigem Blutdruck, aber ich würde bei Bluthochdruck auf jeden Fall vorsichtig sein.

Salvia officinalis ist mit *Salvia divinorum* verwandt, dem Azteken-Salbei. Dieser wird als visionenweckendes Mittel von mexikanischen Schamanen als Heilmittel eingesetzt und ist als Extrakt zum Rauchen in Smartshops erhältlich. Die Wirkung kann so stark sein, dass man nach dem Rauchen von *Salvia divinorum* zwei Wochen niedergeschlagen sein kann; quasi eine spirituelle Tracht Prügel. Rauchen ist eigentlich eine etwas unehrenhafte Weise, um dieses heilige Kraut zu verwenden: Traditionell wurde die aus dem mexikanischen Mazatec-Gebirge stammende Pflanze frisch gekaut. Die Folge sind im normalen Wachbewusstsein nach etwa 20 Minuten kristallklare Visionen, die aus weißem Licht geformt zu sein scheinen und bei geschlossenen Augen wahrgenommen werden können.

TORTELLINI MIT RICOTTA, KÜRBIS UND SALBEIBUTTER

FÜR 4 PERSONEN (GROSSE PORTIONEN)

Für den Nudelteig
400 g Weizenmehl (Type 00)
4 Eier

Für die Tortellinifüllung
400 g Ricotta
abgeriebene Schale von 1 Biozitrone
feines Meersalz und frisch gemahlener schwarzer Pfeffer

Für den Kürbis und die Salbeibutter
250 g Butter
½ Flaschenkürbis (ca. 500 g), geschält, entkernt und in kleine Würfel geschnitten
1 Bund Salbei (ca. 80 g), nur die Blätter
abgeriebene Schale und Saft von 1 Biozitrone
feines Meersalz und frisch gemahlener schwarzer Pfeffer

Utensilien
Nudelmaschine oder Nudelholz
Schaumlöffel

Für den Nudelteig das Mehl auf der Arbeitsfläche anhäufeln und mit einem Löffel etwas Mehl herausnehmen, sodass eine Mulde entsteht. Das herausgelöffelte Mehl beiseitestellen. Die Eier in die Mulde aufschlagen und die Eigelbe aufstechen.

Vom Rand aus immer mehr Mehl unter die Eier mischen, bis das gesamte Mehl eingearbeitet ist. Darauf achten ist, dass der Mehlrand rund um die Mulde nicht bricht, sonst läuft das Ei auf die Arbeitsfläche. Der entstandene Nudelteig ist leicht gelb, ein wenig elastisch und nicht zu trocken. Ansonsten noch 1 Esslöffel Wasser hinzufügen. Falls er zu feucht ist, das beiseitegestelltes Mehl unterarbeiten. Der Teig sollte sich dehnen lassen, ohne zu reißen.

Den Teig weitere 10 Minuten kneten, dabei den Teig mit der Handfläche weg- und wieder zurückdrücken, ohne dass er reißt. In Frischhaltefolie wicklen und 30 Minuten im Kühlschrank ruhen lassen. Den Teig in einer Nudelmaschine oder mit dem Nudelholz ausrollen. Falls eine Nudelmaschine verwendet wird, den Teig in vier Stücke teilen und jedes Stück zu einem 1 cm dicken Rechteck ausrollen. So bekommt der Teig, wenn er in der Nudelmaschine ausgewalzt wird, eine gleichmäßigere Form.

Zunächst auf die größte Nudeldicke einstellen (das ist meist die höchste Einstellung), und nach jedem Walzen des Teigs die Einstellung herunterdrehen. So entstehen schöne lange Nudelplatten. Aus den Teigplatten 10 × 10 cm große Stücke ausschneiden.

Für die Tortellinifüllung den Ricotta mit Zitronenabrieb, Salz und Pfeffer in einer Schüssel mischen. Die Füllung mit einem Löffel in die Mitte eines Nudelteigquadrats geben. Eine Ecke des Quadrats zur gegenüberliegenden Ecke falten, sodass ein Dreieck entsteht. Nun die Ecken des Dreiecks nach unten zur Mitte falten und fest zusammendrücken. Ein Tortellino ist fertig. Die anderen Tortellini auf gleiche Weise zubereiten.

Für den Kürbis mit Salbeibutter die Butter in einer Pfanne zerlassen und die Kürbiswürfel darin 5 Minuten andünsten. Die Salbeiblätter hinzugeben und die Butter bräunen. Mit dem Zitronensaft ablöschen.

Inzwischen die Tortellini in einem Topf mit Salzwasser etwa 3 Minuten garen. Die Tortellini mit einer Schaumkelle aus dem Nudelwasser heben und mit dem anhaftenden Nudelwasser zur Buttersauce geben. Mit Zitronenabrieb, Salz und Pfeffer abschmecken.

SALBEI-KARTOFFELN MIT SENF-OLIVEN-SAUCE

FÜR 4 PERSONEN

Für die Salbei-Kartoffeln
12 kleine festkochende Kartoffeln (möglichst Opperdoezer Ronde)
1 EL Butter
1 Spritzer Sonnenblumenöl
12 Salbeiblätter

Für die Senf-Oliven-Sauce
70 g Butter
1 Schalotte
1 Knoblauchzehe
1 TL Senfkörner
¼ Bund Salbei (ca. 20 g), nur die Blätter
50 g Taggiasca-Oliven, entsteint
50 ml Anisschnaps, z. B. Ricard
250 ml Gemüsebrühe
1 EL grober Senf
30 g Sahne
feines Meersalz und frisch gemahlener schwarzer Pfeffer

Utensilien
langes Streichholz oder Feuerzeug
grobes Sieb

Für die Salbei-Kartoffeln die Kartoffeln mit Schale in einem Topf mit Salzwasser etwa 12 Minuten garen. Abgießen und ausdampfen lassen. Dann die noch warme Schale vorsichtig abreiben. Abkühlen lassen.

Die Butter und das Sonnenblumenöl mittel bis stark in einer Pfanne erhitzen. Die Kartoffeln darin knusprig braten. Jede Kartoffel einschneiden und ein Salbeiblatt zum Würzen hineinstecken.

Für die Senf-Oliven-Sauce die Butter in einer Pfanne zerlassen und Schalotte, Knoblauch, Senfkörner und Salbeiblätter einige Minuten darin anbraten. Die Oliven hinzugeben und alles mit dem Anisschnaps ablöschen.

Zum Flambieren vorsichtig ein Streichholz oder ein Feuerzeug daranhalten (die Dunstabzugshaube sollte ausgeschaltet sein). Den Ricard auf ein Zehntel einkochen lassen. Dann Gemüsebrühe, Senf und Sahne hinzugeben und alles 10 Minuten leicht köcheln lassen.

Die Sauce mit dem Stabmixer oder im Mixer pürieren und durch ein grobes Sieb in eine Schüssel abseihen. Mit Salz und Pfeffer abschmecken.

Einen großzügigen Schöpflöffel Sauce auf jeden Teller geben und 3 Salbei-Kartoffeln darauf anrichten.

EISENKRAUT

VERBENA OFFICINALIS / ALOYSIA CITRIODORA

Das nervenstärkende Kraut

Beim Eisenkraut gibt es eine ziemliche Namensverwirrung. Umgangssprachlich bezieht sich der Begriff »Eisenkraut« auf viel mehr Spezies als die unter dem botanischen Gattungsnamen *Verbena* bekannten Arten. Die Bezeichnung »Verbene« ist genauso verwirrend; manchmal wird damit *Verbena officinalis* bezeichnet, manchmal eine Pflanze aus einer anderen Gattung. Der lateinische Gattungsname *Verbena* ist unbekannten Ursprungs. Man nimmt an, dass *Verbena* sich vom altgriechischen *verbenaka* ableitet, das wiederum auf das indoeuropäische Wort für »(magischer) Stab« verweist und sich auf das Aussehen der Pflanze bezieht.[1] Die lateinische Variante davon ist *verbeneca*, »heiliger Zweig«. Das deutet auf die Zweige, die Priester bei Opferriten in ihren Kronen trugen: Eisenkraut, Lorbeer, Olive und Myrte. Die Bibel berichtet, dass diese Pflanze auf dem Berg Golgatha wuchs und mit ihr die blutenden Wunden des gekreuzigten Jesus behandelt wurden. Der Name Eisenkraut verweist auf die Verwendung durch den Schmied, der das Kraut zum Härten seines Stahls nutzte. Echtes Eisenkraut gilt als eines der besten Heilmittel bei Verletzungen durch Eisenwaffen. Verbene oder Eisenkraut war für Ägypter, Germanen, Kelten und Perser eine heilige Pflanze. Genau wie Salbei galt sie den Römern als heiliges Ritualkraut. Die römischen Friedensgesandten waren *verbenarii* (Zweigträger), weil sie immer einen Zweig Eisenkraut in der Hand hielten, wenn sie sich ihren Gegnern näherten.

Vor der Erntezeit wurden der Mutter Erde große Opfergaben geweiht. Die Ernte fand im späten Frühjahr rund um den 21. Juni, der Sonnenwende, statt. Zu den damit in Zusammenhang stehenden Frühlingsfesten durften weder Mond noch Sonne am Himmel stehen, und der Stern Sirius musste im Aufgang begriffen sein. Zum Ernten musste zudem mit einem Stück Eisen, Silber oder Gold ein Kreis um die Pflanze gezogen werden, bevor das Eisenkraut anschließend nur mit der linken Hand aus der Erde gezogen wurde. Nur wenn das Eisenkraut unter diesen Bedingungen geerntet wurde und Bienenwachs und Honig der Erde geopfert wurden, erhielt das Kraut die Eigenschaften, fast alle Krankheiten zu heilen, böse Geister zu vertreiben und Streit zu schlichten.[2] Eisenkraut wurde von Germanen und Kelten in Zaubersprüchen erwähnt und auch in Liebestränken verwendet, weil es das männliche Geschlechtsteil so hart wie Stahl machen sollte.[3]

Die heilige Pflanze wurde im Mittelalter häufig von Magiern verwendet. Jeder, der im unverdünnten Saft der Pflanze badete oder sich mit der ganzen Pflanze einrieb, wurde belohnt. Die Menschen würden die Zukunft sehen, ihre Wünsche würden in Erfüllung gehen, sie würden sich mit ihren Feinden anfreunden und wären vor Krankheiten und Verhexung geschützt. Im Französischen wurde die Pflanze auch *herbe aux sorciers* (Hexenkraut) oder *herbe aux enchantements* (Zauberkraut) genannt. Fast alle alten Kräuterbücher, wie *La pharmacie des moines* aus dem 9. Jahrhundert, verweisen auf die magischen und wundersamen Eigenschaften des Echten Eisenkrauts. Wenn man sich beispielsweise mit einem Zweig Eisenkraut in der Hand einem kranken Menschen näherte, sich nach seinem Befinden erkundigte und die Antwort »gut« erhielt, dann würde der Patient bald wieder gesund. War die Antwort

EIGENSCHAFTEN

Neurotonisch (nervenstärkend)

Lindert Nervenschmerzen

Tonikum (stärkend)

Angstlindernd

Schlaffördernd

Verdauungsfördernd

Schleimlösend

Stimuliert die Gebärmutter bei der Geburt

Als Kompresse oder Wickel bei Prellungen

Antioxidans

Entzündungshemmend

Antibakteriell

BEZUGSQUELLEN

Echtes Eisenkraut ist beim Kräuterhändler erhältlich und als Tee im Reformhaus zu kaufen. Die Pflanze ist ideal für den Gemüse- oder Kräutergarten – sie kommt in ganz Europa vor. Eisenkraut ist winterhart.

VORSICHT

Schwangere sollten die Pflanze meiden, da Eisenkraut Wehen auslösen kann.

»schlecht«, würde der Patient schnell sterben. Dieser Volksglaube soll seinen Ursprung in den medizinischen Nachschlagewerken von Macer Floridus im 12. Jahrhundert haben. Eisenkraut war auch eine der acht Zutaten (psychoaktiver) Hexensalben, die bei Riten und Initiationsfeiern verwendet wurden. Ich selbst war achtmal in Ägypten und hörte dort vom Mysterienkult der Isis. Dieser Kult aus dem alten Ägypten war nicht nur ein Mysterienkult, sondern ein mystischer Heilkult, in dessen Mittelpunkt natürlich die Göttin Isis stand, die göttliche Zauberin. Ihr zur Seite stand Osiris, der schamanische Gott. Isis hatte zunächst eine menschliche Form und wurde erst nach der Pflanzeninitiation zu einem göttlichen Wesen. Eine der wichtigsten Pflanzen ihres Heilkults war das Eisenkraut.[4] In Ägypten trägt das Eisenkraut daher den Namen »Tränen der Isis«.

Verwendung

Die Pflanze enthält Vitamin C, Eisen, ätherisches Öl, Bitterstoffe und verschiedene andere medizinische Substanzen, darunter Gerbstoffe mit konservierender und adstringierender Wirkung, außerdem das schlaffördernde Verbenalin. Dem heutigen lateinischen Namen ist abzulesen, dass das Eisenkraut schon lange Zeit Verwendung findet. Dies gilt für alle Pflanzen mit dem Zusatz *officinalis*.[5] In der heutigen Phytotherapie wird das Echte Eisenkraut als stärkendes, krampflösendes und fiebersenkendes Mittel (als Ersatz für Paracetamol und Aspirin) eingesetzt. Die Pflanze findet sich zudem (oft in Kombination mit Arnika) immer noch in Umschlägen zur Linderung von Prellungen.

Eisenkraut stimuliert das parasympathische Nervensystem und hat neurotonische (nervenstärkende) und neuroanalgetische (nervenschmerzlindernde) Eigenschaften. Es wird bei Nervenschwäche, Nervosität, Schlaflosigkeit und Angstzuständen verordnet. Bei Tieren wurde nachgewiesen, dass die Pflanze entzündungshemmende Eigenschaften besitzt.[6]

Eine Studie von 2006 und eine Doppelblindstudie von 2016 konnten zeigen, dass Eisenkrautextrakt ein vielversprechendes Medikament bei der Behandlung von chronisch entzündetem Zahnfleisch sein kann.[7]

Eine weitere wissenschaftliche Studie von Paweł Kubica aus dem Jahr 2020 wies nach, dass die Inhaltsstoffe des Echten Eisenkrauts das Zellwachstum bösartiger Zellen unterdrücken können und antioxidative und antibakterielle Eigenschaften besitzen.[8]

Echtes Eisenkraut ist eine meiner Lieblingspflanzen. Ich trinke regelmäßig eine Tasse Eisenkrauttee, der eine sehr positive Wirkung auf mein Nervensystem zu haben scheint.

Aussehen

Die Pflanze wird bis zu einen Meter hoch und hat dünne aufrechte, leicht behaarte Stängel, die an der Unterseite verholzt sind. Das Echte Eisenkraut blüht blassrosa bis violett, und die ungeöffneten Blütenspitzen erinnern an grüne Spargelspitzen. Die Blüten stehen in langen, dünnen Rispen in den Achseln der Hüllblätter. Die Stängelblätter sind tief gezackt und graugrün. Die Pflanze ist fast geruchlos.

Die häufiger anzutreffende Zitronenverbene verströmt einen frisch-süßen und zitronigen Duft aus einer Vielzahl von Komponenten. Sie zeichnet sich durch holzige runde Stängel mit gegenüberliegenden kleinen, blassgrünen, spitzen, lanzettförmigen Blättern aus. Ihre Blüten sind hellviolett. Die Zitronenverbene stammt aus Chile und wird hierzulande auch Eisenkraut, Verveine oder Verbene genannt – vor allem wegen ihrer beruhigenden Eigenschaften und der äußeren Wuchsform, die der europäischen *Verbena officinalis* ähnelt. Auf Seite 134 ist die Zitronenverbene abgebildet und auf Seite 18 (links unten, mit fliederfarbenen Blüten) die bittere *Verbena officinalis*.

Extraktion und Dosierung

Die Wirkstoffe des Echten Eisenkrauts sind wasserlöslich, sodass die Pflanze als Tee getrunken werden kann. Dazu reichen etwa 3 Gramm getrocknete Blätter auf 250 Milliliter kochendes Wasser.

Laut dem Arzt Geert Verhelst beträgt die Dosierung der Muttertinktur dreimal täglich 40 Tropfen. Eine Muttertinktur erhält man, indem man 1 Gramm des Krauts mit 3½ Milliliter Wodka, Gin oder einem starken Getränk mit mindestens 40%igem Alkohol mischt. Als Beispiel: 30 Gramm Kraut auf 100 Milliliter Wodka. Das Kraut zwei Wochen in einem sauberen, luftdicht verschlossenen Gefäß an einem kühlen, dunklen Ort ziehen lassen. Das Gefäß mit dem Namen der Pflanze und dem Datum beschriften und jeden Tag einmal gut schütteln. Das fertige Mazerat durch einen Kaffeefilter in ein sauberes Gefäß filtern. Durch die konservierende Wirkung des Alkohols hält sich dieTinktur mindestens ein Jahr.

Verhelst schlägt zudem ein erfrischendes Bad mit Eisenkrautextrakt vor. In einem Topf 1 Liter Wasser aufkochen und 250 Gramm getrocknete Blätter hinzugeben. Einige Minuten kochen lassen, dann vom Herd nehmen und 10 Minuten ziehen lassen. In eine Schüssel abseihen und den Extrakt ins Badewasser geben.

Tzatziki mit griechischem Joghurt, Gurke und Zuckererbsen

TZATZIKI MIT GRIECHISCHEM JOGHURT, GURKE UND ZUCKERERBSEN

FÜR 4 PERSONEN

Für das Tzatziki
250 g griechischer Joghurt (10 % Fett)
1 Knoblauchzehe, fein gehackt
1 TL getrockneter Dill
1 TL getrocknete Minze
1 EL fein gehackte frische Eisenkrautblätter
Saft von 1 Zitrone
Olivenöl
feines Meersalz und frisch gemahlener schwarzer Pfeffer

Außerdem
1 kleine Salatgurke
8 Zuckerschoten (Erbsen möglichst ausgereift)
1 kleine Handvoll frische Blüten und Kräuter (ca. 40 g), z. B. Sauerampfer, Eisenkraut und Gurkenblüten

Utensilien
Handflambierer

Für das Tzatziki alle Zutaten in einer Schüssel verrühren.

Die Gurke der Länge nach in sechs Stücke schneiden und mit dem Handflambierer rundum rösten, bis sich schwarze Flecken zeigen. Die dunkel gerösteten Gurkenstücke sind überraschend aromatisch.

Die Zuckerschoten 5 Minuten in kochendem Salzwasser blanchieren und kalt abspülen. Die Schoten an einer Seite längs aufschneiden, sodass die Erbsen zu sehen sind.

Einen großen Klecks Tzatziki auf jeden Teller löffeln. Die gerösteten Gurken und die Zuckererbsen darauf anrichten und mit Blüten und Kräutern garnieren.

FERMENTIERTER HONIGSAFT MIT BIRNE, SAUERAMPFER UND VERBENE

ERGIBT 1 LITER – AUSREICHEND FÜR 4 GROSSE GLÄSER

Für den fermentierten Honig
100 g roher Honig

Für den Saft
750 ml Birnensaft
250 ml fermentierter Honig (siehe oben)
1 Bund Sauerampfer (ca. 80 g)
1 Bund Eisenkraut (ca. 80 g), nur die Blätter
Eiswürfel

Utensilien
sterilisierte Glasflasche oder sterilisiertes Schraubglas
Käsetuch oder Küchentuch
Gummiband
Sieb

Den fermentierten Honig etwa einen Monat im Voraus herstellen. Dazu 400 ml Wasser mit dem rohen Honig in einem Messbecher oder in einer Schüssel verrühren und in eine sterilisierte Glasflasche oder ein sterilisiertes Schraubglas füllen. Mit einem sauberen Stück Käsetuch oder Küchentuch abdecken und dieses mit einem Gummiband fixieren. Die Flasche oder das Glas mindestens 30 Tage an einem dunklen Ort bei Zimmertemperatur aufbewahren. Danach in den Kühlschrank stellen.

Für den Saft alle Zutaten, außer den Eiswürfeln, in einem Mixer oder im Becher des Stabmixers pürieren. Den Saft durch ein Sieb in eine Karaffe abseihen. Die Eiswürfel unterrühren und sofort servieren.

SAFRAN

CROCUS SATIVUS

Das Kraut der Freude

Persien – das Land der Feuertempel, von Zarathustra, der großen Sufi-Dichter und des Safrans. Im Iran, dem heutigen Persien, gibt es einen regelrechten Safrankult. Die iranische Kultur ist von Poesie durchwoben, und Safran spielt darin eine wichtige Rolle. Während Poesie in vielen Ländern als Ausdrucksmittel der Liebenden angesehen wird, kennen alle Iraner die Gedichte von Hafez, Rumi oder Ferdowsi, und Großväter und Großmütter erteilen ihren Enkeln mit Poesie weise Lebenslektionen. Laut dem belgischen Professor für Ethnobotanik Marcel de Cleene erwähnen alte Kräuterbücher und poetische Schriften den Safran mindestens genauso so häufig wie die Rose, allerdings war der Safran in der Küche und in der Medizin einfacher zu verwenden. Dem Safran wurden in der Antike magische und medizinische Eigenschaften zugeschrieben. Das Gewürz findet selbst im ägyptischen *Papyrus Ebers* (1550 v. Chr.) Erwähnung.

Safran ist das teuerste Gewürz der Welt, da er von Hand gepflückt wird. Ein Krokus bildet nur drei Griffel aus, und diese werden geerntet. Ein Kilo Safran kostet zwischen 30 000 und 40 000 Euro und enthält ungefähr 180 000 Griffel, die während der Blütezeit des Safrankrokusses mit einer Pinzette von Hand aus den violetten Blüten entnommen werden.

Safran wird heute weltweit angebaut, aber der Iran kontrolliert noch immer 90 Prozent der Weltproduktion. Afghanistan und Spanien produzieren ebenfalls das rote Gold. Safran ist eine bedeutende Zutat der spanischen Paella und der französischen Fischsuppe Bouillabaisse. Ein bekanntes Gericht trägt den poetischen Namen Morasa Polow, was so viel wie »persischer Juwelenreis« bedeutet. Es bietet eine brillante Farbpalette und ist eine wahre Explosion von allerlei Gewürzen und besonderen Aromen, die sich gegenseitig kontrastieren, verstärken und an die Schatzkammern des Ali Baba und seiner 40 Räuber aus *Tausendundeiner Nacht* erinnern. Juwelenreis enthält winzige rote Berberitzen, Pistaziensplitter, kandierte Orangenschalen und Safran. Das Reisgericht ist am Boden hart und nach einem speziellen Backverfahren festgebacken. Es wird oft mit dem Walnuss-Granatapfel-Gericht Fesenjan (siehe Seite 100) serviert.

Verwendung

Safran ist eine Heilpflanze mit vielfältiger therapeutischer Wirkung. Phytochemische Studien zeigten, dass Safran mindestens vier Wirkstoffe enthält, darunter Crocin, Crocetin, Picrocrocin und Safranal.[1] Zwei dieser bemerkenswerten Antioxidantien, Crocin und Crocetin, wirken gegen Depressionen, heben die Stimmung und helfen gegen Burn-out. Sie schützen Gehirnzellen vor fortschreitender Schädigung, reduzieren Entzündungen und unterstützen die Gewichtsabnahme.[2]

Safran ist dafür bekannt, die Gedächtnistätigkeit zu fördern und Ängste zu hemmen.[3] In der persischen Medizin wird Safran von alters her bei Magen-Darm-Problemen, Asthma, Schlaflosigkeit, Depressionen und Gedächtnisproblemen eingesetzt.[4] Safran war eine Zutat in psychoaktiven Hexensalben, durch die europäische Hexen in Kontakt zu anderen Dimensionen im Geisterreich treten konnten. Seit der Antike glaubt man, dass Safran die Libido der Frauen steigert und bei ihnen Ohnmachtsanfälle auslöst.

EIGENSCHAFTEN

Antidepressivum

Aphrodisiakum

Gedächtnisschärfend

Angsthemmend

Entzündungshemmend

Geschmacksgeber

Farbstoff

BEZUGSQUELLEN

Im Supermarkt erhältlich, aber billiger in orientalischen oder asiatischen Lebensmittelläden oder online.

VORSICHT

Nicht zu viel Safran verwenden. Schon zehn Gramm sind eine tödliche Dosis. Safran wird als Stimulans zum Lachen verwendet, manchmal jedoch mit tödlichen Folgen: Laut Berichten in alten Kräuterbüchern kann man sich damit zu Tode lachen.

Safran wird in Asien häufig zum Färben von Kleidung verwendet. So werden beispielsweise die Gewänder buddhistischer Mönche und hinduistischer Asketen mit Safran gelborange gefärbt. In Indien nutzen die Menschen oftmals Safranwasser, um damit Mantras (magische Formeln) aufzuschreiben. Schon ein Safranfaden reicht aus, um ein Liter kochendes Wasser nach einer Stunde tiefgelb zu färben.

Aussehen

Der Safrankrokus blüht acht Tage im Herbst. Er ist eine Knollenpflanze mit einem grünen, glatten Stängel, an dem längliche, grüne, dünne Blätter wachsen, die etwa die gleiche Höhe wie die Blüte erreichen. Am Stängel wächst eine violette Blüte mit jeweils drei rotorangen Narben (den Griffeln), die geerntet werden. Die Staubgefäße, die sich ebenfalls in der Blüte befinden, werden nicht verwendet und haben keinen kulinarischen Wert.

Extraktion und Dosierung

Safranfäden werden traditionell in einem iranischen Mörser zu Pulver zerrieben. Über dieses kostbare Pulver gießt man einige Tropfen Wasser und lässt es sich zu Safranwasser auflösen. Diese Flüssigkeit wird unter anderem über Reis geträufelt. Ich persönlich finde es einfacher, einige Safranfäden zwischen Daumen und Zeigefinger zu zerreiben und sie in einem Glas Wasser aufzulösen.

Für mich ist der Geschmack von Safran ein bisschen honig- oder pollenartig, erdig und ein wenig dumpf, aber gleichzeitig intensiv mit einer bitteren Note am Ende. Kurzum, der Geschmack ist einzigartig. Ich liebe ihn und habe deshalb immer Safran im Haus. Eines meiner Lieblingsfrühstücke sind Haferflocken mit Safran.

HAFERBREI MIT SAFRAN

FÜR 4 PERSONEN

ca. 400 ml Milch (3,5 % Fett)
10 Safranfäden
100 g Haferflocken
100 g Papaya
1 EL Chiasamen
1 EL Leinsamenschrot

Die Milch in einem Topf aufkochen. Den Safran und dann die Haferflocken hinzugeben. Auf die gewünschte Konsistenz einkochen lassen. Das geht sehr sehr schnell. Soll es flüssiger werden? Dann einfach etwas Milch unterrühren.

Inzwischen die Papaya schälen, entkernen und in Würfel schneiden.

Den Haferbrei in Schälchen oder tiefe Teller löffeln. Die Papayawürfel darauf anrichten und mit Chiasamen und Leinsamen bestreuen.

JUWELENREIS MIT ORANGEN-CONFIT, PISTAZIEN UND SAFRAN

FÜR 4 PERSONEN

200 g Basmatireis
100 g grüne, afghanische Rosinen (türk. oder oriental. Lebensmittelladen)
1 Zimtstange
1 TL Safranfäden
50 g grüne, geschälte Pistazien (türk. oder oriental. Lebensmittelladen)
25 g confierte Orangenschale (türk. oder oriental. Lebensmittelladen)
50 g Mandelblätter, geröstet
50 ml Rosenwasser (oriental. Lebensmittelladen)
feines Meersalz

Den Reis mehrmals unter fließendem kaltem Wasser waschen und in einen Reiskocher oder einen Topf geben. 250 ml Wasser hinzugießen und Rosinen, Zimt, Safran, Pistazien und Orangenschale hinzufügen. Alles einmal umrühren und den Reiskocher einschalten oder den Topf auf den Herd stellen. (Bei der Zubereitung im Topf den Reis zum Kochen bringen und dann leicht köcheln lassen.)

Sobald der Reis weich gegart ist (im Topf dauert das etwa 20 Minuten), geröstete Mandelblätter und Rosenwasser hinzufügen. Mit Salz und eventuell etwas mehr Rosenwasser abschmecken.

Sofort servieren.

BALDRIAN

VALERIANA OFFICINALIS

Das Beruhigungskraut

Der Name Baldrian leitet sich vom lateinischen *valere* ab, was »gesund sein« bedeutet. Baldrian wird seit Jahrhunderten zur Beruhigung eingesetzt, und wie der Zusatz *officinalis* im Namen bereits andeutet, bekam man ihn früher in Apotheken. Schon Hippokrates (460–377 v. Chr.) pries Baldrian als Beruhigungsmittel, und das Kraut wird auch heute noch in der modernen Kräuterheilkunde entsprechend verwendet. Der Legende nach hatte der Rattenfänger von Hameln Baldrian in seinen Taschen. Der Duft der Pflanze wurde traditionell als Lockmittel für Nagetiere und Wildkatzen eingesetzt. Bienenstöcke wurden vor räuberischen Bienen geschützt, indem man Baldrian in ihre Nähe legte.

Bei den alten Germanen trug Hertha, Göttin der blühenden Erde, auf ihrem mit Hopfenreben umkränzten Hirsch sitzend, Baldrianstängel in der Hand. In den Niederlanden huldigte man ihr am sogenannten *Hartjesdag* an ihrem Heiligtum in den Dünen (wo heute das Restaurant *Kraantje Lek* liegt) unweit von Haarlem mit festlichen Tänzen und Freudenfeuern. Dieses Fest wird immer noch am zweiten Montag im August gefeiert und markiert gewissermaßen den Höhepunkt und Abschluss des Sommers.[1] In Deutschland erinnert die Herthaburg auf Rügen an Hertha, die dort ihren Wohnsitz gehabt haben soll.

Ein Verwandter des europäischen Baldrians ist die Indische Narde *(Nardostachys jatamansi)*, aus deren Wurzeln ein Öl gewonnen wird, das man bei uns als Nardenöl kennt. Die Pflanze ist im Himalaja beheimatet und wird seit Jahrhunderten wegen ihrer medizinischen Eigenschaften verwendet. Man benötigt 50 bis 100 Kilo Wurzeln, um ein Kilo ätherisches Öl zu destillieren. Die Pflanze und ihr Öl waren in der Antike bei den Reichen sehr bekannt. In römischen Arenen wurde der Duft zur Beruhigung der Menschen versprüht. Nardenöl wird schon in der Bibel erwähnt, unter anderem im Hohelied Salomos und bei der Fußsalbung von Jesus durch Maria Magdalena. Diese letztgenannte Geschichte zeigt, wie kostbar Nardenöl war: Das von Maria Magdalena benutzte Alabasterfläschchen hatte einen Wert von 300 Denaren (Markus 14, Vers 5), was heute umgerechnet 15 000 Euro entspräche. Nardenöl wird noch immer in magischen und religiösen Riten verwendet. Im Ayurveda setzt man es gegen Hysterie, Epilepsie und als krampflösendes Mittel ein. Ich verwende es in meinen Zaubershows manchmal wegen seines besonderen Duftes und dessen Wirkung.

Verwendung

Zubereitungen aus der Baldrianwurzel gelten schon lange als beruhigendes, bewusstseinsdämpfendes (Heil-)Mittel.[2] Doch Baldrian wird nicht nur zur Beruhigung eingesetzt – er lässt uns problemloser einschlafen und in etwas höherer Dosierung auch länger schlafen. Er hemmt zudem Angstgefühle. Baldrianextrakte scheinen die chemischen Botenstoffe im Gehirn zu beeinflussen, was die Anzahl der stimulierenden Nervensignale vermindert. Es wird untersucht, ob Baldrian gegen die Gewöhnung von süchtig machenden Medikamenten wie Benzodiazepinen eingesetzt werden kann.[3]

Aussehen

Baldrian blüht von Juni bis August mit duftenden weißen oder rosa Blüten. Die Pflanze wird etwa einen Meter

EIGENSCHAFTEN

Beruhigend

Schlaffördernd

Angsthemmend

Unterstützend bei Suchtentzug

BEZUGSQUELLEN

Baldrian kann selbst angebaut oder als Tinktur oder Kapseln gekauft werden. Alternativ in der Natur selbst sammeln. Mit einer kleinen Schaufel die Wurzel ausgraben.

VORSICHT

Da Baldrian ein Beruhigungsmittel ist und schläfrig macht, sollte man ihn nicht während des Autofahrens oder beim Bedienen von Maschinen zu sich nehmen. Schwangere oder Stillende sowie Kinder unter drei Jahren sollten ihn meiden. Auch Leber- oder Nierenpatienten sollten ihn nicht verwenden, da er diese Organe belastet.

Baldrian führt selten zur Gewöhnung oder Abhängigkeit, dennoch empfiehlt die Phytotherapie häufig, die Einnahme von Baldrian zwischendurch immer wieder zu unterbrechen. Laut den Kräuterexperten Mellie Uyldert und Geert Verhelst ist es ratsam, Baldrian nicht länger als drei Wochen hintereinander einzunehmen.[5]

hoch. Hierzulande wächst Baldrian auf feuchten, nährstoffreichen und kalkhaltigen Böden wie etwa in Wäldern und entlang von Flüssen und Bächen. Die Wurzel ist innen weißgelb und hat nach dem Trocknen einen spezifischen Duft. Das Blatt besteht aus 11 bis 19 lanzettförmigen spitzen Teilblättern.

Extraktion und Dosierung

Baut man Baldrian selbst an, so lässt er sich einfacher ernten, wenn er in einem Topf wächst. Die Pflanze im Herbst des zweiten Jahres aus dem Topf nehmen und einen Teil der Wurzeln ernten. Anschließend wieder einpflanzen. Die geernteten Wurzeln gründlich waschen und trocken tupfen. Auf einem Gestell oder in einem Dörrgerät (unter 40 °C!) trocknen, um daraus Tee, Pulver oder Tinkturen herzustellen.

Am besten ist eine Kaltwasserextraktion der Wurzel. Dazu die getrocknete Wurzel sechs bis acht Stunden einweichen (siehe Seite 26). Für eine Tinktur eine Alkohollösung von 60 bis 70 Prozent Alkohol verwenden.[4] Die empfohlene Einzeldosis entspricht zwei bis drei Gramm getrockneter Wurzel, verteilt auf ein bis fünf Einnahmen pro Tag.

BLÜTENBUTTER

ERGIBT CA. 200 G

200 g Butter
10 g Kapuzinerkresseblüten
10 g Kapuzinerkresseblätter
5 g Kornblumenblüten
10 g Baldrianblüten

Die Butter auf Zimmertemperatur bringen, dann mit dem Schneebesen oder in der Küchenmaschine weich rühren. Alle Blätter und Blüten, außen der Baldrianblüten, mit einem Spatel vorsichtig unter die Butter heben, sodass sie nicht zerdrückt und braun werden.

Die Butter mit einem Löffel zu einem länglichen Kloß formen und auf einen Teller legen. Die Oberfläche glatt streichen. Mit Baldrianblüten bestreuen. Die Butter am besten innerhalb von drei Tagen verzehren, dann ist sie am schmackhaftesten.

HEISSE BALDRIAN-SCHOKOLADE

FÜR 4 PERSONEN

Für die Lollis
400 g dunkle Schokolade

Für die Schokoladenmilch
2 EL Baldrianwurzel
1 Vanilleschote, halbiert
2 Sternanis
1 TL Fenchelsamen
1 Zimtstange
½ Bioorange, nur die Schale, in Streifen geschnitten
1 l Milch (3,5 % Fett)

Utensilien
4 kleine Zweige oder Holzstäbchen

Für die Lollis die Schokolade in grobe Stücke hacken und in eine hitzebeständige Schüssel geben. In der Mikrowelle 20 Sekunden auf höchster Stufe erhitzen. Die Schokolade gut umrühren. Die Schüssel erneut 20 Sekunden in der Mikrowelle erhitzen und erneut gut umrühren. Diesen Vorgang drei- bis viermal wiederholen, dann wird die Schokolade langsam zu schmelzen beginnen.

Sobald die Schokolade deutlich schmilzt, die Zeit in der Mikrowelle von 20 Sekunden auf 10 Sekunden reduzieren. Zwischendurch immer wieder umrühren.

Sobald der größte Teil der Schokolade geschmolzen ist, aber noch einige Schokoladenstückchen zu erkennen sind, die Schokolade nicht mehr in der Mikrowelle erhitzen, sondern weiter umrühren, bis auch die letzten Stücke durch die Hitze der bereits geschmolzenen Schokolade schmelzen. Wenn alle Schokoladenstücke geschmolzen sind, ist die Schokolade fertig.

Die geschmolzene Schokolade in einen Spritzbeutel füllen und vier kreisförmige Häufchen von etwa 10 cm Durchmesser auf eine mit Backpapier ausgelegte Fläche spritzen. Die kleinen Zweige oder Holzstäbchen hineinstecken.

Für die Schokoladenmilch alle Zutaten in einem Topf zum Kochen bringen. Den Herd ausschalten und die Milch zugedeckt etwa 15 Minuten ziehen lassen. Die Milch in eine Schüssel abseihen. In jedes Glas einen Schokoladenlolli stellen und mit der heißen Schokoladenmilch übergießen. Umrühren, bis die Schokoladenmilch schön glatt ist.

Marihuana als Volksmedizin

Über Cannabis wurde bereits viel geschrieben. Seit Langem wird es von Menschen als Nahrungsquelle, Medizin und Genussmittel verwendet, die Fasern der Pflanze dienen zur Herstellung von Gebrauchsgegenständen wie Seilen und Kleidung. Die Samen sind ein ausgezeichnetes Nahrungsmittel und stecken voller wichtiger essenzieller Fettsäuren. Die Cannabispflanze ist eine vielseitig einsetzbare Nutzpflanze, und das vielleicht größte Geschenk dieses Verbündeten des Menschen ist das Hanfpapier. Die medizinischen Kräfte von Cannabis wurden erstmals um 2800 v. Chr. von Shennong niedergeschrieben, einem großen Meister der Heilpflanzen. Er warnte auch vor übermäßigem Gebrauch.[1] Einige medizinische Aspekte der Pflanze wurden bereits in der Antike beschrieben. Cannabisextrakt senkt den Augendruck (Glaukom) und scheint bei mir bekannten Personen eine Operation überflüssig zu machen. Interessant ist, dass bereits zur Zeit des Pharaos Ramses III., der 1186–1155 v. Chr. regierte, ein Cannabisrezept zur Behandlung der Augen bekannt war.

In den 1960er-Jahren entwickelte sich in den Niederlanden und in anderen westlichen Ländern eine neue Jugendkultur. Haschisch, Gras und andere Psychedelika wurden populär. Wie in alter schamanischer Zeit begann das Publikum die gleichen Kraftpflanzen zu konsumieren wie die Entertainer. »Das eigentliche Wesen der Popmusik der 60er-Jahre war drogenorientiert. Das Publikum wurde psychedelisch ›aktiv‹. Wie John Lennon einmal bemerkte: ›Wir scheinen nicht für sie zu spielen, sie spielen uns.‹«, schrieb Rogan Taylor.[2] Die Jugendlichen initiierten sich selbst. Und genau das geschieht heute wieder in der House-Szene. Die Jugendlichen durchliefen eine *rite de passage* (Übergangsritus), von der die Erwachsenen nichts wussten. Während die Jüngeren früher von den Stammesältesten eingeweiht wurden, begannen sie nun, sich selbst zu initiieren – mit bewusstseinserweiternden Substanzen wie Cannabis.

1972 wurde der erste niederländische Coffeeshop eröffnet, seitdem sind Marihuana und Haschisch ein fester Bestandteil der niederländischen Kultur. Ab September 2003 konnte man

CANNABIS

Cannabis für bestimmte Krankheiten auf ärztliches Rezept in Apotheken bekommen. Die Niederlande waren das erste Land, in dem dies möglich war. Inzwischen wurde Cannabis in einigen Ländern legalisiert, und auch in Deutschland ist ein Gesetz zum Anbau und Besitz in Kraft getreten. In den Niederlanden ist Cannabis dagegen noch immer nicht legalisiert, aber auf dem Weg dorthin.

Vom Altai- und dem Himalaja-Gebirge aus wurde Cannabis von Nomaden über die ganze Welt verbreitet und zählt zu den ersten kultivierten Nutzpflanzen. Indische Hindu-Heilige, die Sadhus, und Rastafari schätzen Cannabis als heiliges Sakrament. Es gilt vielen als Mittel zur Bewusstseinserweiterung und Vergegenwärtigung ihrer selbst und ihrer Denkmuster – oft wird Cannabis als *teacher plant* bezeichnet. Laut dem Psychiater Bart Hughes aus Amsterdam kann Cannabis als Psychovitamin betrachtet werden, das Stoffwechsel und Durchblutung des Gehirns unterstützt, was tatsächlich die Wahrnehmung schärft.[3]

Manche Menschen meinen, Cannabis mache apatisch, aber es kann auch Neugierde fördern – auf sich selbst, das Universum und das Geheimnis des Lebens. Manche werden durch Cannabis sehr kreativ. Verwendet man CBD-Öl, so kann man ohne Rausch die heilenden Eigenschaften von Marihuana erfahren. Es ist in den Niederlanden in Drogerien erhältlich und legal. Auch in Deutschland ist es für bestimmte Anwendungen zugelassen, solange ein Missbrauch zu Rauschzwecken ausgeschlossen ist.

Verschiedene Studien haben gezeigt, dass CBD antioxidativ wirkt und auf diese Weise eine potenzielle Rolle bei der Vorbeugung neurodegenerativer und kardiovaskulärer Krankheiten spielt. In niedrigen Dosen beruhigt Cannabis. Es wirkt euphorisch und kann gegen Depressionen eingesetzt werden. Die Nebenwirkungen sollten allerdings erwähnt werden. So werden die Augen durch die erhöhte Durchblutung rot, der Mund wird trocken, und es tritt ein verstärktes Hungergefühl auf. Einige Menschen erleben Lachkrämpfe bei der ersten Anwendung. Längerer Cannabiskonsum kann zu Gedächtnisverlust führen.

THC und CBD sind Phytocannabinoide. Unser Körper produziert selbst Cannabinoide und hat zahlreiche Cannabinoidrezeptoren. Cannabis enthält mehr als 100 verschiedene Cannabinoide, wobei von den meisten die Wirkung noch nicht bekannt ist, abgesehen von den antibiotischen Eigenschaften einiger. THC ist die pflanzliche Version der Substanz Anandamid, dem körpereigenen Glücksmolekül. Anandamid ist vom Sanskrit-Wort *ananda* abgeleitet, was »Glückseligkeit« bedeutet – es ist das erste körpereigene Cannabinoid, das entdeckt wurde.

Beim Konsum großer Mengen THC löst Cannabis psychedelische Erfahrungen aus, einschließlich als Visionen erlebte Halluzinationen. Von Space Cakes wird häufig zu viel gegessen, sodass man unbeabsichtigt eine hohe Dosis zu sich nimmt. Hinzu kommt, dass das THC nach dem Verzehr der Space Cakes erst ein oder zwei Stunden später wirkt.

THC gilt zum Beispiel auch als antibakterielles Mittel[4], und es kann bei Übelkeit durch eine Chemotherapie helfen. CDB kann die Angst verringern, die bei manchen Menschen nach dem Konsum von THC auftritt. Durch das THC erfahren manche Menschen Ängste, da sich ihre Wahrnehmung der Welt verändert. In solchen Fällen sollte man ruhig bleiben und erkennen, dass das gerade Erlebte durch Cannabis verursacht wird und diese Gefühle von selbst wieder verschwinden. CBD beeinflusst die Wirkung von THC, allerdings auf komplizierte Weise. Einige Pharmakologen, Phytotherapeuten und Ärzte verschreiben Cannabis unter bestimmten Bedingungen.[5]

Shennong — Diesem chinesischen Kaiser wird nachgesagt, die heilenden Eigenschaften vieler Pflanzen entdeckt zu haben. Er berichtet bereits in seiner Pharmakopöe (2737 v. Chr.), dass *Cannabis sativa* ein männliches und ein weibliches Geschlecht besitzt. (Nach einer Zeichnung von Thomas Christensen)

GAGEL u.a. *Myrica gale*

Die alten heilenden Kräuterbiere

In den Jahren, in denen die Edda, die heiligen Lieder aus Island und Norwegen, aufgeschrieben wurde, war Europa noch so grün wie die Amazonasregion in Surinam und von riesigen, zusammenhängenden Urwäldern bedeckt. Damals konnte ein Eichhörnchen von Nordeuropa nach Südspanien von Baumkrone zu Baumkrone springen, ohne den Boden zu berühren. Bevor der Mensch Bauer wurde, war er in Europa und im Nahen Osten meist Jäger und Sammler und suchte sich jeden Tag aufs Neue seine Nahrung. Dieser Lebensstil änderte sich durch die aufkommende Landwirtschaft und die Kultivierung des Getreides. Das führte dazu, dass die Menschen einer Theorie zufolge das Getreide fermentierten und mit dem Bierbrauen begannen. Gut möglich, dass das Biertrinken schon früher erfunden wurde und die Menschen sich niederließen, um Getreide anzubauen und somit einen ständigen Nachschub an Bier, Brot und Brei zu haben.

Die Natufier, die in den heute Palästina, Israel, Jordanien und Syrien genannten Gebieten lebten, waren die Ersten, die nachweislich Bier brauten.[1] Die vor 10 000 bis 30 000 Jahren erzeugten Biere waren anders als die Biere von heute. Viele galten als heilige Biere und enthielten medizinische und psychotrope Kräuter. Die Herstellung von Bier war schwieriger als die von Wein, da man das Getreide zunächst fermentieren musste, um den Zucker aus der Stärke zu lösen.[2] Für die Fermentation und die Umwandlung von Stärke in Zucker wird das Getreide zuerst durch natürliche Enzyme gemälzt. In vielen Kulturen kauten die Menschen auf

GAGEL

Bierbrauen — Die erste uns bekannte Bierbrauerei wird auf 3500 v. Chr. datiert. Sie befand sich an einem sumerischen Handelsposten an der Seidenstraße im Zagros-Gebirge (dem Grenzgebirge zwischen Iran und Irak). Diese Illustration zeigt sumerische Bierverkoster. (Nach dem Siegel des Hammurabi, 1913 v. Chr.)

Körnern und stärkehaltigen Wurzeln, um diesen Prozess auszulösen. Später entdeckte man, dass auch Körner durch Keimung gemälzt werden konnten. Nach einigen Tagen war der Fermentationsprozess des Getreides ausreichend in Gang gesetzt, und die Körner wurden getrocknet.[3]

Die ersten Schrifttexte über den Fermentationsprozess von Getreide sind wahrscheinlich in dem Nationalepos der Finnen, dem *Kalevala,* in *Rune XX* (1000 v. Chr.) beschrieben. Eine halbgöttliche Frau startete mit dem Speichel eines Bären den Fermentationsprozess für Bier. Auf sumerischen Tontafeln finden sich Hinweise zum Fermentieren von Getreide zur Herstellung von Bier. Im Amazonas-Regenwald gab es ein Urbier aus Maniokknollen, und unter Verwendung menschlichen Speichels wurde die Fermentation in Gang gesetzt. Maniokbier wird in Surinam »Casiri« genannt.

Nachdem ich dem befreundeten Volk der Trio in Surinam geholfen hatte, ihr Land für den Maniokanbau nutzbar zu machen, luden sie mich zu einem Maniokbier ein. So trank ich mit Kupyas und seiner Familie tief im östlichen Amazonas von Surinam in Kwamalasamutoe meine ersten Schalen Casiri und erlebte einen angenehmen Rausch. Casiri wird von den Frauen zubereitet, indem sie auf den Maniokstücken kauen und diese dann in eine Schüssel mit Wasser und geriebenem Maniok spucken. Die Zubereitung erfolgt am Morgen. Durch Hitze und Zeit fermentiert der Maniok in wenigen Stunden mithilfe der Enzyme aus dem Speichel, und Zucker aus dem Maniok wird in Alkohol umgewandelt. Das Casiri wird gegen zwei Uhr nachmittags nach der Arbeit als Arbeitslohn für beispielsweise das Pflügen des Bodens ausgeteilt. Während und nach dem Trinken wird ausgiebig getanzt und musiziert.

Selbst in Ländern wie Myanmar wird Bier noch immer von Frauen hergestellt,[4] so wie es im alten Europa früher üblich war. Bierbrauen gehörte wie das Brotbacken zu den Haushaltsaufgaben der Frauen. Diese stellten nach dem erfolgreichen Brauen einen Besen vor die Tür, als Zeichen, dass das Bier getrunken werden konnte. Sie brauten ihr Bier in Kesseln und trugen oftmals hohe schwarze, spitze Hüte, um auf den Märkten, wo einige ihr Bier verkauften, direkt erkannt zu werden. Der Besenstiel, der hohe Hut und der Kessel sind drei Elemente, die wir durch die Werke des Malers Pieter Bruegel aus dem 16. Jahrhundert mit Hexen in Verbindung bringen.

GAGEL

u.a. *Myrica gale*

Die Kirche verbot den Frauen irgendwann das Bierbrauen, weil sie dadurch angeblich zu viel Macht erhielten und zu viel verdienten. Man begann, falsche Informationen zu verbreiten, und behauptete, die Bierbrauerinnen seien in Hexerei verwickelt.

Fortan hatten die Frauen Angst, Bier zu brauen und auf dem Scheiterhaufen zu enden, und so wurde das Bierbrauen zunehmend ein Männerberuf. Durch diese Entwicklung ging ein großes Wissen verloren. In der protestantischen Kirche durfte Bier nur noch mit psychoaktivem Hopfen (der als Anaphrodisiakum wirkt) gebraut werden, und zwar ausschließlich von Männern. So entstanden die ersten Brauzünfte. Kräuterfrauen, die medizinische und psychoaktive Pflanzen (in »Hexensalben«) verwendeten, landeten meist mit ihren Töchtern ohne Gnade auf dem Scheiterhaufen. Diese Frauen nahmen einen enormen Reichtum an Wissen über heilende und visionär wirkende Pflanzen mit ins Feuer. Wissen über genaue Dosierungen und Pflanzenanteile sind heute kaum noch oder gar nicht mehr bekannt. Durch die Inquisition und später durch die strenge protestantische Kirche verschwand ihr uraltes Pflanzen- und Pilzwissen fast vollständig. Auch die Großmutter des Komponisten Ludwig van Beethoven wurde deshalb in Brüssel auf dem Scheiterhaufen verbrannt.

Vormals hatte in Europa ein Baumkult existiert, bei dem Frauen als Zauberinnen und Weise eine zentrale Rolle spielten. Sie hatten einen sehr hohen Status, was durch die vielen gefundenen Göttinnenfiguren belegt ist. Seit den Zeiten des alten Ägypten und früher waren hauptsächlich Frauen Priesterinnen und kannten sich mit den Sakramenten und Heilpflanzen am besten aus. Erst später in der Geschichte wurden diese weisen Frauen dämonisiert und als Hexen bezeichnet. Im Mittelalter fürchtete man in Europa ihr Wissen und ihre Macht. Bevor diese Frauen mit ihrem Wissen weitgehend verschwanden, wurden oftmals zuerst die heiligen Bäume gefällt.

In den Niederlanden ist dieser Prozess durch ein Ereignis im 8. Jahrhundert in der Nähe der friesischen Stadt Dokkum in Erinnerung geblieben. Zu der Zeit existierte in Europa noch ein Baumkult, bei dem einige Baumarten als heilig galten. Der christliche Missionar Bonifatius fällte mit seiner Axt 723 die dem Gott Donar geweihte Eiche (Donareiche), um für eine Kirche Platz zu schaffen. Er hatte bereits im Jahr 716 seinen ersten Versuch unternommen, die Friesen zu bekehren, war aber noch im selben Jahr vertrieben worden. Als alter Mann versuchte er es 40 Jahre später erneut, diesmal mit einer großen Delegation von Gefolgsleuten. Doch er bezahlte seinen Plan mit dem Tod, denn er wurde von friesischen Gegnern der Zwangschristianisierung mit Eichenstöcken der Eiche, die er vor Jahrzehnten gefällt hatte, erschlagen. Seinen Tod erklärte der Schriftsteller Atte Jongstra überraschend als ökologischen Widerstand. Die symbolische Entscheidung der Friesen, anstelle von Schwertern und anderen Waffen Eichenstöcke zu nutzen, sagt meiner Meinung nach alles.

Doch zurück zum Bier: In den belgischen Ardennen braut man noch viele Biere nach alten Rezepten. Rund um den ersten Sonntag im Frühling, zwischen Ostern und Pfingsten, werden in vielen Dörfern im Umkreis der kleinen Stadt Vielsalm nachts traditionell große Freudenfeuer entzündet. Es wird getanzt, gefeiert und Bier getrunken. Inmitten des kegelförmigen Scheiterhaufens aus Kiefern und beschnittenem Obstholz wird ein Stock mit der Nachbildung einer Macralle (Hexe) aufgestellt. Das Feuer entzündet ein Mann, der im Dorf als Letzter geheiratet hat. Während der Feiern fällt irgendwann der Stock mit der Macralle um, und die Person, auf die der Stock und die Macralle zeigen, wird im Dorf als Nächste heiraten. Diese Tradition zeigt, dass alte europäische Rituale aus vorchristlicher Zeit weiterleben, ebenso wie einige uralte Bierrezepte.

In Europa wurden mit allen möglichen psychoaktiven und medizinischen Pflanzen verschiedene Arten heiliger und bewusstseinsverändernder Biere hergestellt, die daher auch andere psychotrope Wirkungen hatten als das heute übliche Pils. Dem Pils wird meist Hopfen als einzige psychoaktive Pflanze zugesetzt. Das echte Urpilsener enthielt noch ganz andere bewusstseinsverändernde Pflanzen. Nicht viele Gesetze sind nach einem halben Jahrtausend noch in Kraft, aber derzeit ist es in den Niederlanden immer noch gesetzlich vorgeschrieben, Hopfen im Bier zu verwenden, da es sonst nicht als Bier verkauft werden darf, wie mir in Haarlem ein Brauer der Firma Jopen erzählte. Im Jahr 1516 erlaubte Herzog Wilhelm von Deutschland nur noch Gerste, Hopfen und Wasser zur Herstellung von Bier. Daher konnten die Brauer keine speziellen (und manchmal von giftigen oder von medizinischen und halluzinogenen Pflanzen hergestellten) Kräutermischungen mehr in ihrem Bier verwenden. So zum Beispiel das bittere

GAGEL

Kraut Gagel *(Myrica gale)*, das wegen seiner halluzinatorischen und visionsfördernden Wirkung in Grutbier Verwendung fand. Es waren auch Urbiere im Umlauf, in denen zahlreiche andere Pflanzen verarbeitet wurden und die beispielsweise die Ausdauer förderten, einen schneller laufen ließen und stark berauschend, aphrodisierend oder psychotropisch und visionsfördernd waren. Diese Getränke spielten vermutlich eine entscheidende Rolle bei der Entwicklung des Menschen. So gesehen ist das deutsche Reinheitsgebot eines der ersten Gesetze zum Verbraucherschutz und zur Verbraucherinformation. Es war auch das erste deutsche Drogengesetz. Einige Akademiker vermuten, dass dieses Gesetz aus Bayern den Gebrauch heidnischer Ritualpflanzen unterdrücken sollte. Allerdings war Herzog Wilhelm der Einzige, von dem die deutschen Brauer ihren Hopfen kaufen konnten. Und er war auch der Einzige, der weiterhin Bier auf Weizenbasis brauen durfte. Infolgedessen war es für die Bierbrauer in Deutschland schwierig, mit dem Brauen von Bieren zu experimentieren.

In einigen indigenen Kulturen im östlichen Kanada gilt Gagel als traditionelles Heilmittel gegen Unterleibsschmerzen, Fieber, Bronchialbeschwerden und Leberprobleme. Sein ätherisches Öl wird bei Akne und empfindlicher Haut verwendet.[5] Im *Den Nederlandschen Herbarius* von Stephaan Blankaart aus dem Jahr 1756 heißt es, dass Gagelbier schnell betrunken mache.[6] Grutbier-Rezepte wurden genau wie das Rezept für Coca-Cola gut gehütete Geheimnisse. Grutbier enthielt gewöhnlich ein Getreide zur Konservierung und hatte, um zu wirken, einen hohen Alkoholgehalt sowie eine Kombination aus narkotischen Kräutern wie Sumpfmyrte (auch bekannt als Moor-Gagel), wildem Rosmarin, Heidekraut, Bergkümmel, Lorbeer oder raffiniertem Harz. Das Harz stammte oft aus den Harzdrüsen des psychoaktiven Gagelstrauchs. Jedes Grutbier war anders und nach eigenem Geheimrezept hergestellt. Aber es gab auch Grutbiere und echte original deutsche Pilsner, die halluzinogene Nachtschattengewächse, wie das schmerzstillende und halluzinogene Schwarze Bilsenkraut, enthielten.[7] Die Verwandtschaft zwischen den Wörtern Pilz und Pils ist nicht zufällig. Das Urpilsener enthielt in der Tat auch magische Pilze, wahrscheinlich den Spitzkegeligen Kahlkopf (Psilocybin-Pilze, siehe Seite 63). Außerdem verwendeten Bierbrauer magische Pflanzen zur Herstellung heilender und psychotroper Urbiere und Grutbiere. Heute ist ihr Wissen fast vollständig in Vergessenheit geraten – die Rezepte wurden vernichtet oder gingen verloren.

Meines Wissens gibt es derzeit in den Niederlanden nur zwei oder drei Brauer, die Grutbier herstellen. Ein Unternehmen aus Gouda verwendet ein Rezept aus dem 14. Jahrhundert und die Brauerei Jopen aus Haarlem eines aus dem Jahr 1407. Beide sind nach niederländischem Gesetz dennoch verpflichtet, auch eine kleine Menge Hopfen zu verwenden. In den Ardennen kann man Gagelbier bei Herrn Roland im Dorf Comanster bestellen, er schenkt Cervoise aus. Auch die Brauerei Gageler in Belgien braut noch mit Gagel. In Deutschland besinnt sich ebenfalls eine wachsende Zahl kleiner Brauereien auf die alte Grutbier-Kultur. Heute sind allgemein über Bierclubs und kleine Brauereien Rezepte erhältlich, um Bier ohne Hopfen selbst herstellen.

Psychoaktive Biere — Die Hexen im mittelalterlichen Europa lösten Rauschzustände durch vielerlei Gebräue aus, bei denen die meisten eine psychoaktive Komponente aus einem der Nachtschattengewächse und oft auch Gagel enthielten. Zwei Hexen bitten um Regen und Donner und bereiten einen Trank zu, der ihnen dabei helfen soll. (Nach einem Blockdruck von 1459)

Heilige Eiche — Mönche fällen eine Eiche für den Bau ihres Klosters. (Nach einer französischen Buchillustration aus einem mittelalterlichen Manuskript von 1120 n. Chr.)

BLÄTTER UND BLÜTEN

WOUTER

»Das Pflanzenreich produziert eine große Vielfalt an Inhaltsstoffen, deren Menge wir nur schätzen können. So gibt es etwa 400 000 verschiedene Pflanzenarten. Wir kennen derzeit auch ungefähr 14 000 Pilzarten, und viele sind wahrscheinlich noch nicht einmal entdeckt worden. Von genau analysierten Pflanzen ist bekannt, dass sie Hunderte bis Tausende Inhaltsstoffe produzieren, von denen die meisten einzigartig für die jeweilige Pflanzenart sind. Dies bedeutet, dass in der Natur unendlich viele Inhaltsstoffe gespeichert sind, die für den Menschen von großem Interesse sein können. Wir kennen bisher nur einen sehr geringen Teil. Deshalb ist es so wichtig, dass die biologische Vielfalt auf der Erde intakt bleibt, damit wir auch weiterhin Zugang zu den Kraftquellen der Natur haben. Außerdem ist es der Natur viel besser gelungen, eine größere Vielfalt an Inhaltsstoffen zu schaffen, als wir es im Labor je nachbilden könnten. Natürlich gibt es viele andere Gründe für die Erhaltung der biologischen Vielfalt, aber einen Grund möchte ich herausstellen: Die vorhandenen Wirkstoffe der Pflanzen können sehr stark variieren. Ein und dieselbe Pflanze oder ein und derselbe Pilz kann in einem anderen Klima oder in einer anderen Umgebung eine völlig andere Zusammensetzung der Inhaltsstoffe aufweisen. Hast du jemals bei den in deiner Küche verwendeten Produkten eines Lieferanten große geschmackliche Unterschiede festgestellt?«

JORIS

»Ein und dieselbe Pflanze kann, je nach Umgebung, völlig anders schmecken. In der Küche bezeichnen wir das als ›Terroir‹, ein Begriff, der beim Wein geläufiger ist. Man schmeckt es, wenn die Traube viel Sonne hatte. Das Gleiche gilt für Kaffee: Bohnen aus hoch gelegenen und kalten Anbaugebieten sind fruchtiger und säurehaltiger als Bohnen aus warmen, tiefer gelegenen Gebieten, die runder und bitterer schmecken. Jeder Pfirsich schmeckt anders. Jede Region und jedes Stück Land haben ein einzigartiges Klima. Wie weht der Wind, und wie scheint die Sonne? All das spielt eine Rolle für den Geschmack des Endprodukts. Beeinflusst das Terroir auch die Heilkraft der Pflanze?«

W

»Die Zusammensetzung wird unter anderem durch den Fundort, den Boden, auf dem die Pflanze gewachsen ist, die Temperatur oder die Höhe, in der die Pflanze zeit ihres Lebens wuchs, und die Lichtmenge, die sie dort erhielt, bestimmt. In Europa hat das Sonnenlicht etwa 10 000 Lux, aber rund um den Äquator steigt die Menge auf 140 000 Lux. Das hat ziemlich sicher Einfluss auf die medizinischen Inhaltsstoffe der Pflanzen. Auch das Alter und die Jahreszeit, in der die Pflanze geerntet wird, und natürlich auch der geerntete Teil einer Pflanze – ob Wurzel, Rinde, Blüte, Blätter, etc. –, beeinflussen die Existenz der Inhaltsstoffe. In einer einzigen Pflanze findet man unterschiedliche Inhaltsstoffe in verschiedenen Teilen. Und das ist noch nicht alles, denn die Art der Trocknung oder Konservierung beeinflusst wiederum die Inhaltsstoffe und Wirkweisen. Ganz schön interessant, nicht wahr?«

BRENNNESSEL

URTICA DIOICA

Die böswillige Heilerin

Die Brennnessel ist in Afrika und Westasien beheimatet und hat sich mittlerweile über den gesamten Globus verbreitet. Wahrscheinlich erinnert sich jeder von uns noch an die stechende Pflanze aus Kindertagen. Meine Mutter verrieb dann immer Blätter von Wegerich oder Purpurroter Taubnessel auf meiner brennenden Haut. Diese Pflanzen wachsen praktischerweise oftmals in unmittelbarer Nachbarschaft zur Brennnessel und wirken wie ein natürliches Gegengift. Durch das Reiben werden die Stacheln der Brennnessel von der Haut entfernt, allerdings ist das Gift dann bereits freigesetzt. Der Juckreiz entsteht durch eine Kombination aus Histamin, Serotonin, Acetylcholin, Ameisensäure und Oxalsäure.

Den Saft der Taubnessel oder des Wegerichs kann man mit einem Trick auspressen, den ich in Jamaika von einem Rastafari-Ältesten erlernte. Dazu knüllt man Blätter der Pflanze zusammen und legt sie in ein Stück Stoff oder ein altes T-Shirt. Dann verdreht man den Stoff zu einem festen Ball und drückt den Saft über einer Schüssel aus. Diese Extraktionsmethode lässt sich auch auf andere Pflanzen anwenden, wie etwa das sogenannte *leaf of life (Bryophyllum pinatum,* auch bekannt als *Kalanchoe bidentata),* das bei Erkältungen, Grippe und Halsbeschwerden hilft. In Surinam wird das *leaf of life* auch als Wunderblatt bezeichnet. Diese Pflanze wächst problemlos auf der heimischen Fensterbank.

Der auch bei uns so weitverbreiteten Brennnessel werden von alters her mystische Kräfte zugeschrieben. Man hielt sie für böswillig, aber nützlich – ein typisches Hexenkraut. Man nutzte die Pflanze, um Flüche abzuwenden. So wurde sie zum Schutz ins Feuer geworfen und Kindern zu ihrem ersten Geburtstag unter das Kopfkissen gelegt. Die Menschen glaubten, man könne erkennen, ob eine kranke Person geheilt würde oder sterben müsse, indem man ein frisches Brennnesselblatt in ihren Urin legte. Wurde das Blatt schwarz, bedeutete das Unheil, blieb es grün, dann würde bald die Heilung einsetzen. Die ersten Germanen assoziierten die Brennnessel mit Thor, dem Gott des Donners und der Fruchtbarkeit. Plinius der Ältere schrieb im Jahr 77 n. Chr., dass die Brennnessel für viele Menschen eine heilige Pflanze sei, die sie verspeisten, um gesund zu bleiben.

Stechende Pflanzen wurden im Altertum oft als Heilmittel gegen die unerwünschte Anwesenheit von Dämonen eingesetzt. Ein gebräuchlicher Name für die Brennnessel war daher in den Niederlanden *duivelskruit* (Teufelskraut). An Wegkreuzungen wachsende Brennnesseln wären ein Beweis für Hexentreffen. Lange Zeit glaubte man, dass hochwachsende Brennnesseln im Sommer auf einen sehr strengen Winter hindeuteten. Die Brennnessel ist also alles in allem eine ungewöhnliche Pflanze, um die sich viele Geschichten ranken.

Verwendung

Dieses »Unkraut« ist sowohl nahrhaft als auch nützlich. Die meisten von uns rupfen die Brennnesseln aus Angst vor ihren stechenden Brennhaaren direkt aus dem Boden und werfen sie auf den Kompost oder in die Tonne. Das ist sehr schade, denn die Brennnessel enthält eine

EIGENSCHAFTEN

- Depurativ (blut- und lymphreinigend, entgiftend, entsäuernd)
- Vorbeugend bei Nierensteinen
- Entzündungshemmend
- Antirheumatisch
- Immunmodulatorisch
- Stimuliert die Blutbildung
- Mineralienquelle
- Unterstützend bei Arthrose
- Kräftigt Haare und Nägel

BEZUGSQUELLEN

Die Brennnessel wächst hierzulande auf stickstoffreichem Boden, also praktisch immer in der Nähe der Bebauung. Man kann sie leicht pflücken, sollte dabei aber Handschuhe tragen. Brennnesseltee gibt es auch in der Drogerie und im Reformhaus fertig gemischt zu kaufen.

VORSICHT

Bei normaler Dosierung der Brennnessel (eine Tasse Tee pro Tag) sind keine Nebenwirkungen bekannt. Allerdings sollte man die leicht harntreibenden Eigenschaften beachten. Schwangere sollten keine Brennnesselzubereitungen trinken, da mögliche Wirkungen auf die Schwangerschaft noch unzureichend untersucht sind.

Vielzahl von Mineralien und Spurenelementen, darunter Calcium, Zink, Silizium, Schwefel und Vitamine, einschließlich der Vitamine B_2, B_5 und B_9, die unter anderem Haare und Nägel stärken. Statt sie also einfach zu entsorgen, empfiehlt es sich, Brennnesseln in einer Suppe oder als Grundlage für einen selbst zubereiteten Kräutertee zu verwenden. Die Brennnessel wurde schon früh als nützliches, essbares Frühlingsgrün betrachtet. Die alten Römer verarbeiteten sie in ihren Frühlingskuren zur Stärkung von Gesundheit und Vitalität. Laut der Kräuterexpertin Mellie Uyldert hilft Brennnesseltee, zusammen mit einer Reihe anderer Kräuter, gegen typische Frühjahrsbeschwerden und außerdem beim Abführen von Schleim. Der Pflanze wird auch eine reinigende Wirkung auf die Blutgefäße zugesprochen.

Frische Brennnesselblätter wurden auf rheumageplagte Knie geschlagen, um die Säuren auszutreiben. Brennnesselwurzeln galten als Stimulans bei einem Kinderwunsch, und aus ihnen wurde ein Extrakt hergestellt.[1]

Die Fasern des Krauts verwendete man früher, ähnlich wie die von Hanf, für die Herstellung von Textilien. Vor dem Aufkommen der Baumwolle war die Brennnesselfaser in weiten Teilen Europas das wichtigste Material für Kleidung, Seile und Stoffe. Natürlich kann man die Brennnessel auch einfach wachsen lassen, denn Vögel profitieren von ihnen, wenn sie die Samen fressen. Viele Schmetterlingsarten legen ihre Eier auf den Blättern ab. Die Brennnessel ist eine wertvolle Nahrungsquelle und Wirtspflanze für viele Tiere, darunter vor allem die Insekten. Unter einer Wirtspflanze versteht man eine Pflanze, die einer Tierart die für sie essenziellen Bestandteile bereitstellt.

Aussehen

Die Große Brennnessel ist zweihäusig getrenntgeschlechtlich: Es gibt also männliche und weibliche Pflanzen. Sie gehört zur Familie der Urticaceae und hat grüne, sägeförmige Blätter mit einer flaumigen, von Haaren bedeckten Unterseite. Die Härchen auf den Blättern und Stängeln geben bei Berührung die Substanzen ab, die das brennende Gefühl und den Ausschlag verursachen. Sie weisen am Ende einen Widerhaken auf, mit dem sie in der Haut verbleiben. Die Brennnessel wird etwa 30 Zentimeter bis einen Meter hoch. Schon im zeitigen Frühjahr erscheint die nährstoffreiche Pflanze und blüht dann von Mai bis Juli. Sie wächst gern auf stickstoffreichen Böden – und so sieht es aus, als folge sie uns Menschen.

Extraktion und Dosierung

Vor der Verarbeitung die Brennnesseln immer gründlich waschen. Aus den Blättern lässt sich ein Tee zubereiten, der grundsätzlich jeden Tag getrunken werden kann. Auf 3 Gramm getrocknete Blätter kommen 250 Milliliter heißes Wasser. Man kann die Brennnessel auch wie Spinat in warmen Gerichten verwenden oder in einer Suppe verarbeiten. Sobald sie durch Blanchieren, Kochen oder Pfannnenrühren erhitzt wird, verliert sie ihre brennende Wirkung. Die Blätter lassen sich gut trocknen, wodurch ebenfalls die stechende Wirkung verschwindet.

Brennnessel-Frühlingsrolle mit süßsauren Pilzen, Karotte und Avocado

BRENNNESSEL-FRÜHLINGSROLLE MIT SÜSSSAUREN PILZEN, KAROTTE UND AVOCADO

SO VIELE DU WILLST

Für die süßsauren Pilze
10 kleine Shiitakes
50 g Kristallzucker
50 ml Weißweinessig
50 ml Weißwein

Für die Frühlingsrollen
Brennnesselblätter, gewaschen
Sesamöl
gelbe Karotte
orange Karotte
Avocado

In diesem Rezept nenne ich keine Gewichte und Mengenangaben, denn du kannst die Frühlingsrollen so groß, klein, dick oder dünn machen, wie du möchtest, und in beliebiger Menge zubereiten. Das Wichtigste ist, dass du rohes, knackiges Gemüse verwendest, also können auch Rettich oder Radieschen mit hinein. Dazu gesellen sich die Cremigkeit der Avocado und natürlich das Brennnesselblatt.

Für die süßsauren Pilze die Stiele von den Shiitakes entfernen und die Hüte in eine hitzebeständige Schale legen. Zucker, Weißweinessig und Weißwein in einem Topf zum Kochen bringen. Die heiße Mischung über die Pilze gießen und alles vollständig abkühlen lassen.

Für die Frühlingsrollen die Brennnesselblätter 15 Sekunden in einem Topf mit reichlich kochendem Salzwasser blanchieren und direkt anschließend in Eiswasser abspülen. Die Blätter trocken tupfen und flach nebeneinander auf die Arbeitsfläche legen. Mit einigen Tropfen Sesamöl beträufeln.

Das gewählte Gemüse in möglichst dünne Streifen schneiden und so auf die Brennnesselblätter legen, dass es sich gut einrollen lässt. Die Shiitakes in gleichmäßig dünne Scheiben schneiden und auf den Frühlingsrollen anrichten.

Als Dip die leckere Petersilien-Aioli von Seite 58 dazu servieren.

PFANNENGERÜHRTE BRENNNESSELBLÄTTER MIT AVOCADO UND SESAM

FÜR 4 PERSONEN

500 g Brennnessellätter
3 EL Olivenöl
2 EL Sesamsamen
2 Avocados, geschält, entkernt und in 8 gleich große Spalten geschnitten
1 Knoblauchzehe, fein gehackt
feines Meersalz und frisch gemahlener schwarzer Pfeffer

Die Brennnesselblätter waschen und trocken tupfen – Vorsicht, sie brennen jetzt noch. Das Brennen verschwindet erst nach dem Erhitzen.

Das Olivenöl in einer Pfanne schwach erhitzen und die Sesamsamen darin goldbraun rösten. Die Pfanne im Blick behalten, denn das Rösten geht sehr schnell. Die Avocadospalten hinzufügen und kurz mitbraten, damit sie schön bräunen. Den Knoblauch ebenfalls mitbraten, ohne dass er Farbe nimmt. Nun die Brennnesselblätter hinzugeben und ebenfalls kurz mitbraten. Die Blätter fallen zusammen, genau wie Spinat, sollten aber 3 Minuten garen, da sie sonst zu hart bleiben. Mit Salz und Pfeffer würzen.

Auf Tellern anrichten und sofort servieren. Als warmen Salat oder als Gemüsezubereitung genießen.

Der Anti-Aging-Baum

Ginkgo biloba ist quasi ein lebendes Fossil und das letzte noch vorhandene Mitglied seiner Familie, das seit über 250 Millionen Jahren auf der Erde vorkommt. Der Ginkgo überstand als einzige Pflanze seiner Ordnung die Eiszeit (vor 160 Millionen Jahren) – und auch das nur in China. Er überlebte die Dinosaurier und mutierte selbst unter atomarer Strahlung nicht. In Hiroshima war der Ginkgo eine der ersten Pflanzen, die nach der Atomkatastrophe wieder wuchs. Nicht zuletzt deshalb gilt der Ginkgo als Symbol für Kraft und Leben.

Ginkgobäume werden sehr alt. In Japan verehrte man alte Exemplare als Götter, und in China gibt es einen Baum, der mehr als 3000 Jahre alt ist. Häufig wurden die Bäume in der Nähe buddhistischer Tempel gepflanzt. Einer der größten Bäume steht in Südkorea am Yongmunsa-Tempel. Er ist rund 60 Meter hoch und hat auf Brusthöhe einen Stammdurchmesser von gut fünf Metern. Man nimmt an, dass er im 9. Jahrhundert gepflanzt wurde, um die Art vor dem Aussterben zu bewahren. Noch heute pilgern die Menschen zu diesem Baum.

Verwendung

Die ersten Spuren einer medizinischen Verwendung finden sich um 2800 v. Chr. in der chinesischen *Materia Medica Shennong Bencaojing.* Laut Überlieferung kam dem Kaiser die Eingebung, einen Aufguss aus Ginkgoblättern herzustellen, um den senilen Mitgliedern des kaiserlichen Hofes wieder einen klaren Geist zu schenken.[1] Der Kräuterkundler Geert Verhelst unterstreicht die starke Widerstandskraft der Pflanze gegen alle Arten von extremen äußeren Einflüssen, die indirekt ihre Kraft und das Vorhandensein von Antioxidantien beweist. Es sind die Flavonolglykoside im Ginkgo, die ihm seine antioxidativen, entzündungshemmenden und neuroprotektiven Eigenschaften verleihen.

Die Blätter der Pflanze enthalten Ginkgolide, die den Blutfluss in den kleinen Kapillargefäßen verbessern. Oft wird die Pflanze zur Stimulierung des Gedächtnisses verschrieben, weil ihre Inhaltsstoffe die Durchblutung des Gehirns beeinflussen. Der Blattextrakt des Ginkgos wird schon seit vielen Jahren zur Behandlung altersbedingter Gedächtnisprobleme, einschließlich Alzheimer und Demenz, eingesetzt. Experimentelle und klinische Studien konnten seine positive Wirkung bei einer Vielzahl pathologischer Zustände nachweisen.[2] Da der Ginkgo die Gefäßwände vor Alterung schützt und das Gedächtnis verbessert, wird er oft als Anti-Aging-Mittel gepriesen.

Wissenschaftliche Studien wiesen nach, dass Ginseng (siehe ab Seite 216) und Ginkgo kognitive Leistungen verbessern. Eine kürzlich durchgeführte Doppelblindstudie bewies, dass sich die Gedächtnisleistung von Alzheimer-Patienten bei regelmäßiger Einnahme von Ginkgoextrakt deutlich verbessert.[3]

Aber damit sind die Kräfte des Ginkgos noch nicht erschöpft. In Japan versucht man, Unfruchtbarkeit durch die Einnahme der pulverisierten Blüte des Ginkgobaums zu behandeln,[4] und in der chinesischen Medizin wird der Ginkgo als Hauptanwendung zur Asthmabehandlung eingesetzt.[5] Viele Menschen glauben, dass eine so erstaunlich langjährige Pflanze, die so

EIGENSCHAFTEN

Fördert den Blutfluss in den kleinen Kapillargefäßen

Blutverdünnend

Antioxidative Wirkung

Verbessert die Gehirnfunktion durch verbesserten Blutfluss

Verbessert das Gedächtnis

Hilft gegen Asthma

Schützt Gefäßwände

BEZUGSQUELLEN

Ginkgoextrakte sind in Drogerien erhältlich. Im Sommer können frische Ginkgoblätter direkt vom Baum gepflückt werden, denn er wächst auch hierzulande in vielen Parks. Die Samen der Bäume sind nicht keimfähig, also diese am besten im chinesischen Supermarkt oder beim chinesischen Kräuterhändler kaufen.

VORSICHT

Bei Personen mit sehr schlechter Gehirndurchblutung können bei Verwendung zunächst leichte Kopfschmerzen auftreten. Ginkgo wegen seiner blutverdünnenden Wirkung nicht vor und unmittelbar nach einer Operation verwenden. Auch bei auftretenden blutenden Magengeschwüren nicht verwenden.

viel erlebt hat, Wissen enthält, das man beim Verzehr aufnimmt.

Aussehen

Ginkgobäume haben eine graubraune, korkartige Rinde. Die Blätter sind fächerförmig und lederartig – sie ähneln Schmetterlingen. Im Frühling und Sommer haben die Blätter eine grüne Farbe, im Herbst verliert der Baum seine Blätter. Es gibt männliche und weibliche Bäume, wobei nur die weiblichen Bäume Früchte bilden. Von diesen ist das Fruchtfleisch nicht essbar, aber die elfenbeinweißen Samen im Inneren schon. Diese gelten in Asien als Delikatesse.

Wer im Garten einen eigenen Ginkgobaum pflanzen möchte, um jederzeit die Blätter pflücken zu können, sollte frische Samen in einem chinesischen Supermarkt oder beim chinesischen Kräuterhändler kaufen. Die Samen werden in China für Suppen verwendet. Eine Handvoll Samen sechs Wochen in den Gefrierschrank (oder in den Kühlschrank) legen, sodass den Samen vorgegaukelt wird, es sei Winter. Dann die Samen zwei bis drei Zentimeter tief in die Erde pflanzen. Nun ist viel Geduld gefragt.
Auf diese Weise ist es mir gelungen, aus einer Handvoll Samen zwei Bäume aufzuziehen, von denen ich inzwischen auch ernten kann. Allerdings muss man wissen, dass der Ginkgobaum erst nach gut 30 Jahren Früchte trägt.

Extraktion und Dosierung

Um eine deutliche Wirkung zu erzielen, müssen Ginkgopräparate über einen längeren Zeitraum von mindestens sechs bis acht Wochen eingenommen werden.

Aus Ginkgo kann man einen Tee herstellen, den man gut als Erhaltungsdosis trinken kann. Standardisierte Extrakte haben eine stärkere Wirkung. Die richtige Dosierung sollte man am besten mit einem Arzt besprechen.

Ginkgosalat mit Spargel und Granny Smith

GINKGOSALAT MIT SPARGEL UND GRANNY SMITH

FÜR 4 PERSONEN

Für die Petersiliencreme
1 Bund glatte Petersilie (ca. 80 g)
200 ml Sonnenblumenöl
1 Eiweiß
25 ml Sushi-Essig

Für den Salat
4 Stangen weißer Spargel
2 Granny-Smith-Äpfel
5 grüne Erdbeeren
25 Ginkgoblätter

Utensilien
Käsetuch
Sparschäler
Gemüsehobel

Für die Petersiliencreme die grünen Blätter von der Petersilie zupfen – ohne Stängel bleiben etwa 40 g übrig. Falls die Menge kleiner ist, diese mit einigen zusätzlichen Petersilienblättern ergänzen. Die Blätter im Mixer mit dem Sonnenblumenöl in 30 Minuten möglichst glatt verarbeiten. Das Öl erwärmt sich dabei, und das ist auch so gewollt. Das Petersilienöl durch ein Käsetuch in eine Schüssel abseihen und gut durchdrücken. Eiweiß und Sushi-Essig in einem hohen Messbecher mit dem Stabmixer aufmixen und während des Mixens 200 ml Petersilienöl in einem feinen Strahl zugießen, bis eine schöne feste Creme entsteht.

Den Spargel mit dem Sparschäler schälen und die holzigen Enden abschneiden. Die geschälten Stangen in drei Stücke schneiden und diese mit einem Gemüsehobel längs in feine Scheiben hobeln. Die Äpfel im Ganzen auf dem Hobel in feine Scheiben schneiden. Die grünen Erdbeeren waschen und putzen und mit einem scharfen Messer in dünne Scheiben schneiden.

Den Spargel dicht nebeneinander auf einen Teller legen. Die Ginkgoblätter etwas versetzt darauf verteilen. Apfel- und Erdbeerscheiben ebenfalls versetzt darauf anrichten. Den Vorgang noch einmal wiederholen und die übrigen Teller auf gleiche Weise anrichten.

Die Petersiliencreme in einer Schüssel anrichten und mit etwas Petersilienöl beträufeln. Zum Spargel servieren.

MILCHREIS MIT GINKGONUSS, DATTEL UND MOOSBEERENPULVER

FÜR 4–6 PERSONEN

ca. 700 ml Milch (3,5 % Fett)
150 g Sahne
1 Vanilleschote, läng aufgeschlitzt
200 g Milchreis
40 g Ginkgonüsse (asiat. Lebensmittelladen)
8 rote Datteln (asiat. Lebensmittelladen oder Reformhaus)
70 g Kristallzucker
feines Meersalz
1 Msp. Moosbeerenpulver (Reformhaus oder Bioladen)

Milch, Sahne und Vanilleschote in einem Topf zum Kochen bringen. Reis, Ginkgonüsse und rote Datteln hinzugeben. Den Reis bei aufgesetztem Deckel etwa 15 Minuten sanft köcheln lassen, bis er weich ist. Dabei regelmäßig umrühren und, falls nötig, noch etwas Milch hinzugießen.

Den Zucker und 1 Prise Salz erst hinzufügen, wenn der Reis gar ist.

Den Milchreis in tiefe Teller schöpfen und mit etwas Moosbeerenpulver bestreuen.

KAMILLE

MATRICARIA CHAMOMILLA

Die Sonnenbotin

Der wissenschaftliche Gattungsname der Echten Kamille, *Matricaria,* stammt von dem lateinischen Wort *matrix* ab, das »Gebärmutter« bedeutet. Früher wurde die Pflanze häufig bei Frauenkrankheiten eingesetzt, insbesondere bei Wehen und Gebärmutterleiden. Die Artbezeichnung *chamomilla* leitet sich vom Griechischen *chamai* ab, was »auf dem Boden« bedeutet, und von *melon,* was sich auf »Apfel« bezieht. Wörtlich: Erdapfel. Die Blütenköpfe ähneln kleinen Äpfeln, und die zerkleinerten Blätter riechen nach Apfel.[1] Die Echte Kamille wächst in Europa bis in den Kaukasus in Westsibirien, aber auch in Nordafrika und Nordamerika.

Die alten Ägypter betrachteten die Echte Kamille wegen ihrer fieber- und entzündungshemmenden Eigenschaften als Blume des Sonnengotts Ra. Dieser Vergleich verweist zum Teil darauf, dass die äußeren Blüten mit der strahlenden Sonne in Verbindung gebracht werden. Die Kräuterexpertin Mellie Uyldert sagt über die Kamille: »Die kleine Pflanze mit dem goldenen Herz, das sich zur Sonne öffnet, ist eine Sonnenbotin. Kamille löst Krämpfe und lässt die mutmachende Sonnenkraft wieder strömen.«[2] Die meisten traditionellen Anwendungen der Kamille werden durch die wissenschaftliche Laborforschung bestätigt. Dies gilt insbesondere für ihre antibakteriellen, antimykotischen, antiviralen, beruhigenden und entzündungshemmenden Eigenschaften.[3]

Verwendung

Die Echte Kamille ist eine der am häufigsten genutzten Heilpflanzen und wird für ganz unterschiedliche Zwecke eingesetzt. Sie wirkt besonders gut gegen Entzündungen, lindert Schmerzen, beruhigt und ist als Inhaltsstoff in Kosmetika zu finden.[4] Sie wird zum Beispiel in Shampoos verwendet, um Haare blonder zu machen.

Meist werden nur die Blütenköpfe der Kamille verwendet. Kamillentee nutzt man häufig zum Inhalieren bei Erkältungen. Dazu einen Topf mit heißem Wasser und Blütenköpfen darin auf den Tisch stellen, sodass die kranke Person mit einem Tuch über dem Kopf den Dampf inhalieren kann. Dieser hat eine beruhigende Wirkung auf den Rachen, löst festsitzenden Schleim und beschleunigt das Abklingen der Erkältung.

Kamille wirkt auch wohltuend auf den Magen, hilft gegen Magenschmerzen und regt die Verdauung an. Durch ihre entzündungshemmenden und antiseptischen Eigenschaften schützt sie vor Magengeschwüren. Der Tee wirkt beruhigend auf Magen und Darm.

Kamillentee wird oft am Abend getrunken, um guten Schlaf zu fördern. Er hat eine wohltuende Wirkung auf das Nervensystem, wirkt leicht hypnotisierend und entspannend. Ich selbst trinke Kamillentee häufig am Abend. Kamille stärkt das Nervensystem und wirkt gegen Aufregung, Unruhe, Stress und Reizbarkeit.

Ebenso wird die Kamille häufig als Mundspülung bei Zahnfleisch- und Zahnwurzelentzündungen eingesetzt und soll außerdem gegen leichte Magen-Darm-Schleimhautentzündungen helfen.[5] Doch Kamille ist nicht nur gut für den Menschen, sondern sie fördert auch einen gesunden Boden und gesunde Pflanzen im Garten, wenn man sie dort aussät.

EIGENSCHAFTEN

Antibakteriell

Antimykotisch

Antiviral

Beruhigend

Entzündungshemmend

Krampflösend (auch bei Menstruationskrämpfen)

Verdauungsstimulierend

Magenstärkend

Nerventonikum

Juckreizstillend (äußerlich)

Blondierend (äußerlich bei Haaren)

BEZUGSQUELLEN

Kamille lässt sich gut im eigenen Garten oder auf dem Balkon anbauen. Kamillenblüten bzw. Kamillenblütentee sind in der Apotheke oder Drogerie erhältlich.

VORSICHT

Übermäßiger Gebrauch von Kamille führt zu Schlaflosigkeit. Das mag merkwürdig erscheinen, denn in kleinen Mengen fördert sie den Schlaf. Wenn Kamille zu starker Schlaflosigkeit führt, dann besser nicht mehr verwenden. Auch Schwangere sollten Kamille nur in Maßen einsetzen und in der Schwangerschaft niemals das ätherische Öl der Kamille verwenden.

Aussehen

Um ganz sicherzugehen, dass es sich um Echte Kamille handelt, sollte man sie am besten selbst im Garten oder auf dem Balkon anbauen. Echte Kamille zeichnet sich durch gänseblümchenähnliche Blüten aus. Diese haben in der Mitte gelbe Röhrenblüten, die von weißen Blütenblättern umgeben sind. Die Pflanze blüht von Mai bis September. Die zusammenstehenden Blätter sind doppelt oder dreifach gefiedert. Die Stängel werden 15 bis 50 Zentimeter hoch. Daneben gibt es die Römische Kamille, die Geruchlose Kamille, die Acker-Hundskamille und die Strahlenlose Kamille. Auf den ersten Blick sind sie nicht leicht zu unterscheiden, aber die Echte Kamille erkennt man an ihrem süßen, apfelähnlichen Duft. Die Pflanze wächst auch bei uns in der freien Natur, vor allem auf neutralen bis leicht sauren, sandigen oder lehmigen Böden in der Sonne.

Extraktion und Dosierung

Die Stängel der Kamillenblüten entfernen oder direkt nur die Blütenköpfe pflücken. Dann die Blütenköpfe auf einem unbehandelten Holzbrett trocknen lassen.

Um einen Kamillentee zuzubereiten, 2 bis 8 Gramm der Blütenköpfe in 500 Milliliter heißem Wasser 10 Minuten ziehen lassen. Dabei einen Deckel auf die Schüssel oder den Topf legen. So verfliegen die Öle weniger schnell. Maximal zwei bis drei Tassen Kamillentee pro Tag trinken. Der Tee soll auch bei (Menstruations-)Krämpfen helfen.

Zur äußerlichen Anwendung gegen Candida einen Tropfen Nelkenöl in 200 Milliliter Kamillentee geben. Das hilft gut gegen Juckreiz und kann den Pilz abtöten.

MAIRÜBCHEN IN KAMILLEN-SALZ-KRUSTE MIT SAUCE RAVIGOTE

FÜR 4 PERSONEN

Für die Mairübchen in Kamillen-Salz-Kruste
500 g Weizenmehl (Type 405)
150 g feines Meersalz
50 g grobes Meersalz
2 Handvoll Echte Kamille (ca. 40 g), Blüten und Blätter fein gehackt
2 Eier
4 Mairübchen

Für die Sauce Ravigote
1 gekochtes Ei, gepellt und durch ein Sieb gestrichen
40 ml Mayonnaise
30 g Crème fraîche
½ Schalotte, fein geschnitten
½ EL fein gehackte Kapern
½ EL fein gehackte Gewürzgurken
½ EL fein gehackte Petersilie
½ EL fein gehackter Kerbel
feines Meersalz und frisch gemahlener schwarzer Pfeffer

Utensilien
Backpinsel

Den Backofen auf 170 °C Ober-/Unterhitze vorheizen.

Für die Mairübchen Mehl, feines und grobes Salz, Kamille und Eier in einer Schüssel zu einem Teig verrühren. Aus einem Drittel des Teigs vier Kreise ausrollen, die groß genug sind, um die Mairübchen daraufzulegen. Die Teigkreise mit Wasser einpinseln und auf jeden Kreis ein Mairübchen legen. Den restlichen Teig ausrollen, in vier Stücke schneiden und jedes Rübchen mit einem Teigstück bedecken. Den Teig an den Rändern gut festdrücken und überstehenden Teig abschneiden. Die Mairübchen in der Kruste im vorgeheizten Backofen 1 Stunde backen.

Die Mairübchen vollständig abkühlen lassen.

In der Zwischenzeit alle Zutaten für die Sauce Ravigote in einer Schüssel verquirlen und mit Salz und Pfeffer würzen. Die Kamillen-Salz-Kruste der Mairübchen an der Oberseite aufschneiden. Die Mairübchen herausnehmen und jedes Rübchen in Spalten schneiden. Auf Tellern anrichten und mit der Sauce servieren.

KIRSCHEN MIT KAMILLEN-GRANITA UND BLAUSCHIMMELKÄSE

FÜR 4 PERSONEN

Für die Kamillen-Granita
250 ml Kamillentee (am besten mit frischer Echter Kamille)
75 g Kristallzucker
20 g Honig

Für die Kirschkonfitüre
500 g Kirschen
100 ml Kirschbier (z. B. Kriek)

Für die Garnitur
100 g Kirschen
200 g Blauschimmelkäse (z. B. Lazuli von der Käserei Outwijker), Zimmertemperatur
10 Kamillenblätter

Utensilien
Kochthermometer

Für die Kamillen-Granita den Tee in einem Topf aufkochen. Zucker und Honig zugeben und umrühren. Darauf achten, dass alles gut aufgelöst ist. Den gesüßten Tee in einen geeigneten Behälter umfüllen und in den Gefrierschrank stellen. Nach 1 Stunde Gefrierzeit die Masse mit einer Gabel durchrühren. Diesen Vorgang alle 30 Minuten wiederholen. Nach etwa 3 Stunden sollte die Granita fertig sein.

Für die Konfitüre die Kirschen waschen, entsteinen und fein hacken. In einem Topf mit dem Bier aufkochen. Den Topf vom Herd nehmen, sobald das Kochthermometer 105 °C zeigt. Etwas Konfitüre auf einen kalten Teller (vorher im Gefrierschrank kühl stellen) streichen. Wenn die Konfitüre verläuft, noch länger kochen lassen. Abkühlen lassen.

Für die Garnitur die Kirschen halbieren und entkernen. Etwas Kirschkonfitüre auf jeden Teller löffeln und den Käse darüberbröckeln. Mit den halbierten Kirschen und Kamillenblättern garnieren. Die Granita aus dem Gefrierschrank nehmen, mit der Gabel noch einmal umrühren und auf jeden Teller etwas Kamillen-Granita anrichten.

Der König des Tees

Matcha-Tee, wie wir ihn kennen, stammt zwar aus Japan, doch seine Geschichte beginnt in China. Während der Song-Dynastie (960–1279 n. Chr.) wurde es populär, aus getrockneten und gedämpften Teeblättern ein Pulver herzustellen, das mit heißem Wasser aufgeschlagen wurde. Japanische Zen-Mönche nahmen diese Methode der Teezubereitung von China mit nach Japan. Sie tranken den Tee, um während ihrer Meditationen konzentriert und wach zu bleiben. In Japan entwickelte der Matcha ein Eigenleben, und es entstanden rund um ihn spezielle Rituale und Zeremonien. Die Zubereitung und das Trinken von Matcha während einer Teezeremonie dauert in Japan schnell mal eine Stunde.

Alle Teesorten, auch der Matcha, stammen von der gleichen Pflanze ab. Erst die Verarbeitung des Tees sorgt für den spezifischen Geschmack und die Farbe. Für den besten Matcha werden nur die kleinen oberen Blätter des Teestrauchs verwendet, die mehrere Wochen im Schatten gewachsen sind. Sie werden von Hand gepflückt, und auch die Blattrippen und Stiele entfernt man von Hand. Die Blätter werden anschließend gedämpft, um die Fermentation zu stoppen, und dann getrocknet. Um 30 Gramm Matcha-Pulver herzustellen, dauert allein das Mahlen schon eine Stunde. Der Mahlvorgang geschieht meist schon auf den Teeplantagen mit speziellen Reibsteinen, die sich langsam drehen, sodass das gesamte Aroma erhalten bleibt. Daher ist Matcha auch so unglaublich teuer und wird nicht zu Unrecht als »König des Tees« bezeichnet.

Verwendung

Matcha enthält große Mengen an Antioxidantien, die freie Radikale abfangen und die Alterung unseres Körpers verlangsamen. Matcha beugt Herz- und Gefäßkrankheiten vor und hält unsere Haut und Blutgefäße weich und elastisch. Er enthält viel Calcium, Kalium, Vitamin A und C, Eisen und Proteine, die das Immunsystem stärken.

Für die meisten grünen Tees lässt man getrocknete Teeblätter in Wasser ziehen. Matcha-Tee hingegen wird im Ganzen getrunken, wodurch der pulverisierte Tee im Körper Teein, Theobromin und Koffein freisetzen kann. Diese Stoffe bleiben viel länger im Körper aktiv. Bis zu sechs Stunden hält die klärende Wirkung einer Tasse Tee an. Das in einer Tasse Kaffee enthaltene Koffein wirkt hingegen nur zehn Minuten.

Grüner Tee und Matcha enthalten Catechin, eine antioxidative Substanz, die den Blutkreislauf positiv beeinflusst. Die Substanzen Koffein, L-Theanin und Epigallocatechingallat (eine besondere Art von Catechin) verbessern die kognitiven Fähigkeiten und die Aufmerksamkeit. L-Theanin sorgt für einen besseren Langzeitschlaf und hat zudem eine entspannende Wirkung. Grüner Tee und Matcha stärken unser Immunsystem, wie in mehreren Studien nachgewiesen werden konnte, unter anderem 2011 in der Studie von Keiji Matsumoto und seinen Kollegen.

EIGENSCHAFTEN

Reich an Antioxidantien

Klärend

Erhöht die Konzentrationsfähigkeit

Stimuliert das Nervensystem

Beugt Herz- und Gefäßerkrankungen vor

Verringert Schäden der DNA

Reich an Calcium, Kalium, Vitamin A und C und Eisen

BEZUGSQUELLEN

Matcha ist im gut sortierten Teeladen und im japanischen Lebensmittelladen erhältlich. Den besten Matcha (von zeremonieller Qualität) kann man eigentlich nur in Japan kaufen. Im Vergleich zu gewöhnlichem grünem Tee gilt Matcha als teuer. Seine wahre Kraft ist nur in den ersten zwei Wochen vorhanden, danach ist der Tee noch gut trinkbar, hat aber an Aroma und Kraft eingebüßt.

VORSICHT

Grüner Tee kann durch Koffein und Teein zu Schlaflosigkeit führen, wenn er spätabends getrunken wird. In zu hohen Dosen führt er zu einer verminderten Aufnahme von Mineralien.

Aussehen

Der Matcha-Tee wird aus der Pflanze *Camellia sinensis* gewonnen. Die Teepflanze hat dunkelgrüne, leicht gezackte, ovale, ledrige Blätter, die an der Unterseite fein behaart sind. Die Gewächse selbst sind stark verzweigt und werden auf einer Höhe von 80 bis 120 Zentimetern beschnitten. Zur Herstellung von Matcha muss der Teestrauch mindestens drei Wochen mit Schattennetzen abgedeckt werden. Dadurch bekommen die Blätter einen kräftigeren Geschmack und enthalten oftmals mehr Inhaltsstoffe als gewöhnlicher grüner Tee. Die ideale Höhe für den Anbau von Teepflanzen liegt bei 1000 Metern über dem Meeresspiegel. Die Pflanze wächst gern an Hängen in der Sonne und im Halbschatten und mag reichlich Niederschlag. Sie gedeiht am besten in den Tropen und Subtropen. Das gemahlene Matcha-Pulver ist leuchtend grün.

Extraktion und Dosierung

Für die Zubereitung von Matcha in einer Schale *(chawan)* einen Spritzer Wasser und eine kleine Menge Pulver mit einem speziellen Bambusbesen *(chasen)* glatt verrühren. Aus dem Matcha-Pulver kann ein dicker und ein dünner Tee zubereitet werden. Für einen *usucha* (dünner Tee) 1,75 Gramm Matcha-Pulver und einen Spritzer Wasser mit dem Bambusbesen verquirlen. Dann 75 Milliliter Wasser mit einer Temperatur von 60–75 °C hinzugießen und aufschlagen, bis sich eine hellgrüne, schaumige Schicht bildet. Für einen *koicha* (dicker Tee) 3,75 Gramm Matcha-Pulver mit 40 Milliliter Wasser mit einer Temperatur von 60–70 °C übergießen. Vorsichtig mit dem Schneebesen verquirlen. Matcha immer sofort trinken, aber dann ruhig und andächtig.

Bodhidharma — Eine alte chinesische Zeichnung von Bodhidharma, einem buddhistischen Lehrmeister, mit einer Teepflanze. (Nach einer Zeichnung aus *Folkore and Odysseys of Food and Medical Plants* von Ernst und Johanna Lehner, 1962)

Energiebällchen mit Samen, Nüssen, Trockenfrüchten und Matcha

ENERGIEBÄLLCHEN MIT SAMEN, NÜSSEN, TROCKENFRÜCHTEN UND MATCHA

AUSREICHEND FÜR EINE GROSSE GRUPPE

20 g getrocknete Feigen
80 g Datteln, ohne Kern
20 g geschälte Pistazienkerne
20 g Sonnenblumenkerne
20 g blanchierte Mandelkerne
25 g Honig
25 g Kokosfett
10 g Bienenpollen
1 EL Matcha-Pulver

Utensilien
Feinsieb

Feigen und Datteln in feine Würfel schneiden. Pistazien, Sonnenblumenkerne und Mandeln fein hacken. Den Honig mit dem Kokosfett in einem Topf erhitzen und mit den anderen Zutaten, außer dem Matcha-Pulver, in einer Schüssel vermischen. Zu einer Art »Teig« verkneten.

Diese Masse in jede beliebige Form drücken. Ich rolle sie gern zu 3 cm großen Bällchen. Das Matcha-Pulver durch ein Feinsieb über die Energiebällchen streuen. Die Bällchen sind mindestens zwei Wochen haltbar. Am besten in einem luftdicht verschlossenen Behälter im Kühlschrank aufbewahren.

SHISO UND SHIITAKE IM TEMPURA-MANTEL MIT MATCHA-SALZ

ALS SNACK ODER AMUSE-GUEULE FÜR 10 PERSONEN

Für den Tempura-Teig
3 Eigelb
250 ml eiskaltes Sprudelwasser
80 g Weizenmehl (Type 405) plus etwas mehr
1½ l Sonnenblumenöl
10 Shiso-Blätter (asiat. Lebensmittelladen)
1 Prise feines Meersalz
100 g Shiitakes, Stiele entfernt

Für das Matcha-Salz
1 EL Matcha-Pulver
3 EL Maldon-Salz

Utensilien
Topf zum Frittieren
Kochthermometer
Schaumlöffel

Für den Tempura-Teig Eigelbe, Sprudelwasser und Mehl in einer Schüssel mit dem Schneebesen verrühren. Es dürfen noch einige Mehlklumpen zu sehen sein, aber möglichst nicht zu viele. In der Zwischenzeit das Sonnenblumenöl in einem hohen Topf mit dickem Boden auf 180 °C erhitzen.

Die Shiso-Blätter durch den Tempura-Teig ziehen. Dabei darauf achten, dass nicht zu viel Teig auf den Blättern haften bleibt. Der Teig sollte die Blätter gleichmäßig überziehen. Die Blätter in das heiße Öl legen, nach 30–40 Sekunden wenden. Sie sollten dann schön gebräunt sein. Herausnehmen und mit dem Salz bestreuen. Auf Küchenpapier abtropfen lassen. Anschließend die Shiitakes auf gleiche Weise frittieren.

Inzwischen für das Matcha-Salz das Matcha-Pulver mit dem Maldon-Salz in einer Schüssel mischen.

Die Shiitakes auf Tellern anrichten und die Shiso-Blätter darauflegen. Mit dem Matcha-Salz bestreuen.

MÄDESÜSS

FILIPENDULA ULMARIA

Die Wiesenkönigin

Das Echte Mädesüß war zusammen mit Wasserminze *(Mentha aquatica)* und dem Echten Eisenkraut *(Verbena officinalis)* eines der drei heiligen Kräuter der Druiden. Im Französischen wird es *reine-des-prés* genannt, »Wiesenkönigin«. Mädesüß war die Lieblingspflanze der englischen Königin Elizabeth I. Sie ließ damit die Böden ihrer Zimmer ausstreuen, um Schädlinge abzuwehren, und liebte den angenehmen Duft. Die Blütenknospen werden daher heute auch in der Parfümindustrie verwendet.

Traditionell werden die Blüten meist für medizinische Zwecke eingesetzt. Die Früchte des Mädesüß sind spiralförmig, daher auch ihr früherer wissenschaftlicher Gattungsname *Spiraea*. Auch die anderen Pflanzenteile enthalten Wirkstoffe.

Verwendung

Mädesüß war die erste Pflanze, in der aspirinähnliche Substanzen gefunden wurden. Der Name des synthetisch hergestellten Medikaments Aspirin leitet sich vom Namen Spirea ab. Mädesüß belastet allerdings den Magen nicht wie synthetisches Aspirin. Jedes Jahr sterben Tausende von Menschen an inneren Blutungen, die durch synthetisches Aspirin verursacht werden. Beim Mädesüß sind diese Nebenwirkungen nicht anzutreffen, denn es enthält keine blutverdünnenden Substanzen.[1]

In der Pharmakognosie und in der Praxis konnten bei der Pflanze entzündungshemmende, muskelentspannende und schmerzlindernde Eigenschaften nachgewiesen werden. Wird Mädesüß über einen längeren Zeitraum eingenommen, ist eine nachhaltige Wirkung bei Gelenkbeschwerden festzustellen. Die Pflanze ist daher bekannt für ihre antirheumatischen Eigenschaften. Außerdem wird sie bei Grippe eingesetzt.[2]

Aussehen

Mädesüß ist in ganz Westeuropa zu finden und wächst häufig entlang von Bächen und Gräben auf feuchten Böden. Die Blüten können von Juni bis August geerntet werden. Die Pflanze wird ein bis eineinhalb Meter hoch und hat kleine cremeweiße Blüten. Sie wachsen in trichterförmigen Büscheln an den Stängelspitzen und verströmen einen sanften mandelartigen, an Honig erinnernden Duft. Die kleinen Früchte sehen spiralförmig aus. Die hellgrünen Blätter sind wechselständig gefiedert und bestehen aus 5 bis 15 losen ovalen Teilblättern.

Extraktion und Dosierung

Jeden Sommer ernte ich eine kleine Menge Mädesüßblüten, um daraus mein eigenes Aspirin aus natürlicher Quelle herzustellen. Das Mädesüß zählt zu meinen liebsten Heilpflanzen. Beim Sammeln der Blütenstände achte ich darauf, stets rund 75 Prozent der Pflanzen in der Natur stehen zu lassen. Nach der Ernte trockne ich die Blütenstände zwei Wochen in einem dunklen Raum. Ich hänge sie zum Trocknen an waagerecht gespannten Seilen auf und bewahre die getrockneten Blüten dann in einem Plastikbeutel mit Reißverschluss in einem dunklen Schrank, sodass kein Licht und Sauerstoff an sie kommt. So halten sie länger.

Kräuterexperte Geert Verhelst empfiehlt, die Pflanze bei Gelenkschmerzen längere Zeit einzunehmen. Die empfohlene tägliche Menge beträgt dann etwa drei Gramm getrocknete Blüten.

EIGENSCHAFTEN

Entzündungshemmend

Entspannt die Muskeln

Schmerzstillend

Hilft bei Grippe

Antirheumatisch

BEZUGSQUELLEN

Die Monate Juni bis August sind die beste Zeit, um die Natur zu erkunden und Blüten an Gewässerrändern zu pflücken. Gelegentlich werden getrocknete Mädesüßblüten auf dem Wochenmarkt oder im Bioladen oder Reformhaus angeboten.

VORSICHT

Die empfohlene Dosis sollte nicht überschritten werden. Mehrere Tassen Tee an einem Tag können Kopfschmerzen verursachen. Das Mädesüß nicht bei Überempfindlichkeit gegen Aspirin oder in der Schwangerschaft verwenden.

Wird die Pflanze als Tee getrunken oder als Ersatz für Aspirin eingenommen, sollte man diese Dosis allerdings nicht überschreiten:

Zur Herstellung eines Tees übergießt man 3 Gramm getrocknete Blüten mit 250 Milliliter heißem, aber nicht kochendem Wasser. Bei kochendem Wasser verschwindet die wohltuende Salicylsäure mit dem Dampf – und das sollte vermieden werden. Wie bei der Kamille (siehe ab Seite 172) legt man einen Deckel auf die Teekanne oder Tasse, damit der kondensierte Dampf nicht aus der Teekanne oder Tasse entweicht und die guten Wirkstoffe auf diese Weise erhalten bleiben.

FETA MIT ERBSEN IN DER SCHOTE UND MÄDESÜSS

FÜR 4 PERSONEN

Für das Mädesüßdressing
25 ml Apfelessig
25 ml natürlicher Essig
100 g Mädesüß

Für das Petersilienöl
ca. 1 Bund glatte Petersilie (ca. 80 g)
200 ml Sonnenblumenöl

Außerdem
1 Prise feines Meersalz
500 g Erbsen in der Schote (nach Belieben mit Sprossen)
250 g Feta

Utensilien
Käsetuch

Für das Mädesüßdressing beide Essige mit dem Mädesüß in einem Topf zum Kochen bringen. Sobald die Mischung kocht, den Herd ausschalten und die Mischung zugedeckt 1 Stunde ziehen lassen. Anschließend den Inhalt des Topfes über einer Schüssel abseihen.

Für die Petersiliencreme die grünen Blätter von der Petersilie zupfen – ohne Stängel bleiben etwa 40 g übrig. Falls die Menge kleiner ist, diese mit einigen zusätzlichen Petersilienblättern ergänzen. Die Blätter mit dem Sonnenblumenöl in 30 Minuten im Mixer möglichst glatt verarbeiten. Das Öl erwärmt sich dabei, und das ist auch so gewollt. Das Petersilienöl durch ein Käsetuch über einer Schüssel abseihen und gut durchdrücken.

Reichlich Wasser in einem Topf zum Kochen bringen. Das Salz zugeben und umrühren. Die Erbsen in den Schoten 2 Minuten darin blanchieren. Dann herausnehmen und sofort in Eiswasser abschrecken.

Die Schoten nicht an der Naht, sondern von der anderen Seite halbieren, sodass die Erbsen genau in der Mitte durchgeschnitten werden. Das sieht dekorativer aus.

Das Mädesüßdressing mit dem Petersilienöl in einer Schüssel mischen und in einen tiefen Teller gießen.
Die halbierten Schoten darauf anrichten und den Feta darüberbröckeln. Eventuell die Sprossen als zusätzliche Garnitur verwenden.

MÄDESÜSS-TEMPURA MIT SPARGEL UND SAUCE GRIBICHE

FÜR 4 PERSONEN

Für die Sauce gribiche
1 Ei
1 EL Dijonsenf
1 EL Rotweinessig
1 TL Balsamicoessig
feines Meersalz und frisch gemahlener schwarzer Pfeffer
250 ml Traubenkernöl
1 EL fein gehackte Kapern
1 EL fein gehackte glatte Petersilienblätter
1 EL fein gehackter Kerbel
1 EL fein gehackter Estragon

Für den Spargel
8 Stangen grüner Spargel
1 Zitrone

Für den Tempura-Teig
2 Eigelb
90 ml eiskaltes Sprudelwasser
40 g Weizenmehl (Type 405)
1 l Sonnenblumenöl
4 Spitzen Mädesüßblüten
1 Prise feines Meersalz

Utensilien
Sparschäler
Gemüsehobel (nach Belieben)
Topf zum Frittieren
Kochthermometer
Schaumlöffel

Die Sauce gribiche ist eine kalte Eiersauce, bei der hart gekochtes Ei mit Senf und Öl emulgiert wird.

Für die Sauce gribiche das Ei 8 Minuten kochen und in kaltem Wasser abschrecken. Das Eiweiß ist dann fest und das Eigelb halb hart. Das Ei pellen und mit dem Schneebesen in einer Schüssel zu einer groben Masse verarbeiten. Senf, beide Essige, 1 Prise Salz und Pfeffer hinzufügen. Zu einer glatten Masse aufschlagen, dabei das Traubenkernöl in dünnem Strahl unterrühren. So entsteht eine Mayonnaise. Kapern und frische Kräuter untermischen.

Für den Spargel die Spargelstangen mit dem Sparschäler schälen und die holzigen Enden abschneiden. Dann der Länge nach in möglichst dünne Scheiben schneiden. Das geht sehr gut mit dem Gemüsehobel, aber ansonsten auch mit dem Sparschäler. Den Saft der Zitrone über den Spargelscheiben auspressen und den Spargel 3 Minuten marinieren.

Für den Tempura-Teig Eigelbe, Sprudelwasser und Mehl in einer Schüssel mit dem Schneebesen verrühren. Es dürfen noch einige Mehlklumpen zu sehen sein, aber möglichst nicht zu viele. In der Zwischenzeit das Sonnenblumenöl in einem hohen Topf mit dickem Boden auf 180 °C erhitzen.

Die Mädesüßblüten durch den Tempura-Teig ziehen und vorsichtig in das heiße Öl legen. Nach etwa 2 Minuten herausnehmen und auf Küchenpapier abtropfen lassen. Danach etwas salzen.

Für ein gutes Ergebnis ist es wichtig, dass die Mädesüßblüten trocken sind, das Öl heiß bleibt und der Tempura-Teig sehr kalt ist. Darum am besten nicht die ganze Menge auf einmal frittieren, denn dann kühlt das Öl zu stark ab.

Die Spargelscheiben dekorativ auf tiefen Tellern anrichten und mit der Sauce gribiche und den Mädesüß-Tempura servieren.

Blutreiniger und Lebertonikum

Noch immer puste ich gern die reifen Samen des verblühten Löwenzahns in die Luft. Als Kinder suchten wir auf den Wiesen nach Pusteblumen und spürten die Magie der filigranen Samen. Wie kleine Fallschirme wehten sie mit dem Wind fort, um anderswo ein neues Leben zu beginnen. Die jungen Löwenzahnblätter kamen zu Hause ab und zu in den Salat, und ich esse heute gelegentlich eine bittere frische gelbe Löwenzahnblüte für meine Gesundheit. Aus der Wurzel bereite ich im Frühjahr ein kraftvolles und reinigendes Elixier.

Schon die alten Ägypter, Griechen und Römer kannten den Lowenzahn, und seit mehr als tausend Jahren verwendet ihn die traditionelle chinesische Medizin. Obwohl heutzutage der Löwenzahn vielfach als Unkraut betrachtet wird, ist er auch ein Symbol des Glücks. Wie oft habe ich an einen Wunsch gedacht, während ich ein Pusteblume in die Luft geblasen habe! Der Löwenzahn setzt heitere, aufmunternde gelbe Farbkleckse auf eintönigen Grasflächen, genau wie das Gänseblümchen. Löwenzahn und Kamille sind als »Bodenverbesserer« bekannt und fördern das Wachstum benachbarter Pflanzen.

Der Bestandteil *officinalis* im lateinischen Namen zeigt uns, dass auch diese Pflanze zur Apotheke traditioneller Heiler gehörte. Der Gattungsname *Taraxacum* kommt vom Griechischen *taraxis* für »Unordnung« und *akas* für »Heilmittel«: ein Mittel gegen Unordnung im Körper also. Der englische Name der Pflanze ist *dandelion,* abgeleitet vom französischen Wort *dent-de-lion* (Löwenzahn) und verweist auf die gezahnten Blätter.[1]

Die gelben Blüten sind eine gute Nektarquelle. Sie geben einen sehr schmackhaften Löwenzahnhonig. Als Imker weiß ich, dass die Bienen beim ersten blühenden Löwenzahn anfangen auszuschwärmen. Die geröstete Wurzel war früher als Kaffeeersatz (und Alkoholtinktur) beliebt und ist manchmal noch in Reformhäusern oder Bioläden erhältlich. Die Pflanze wurde auch verwendet, um Stoffe gelblich braun zu färben.

Verwendung

Der Löwenzahn zählt zu den nützlichsten Heilpflanzen, da alle Teile effektiv und sicher verwendet werden können. Er enthält viel Kalium und Calcium sowie die Vitamine A und C. Die Blätter wirken stark harntreibend. Sein Milchsaft ist ein sehr probates Mittel gegen Warzen und Hühneraugen.[2] Hierfür wird die zu behandelnde Stelle mit dem Saft eingerieben – das wirkt auch bei Ekzemen und Geschwüren. Der Saft unterstützt die Behandlung von Herz- und Gefäßerkrankungen. Die Blüten können mit Honig gekocht als Hustenmittel eingesetzt werden, sind aber auch ein köstlicher Durstlöscher.

Die traditionellen Anwendungsmethoden beruhen häufig auf jahrhundertelanger experimenteller Forschung. Wegen der unterschiedlichen pharmakologischen Eigenschaften sind Identifizierung, Isolierung und Charakterisierung der Phytochemikalien des Löwenzahns nicht nur interessant, sondern auch bedeutsam für die medizinische Welt.

Das in der Pflanze enthaltene Inulin hilft, Blutzuckerschwankungen zu stabilisieren. Darüber hinaus enthält

EIGENSCHAFTEN

Frühjahrreiniger

Blutreiniger

Hilft gegen Arthrose und Rheuma

Fördert den Gallenfluss

Harntreibend

Bitteres Heilmittel

Leber- und Nierentonikum

Antioxidativ

Gegen Übelkeit

BEZUGSQUELLEN

Löwenzahn kann direkt draußen in der Natur gepflückt werden. Auch die Wurzeln können ausgegraben werden. Achte darauf, dass beim Ernten genug Pflanzen zum Nachwachsen bleiben. Als Faustregel gilt: etwa 75 Prozent der Pflanzen stehen lassen. In getrockneter Form gibt es Blüten und Wurzeln in Drogerien und Bioläden, auch als Tee.

VORSICHT

Überdosen können Durchfall verursachen. Deshalb nicht mehr als zwei bis drei Tassen am Tag trinken. Auf mögliche Reaktionen achten. Löwenzahn wirkt entgiftend, und es zeigen sich oft bestimmte Symptome, wie leichte Kopfschmerzen, zu Beginn der Einnahme. Sehr hohe Dosen können laut Verhelst Elektrolytstörungen verursachen, die zu Herzrhythmusstörungen und Magen-Darm-Problemen führen. Löwenzahnpräparate nie länger als vier bis sechs Wochen verwenden, da sie eine sehr starke Wirkung haben können.

die Pflanze Flavone, die als Anti-Aging-Mittel wirken, Entzündungen hemmen und das Herz schützen.[3] Die jungen Frühlingsblätter der Pflanze haben einen angenehm bitteren Geschmack und werden manchmal in Salaten verwendet. Der Verzehr und der Geschmack der bitteren Blätter regt die allgemeine Verdauung an und verbessert so die Nahrungsaufnahme. Die Pflanze ist appetitanregend, fördert die Absonderung von Magensäften und wirkt entgiftend.[4] Sie hilft gegen Blähungen, Übelkeit und Verstopfung. Zusätzlich wird sie zur Reinigung der Leber und des Blutes sowie zur Linderung von Arthritis und rheumatischen Beschwerden eingesetzt.

Kurzum, Löwenzahn enthält Stoffe, die zahlreiche Drüsen und Organe stimulieren und insbesondere einen starken Einfluss auf Nieren und Leber haben. Die Pflanze ist bekannt als Tonikum für Leber und Gallenblase. Ein Tonikum bezeichnet ein Stärkungsmittel, das den ganzen Körper oder bestimmte Körperteile stimuliert und stärkt. Ein Extrakt der Wurzel kann als Haartonikum verwendet werden, um das Haar zu vitalisieren.

Als Bittermittel regt der Löwenzahn die Absonderung der Verdauungssäfte an. So hilft er dem gesamten Körper, sich zu vitalisieren und Nahrung besser aufzunehmen, um nach dem Winter oder nach einer Krankheit wieder zu Kräften zu kommen. Die Bitterstoffe des Löwenzahns sorgen dafür, dass Verdauungsstoffe besser und vermehrt ausgeschieden werden. Diese Stoffe wirken auf die Rezeptoren an der Zunge, die wiederum ein Signal an das Gehirn senden. Man sollte ihre Wirkung genießen, die Bitterstoffe wirklich gut schmecken und sie nicht zu schnell hinunterschlucken.

Löwenzahn ist reich an vielen bioaktiven Substanzen mit medizinischer Wirkung, darunter Flavonoide. Da eine zu hohe Aufnahme von Flavonoiden in Form von Nahrungsergänzungsmitteln und Produkten mit zugesetzten Flavonoiden potenziell schädlich ist, raten manche Ärzte von der unbedarften Einnahme ab. Von bestimmten Flavonoiden in ihrer isolierten Form wissen wir, dass sie die Wirkung einiger Arzneimittel beeinträchtigen. Die Verwendung von Löwenzahnextrakten sollte mit einem Arzt und erfahrenen Phytotherapeuten abgesprochen werden. Vorsicht bei der Einnahme von reinen Flavonoidextrakten! Deshalb Nährstoffe vorzugsweise direkt über gesunde Biolebensmittel aufnehmen. Eine möglichst abwechslungsreiche und frische Ernährung ist weitaus empfehlenswerter. Löwenzahn kann fast überall selbst gepflückt und in Salaten und anderen Gerichten verwendet werden. Er enthält das Flavonoid Luteolin, das ein starkes Antioxidans ist. Dieser Stoff findet sich auch in Petersilie und Brennnessel.

Löwenzahn wirkt überdies harntreibend. Sein Extrakt bewirkt eine Erwärmung des Körpers und bringt ihn zum Schwitzen. Das Blut wird gereinigt, und Wasser wird durch Schweiß und Urin ausgeschieden. Harnsäure – zum Teil Ursache und Förderer von Rheuma – wird mit dem Wasser ausgeleitet, was wiederum die Wirkung des Rheumas reduziert. In der Phytotherapie setzt man Löwenzahn oftmals gegen einen zu niedrigen Blutzuckerspiegel ein. Er senkt das Cholesterin und entgiftet den Körper.

Der Schweizer Arzt und Naturheilkundler Alfred Vogel lobte die Pflanze in den höchsten Tönen: »Löwenzahn hat eine wunderbare Wirkung auf die Leber und stärkt sie. Die Leber ist schließlich eines unserer wichtigsten Organe.«[5] Vogel empfiehlt die Verwendung von Löwenzahn und ebenso von Schwarzem Winterrettich in niedrigen Dosen in Frühjahrskuren. Unsere Nieren und die Leber sind die Organe, die die Reinigung des Körpers und des Bluts unterstützen. Die aktiven Phytochemikalien des Löwenzahns aktivieren Nieren und Leber, was die Durchblutung unseres Bindegewebes deutlich verbessert. Dieses befindet sich nicht allein rund um die Muskeln, sondern auch in Muskeln, Muskelfasern, rund um Organe, Knochen und Nerven und unter unserer Haut. Bindegewebe ist wie ein Klebstoff in unserem Körper, der alles zusammenhält. Bei mangelnder Bewegung kann es sich entzünden, und der Körper lagert dann Giftstoffe ab.

Aussehen

Der gelbe Löwenzahn ist die einzige Blüte, die die drei Himmelskörper Sonne, Mond und Sterne zu symbolisieren scheint. Die gelbe Blüte ähnelt der Sonne, der weiße Fruchtstand sieht aus wie der Mond und die sich ausbreitenden Samen erinnern an Sterne. Die Blüte hat eine der längsten Blütezeiten aller Pflanzen. Die Samen der Pflanze werden vom Wind bis zu fünf Kilometer weit fortgetragen und sehen aus wie winzige Fallschirme.

Löwenzahnblüten öffnen sich am Morgen und schließen sich am Abend. Wenn sie auf dem Rasen mitgemäht werden, überleben sie, werden aber immer kleiner. Die Blüten schauen dann einfach nicht mehr so hoch über den gemähten Rasen heraus und bleiben gerade unterhalb der Mähfläche.

Die Wurzeln des Löwenzahns erreichen zwischen 30 Zentimeter und einen Meter Länge. Sie sind schwarzbraun, wenn man sie ausgräbt, und haben innen eine weiße, lehmige Farbe. Die hohlen Blütenstängel produzieren beim Abbrechen einen weißen Milchsaft. Die Blätter des Löwenzahns sind gezähnt und liegen als Rosette auf dem Boden, teilweise wachsen sie schräg nach oben um die Blütenstängel.

Extraktion und Dosierung

Für die Zubereitung eines Tees die Pflanze trocknen lassen und dann mit heißem Wasser übergießen.

Der Milchsaft aus den Blättern und Stängeln kann zur Behandlung von Warzen, Hühneraugen und Ekzemen genutzt werden. Die Blüte pflücken, wenn sie noch gelb ist. Die zu behandelnde Stelle mit der Blüte einreiben und dabei möglichst viel Milchsaft herausdrücken. Durch die Beschädigung der Pflanze wird der Milchsaft freigesetzt und kann direkt von der Pflanze auf die betroffene Stelle übergehen. Das sollte das Problem lindern. Schon beim Durchknicken des Stängels tritt der Milchsaft aus. Er enthält die meisten Wirkstoffe. Das Einreiben zweimal am Tag wiederholen.

Eine Löwenzahntinktur mindestens einen Monat, aber am besten nicht länger als sechs Wochen verwenden.

Im Frühjahr sind die frischen Blätter eine schöne Ergänzung im Salat. Aus der Wurzel lässt sich sogar eine Alkoholtinktur herstellen: Laut Verhelst vier bis sechs Wochen (nicht länger) dreimal täglich 40 Tropfen einnehmen.

Aus der Pflanze kann man ganz leicht ein starkes Kräutertonikum erzeugen. Dazu die Wurzel in einer alkoholischen Substanz einige Wochen einweichen (siehe Seite 24). Dieses Mazerat anschließend filtern.

Quassia-Extrakt

Abgesehen vom bitteren Löwenzahn hatte ich bereits an früherer Stelle von einer anderen bitteren Substanz gesprochen (siehe Seite 115), auf die ich hier noch einmal zurückkommen möchte. Ich lernte in Surinam, eine Kaltwasserextraktion beziehungsweise ein Bittergetränk aus dem extrem bitteren Holz des Quassia-Baumes *(Quassia amara)* herzustellen. Diese Pflanze wird als Medizin für verschiedene Beschwerden eingesetzt. Die Bitterstoffe regen die Verdauung an, töten Parasiten ab, reinigen das Blut und lösen Schleim. In Surinam erzählte man mir, dass das Blut durch diesen Extrakt bitter würde, was dazu führe, dass Moskitos weniger Lust zum Stechen verspürten. Außerdem soll Quassia den Hormonhaushalt in unserem Körper ausgleichen. *Quassia amara* wird schon seit Jahrhunderten von den Indigenen in Südamerika zur Fiebersenkung eingesetzt. Die Pflanze bekämpft auch Malariasymptome, weil sich die Parasiten aufgrund der wirksamen Bitterstoffe nicht mehr gut vermehren können.

Aus dem weißen Holz der Pflanze kleine Becher ausschneiden und mit Wasser füllen (siehe Foto Seite 17). Über Nacht stehen lassen und diesen bitteren Auszug auf nüchternen Magen trinken. Eine Kur dauert meist drei Wochen. In der ersten Woche trinkt man den Bitter jeden Tag, in der zweiten und dritten Woche jeden zweiten Tag. Schwangeren wird von der Einnahme des Getränks abgeraten. Ist der Bitterstoff aus dem Holzbecher weitgehend herausgelöst, stellt man ihn in ein Glas Wasser und beschwert ihn, damit das Holz unter Wasser bleibt. So lassen sich auch die verbliebenen Wirkstoffe aus den äußeren Holzschichten herauslösen. Quassia sollte nur für kurze Zeit verwendet und die Kur nach etwa drei Monaten wiederholt werden.

BITTERSALATE, LÖWENZAHN UND GERÖSTETE GRAPEFRUIT

FÜR 4 PERSONEN

Für den Salat
1 Kopf Castelfranco (Radicchio-Art)
1 Radicchio Rosso di Treviso
2 Bund Löwenzahnsalat (ca. 200 g Reingewicht)
2 Löwenzahnblüten
1 Grapefruit

Für die Ingwervinaigrette
1 EL Sushi-Essig
Saft von ½ Limette
2 EL Sonnenblumenöl
1 EL Ingwersirup

Utensilien
Handflambierer

Löwenzahnsalat wird oft als ein im Dunkeln gezogener Löwenzahn angeboten, genau wie Chicorée, der ebenfalls im Dunkeln wächst und deshalb weiß-gelb bleibt.

Für den Salat die Blätter von Castelfranco und Radicchio ablösen und die Löwenzahnblätter von den harten Stielenden befreien. Den Salat waschen und trocken schleudern.

Die Grapefruit gründlich schälen, sodass auch die weiße Haut mit entfernt wird. Die Filets zwischen den einzelnen Trennhäuten herausschneiden. Die Grapefruitfilets mit einem Handflambierer schön dunkel rösten.

Für die Ingwervinaigrette alle Zutaten in einer Schüssel verquirlen oder in einem Marmeladenglas glatt schütteln.

Den Salat in einer Schüssel anrichten, mit der Vinaigrette beträufeln und mit den gerösteten Grapefruits garnieren.

SALSA VERDE MIT LÖWENZAHN UND ZUCCHINI

FÜR 4 PERSONEN

Für die Salsa verde
2 Bund glatte Petersilie (ca. 160 g)
100 g Löwenzahnblätter
3 Knoblauchzehen
3 EL Kapern
1 EL feiner Dijonsenf
feines Meersalz
400 ml Olivenöl
3 EL Rotweinessig

Für den Salat
1 gelbe Zucchini
1 grüne Zucchini
4 Mini-Zucchini

Utensilien
Gemüsehobel (nach Belieben)

Für die Salsa verde Petersilie, Löwenzahnblätter, Knoblauch und Kapern in der Küchenmaschine fein hacken. Den Senf hinzufügen und die Sauce salzen.

Das Olivenöl bei laufender Küchenmaschine portionsweise hinzufügen. Zum Schluss den Rotweinessig hineingießen und die Maschine noch eine Weile laufen lassen.

Für den Salat die gelben und grünen Zucchini der Länge nach in dünne Scheiben schneiden, am besten auf dem Gemüsehobel, und die Scheiben kurz in einem Topf mit kochendem Salzwasser blanchieren. Die Mini-Zucchini auf dem Grill oder in der Grillpfanne in etwa 5 Minuten bissfest rösten.

Die blanchierten Zucchinischeiben wellenförmig auf vier Tellern anrichten und auf jeden Teller eine geröstete Mini-Zucchini legen. Nach Belieben salzen. Die Salsa verde mit einem Löffel rund um den Zucchinisalat verteilen.

KOKA

Erythroxylum coca / Erytroxylum novogranatense

Die *teacher plant*

Die heilige Kokapflanze wird schon seit 8000 Jahren von den traditionellen Kulturen in den Anden und am Amazonas wegen ihrer heilenden und energiestärkenden Eigenschaften geschätzt. Die Pflanze hat starke Alkaloide und gilt als sogenannte *teacher plant* oder *master plant,* die eine geistige Wachheit hervorruft. Koka wird in Ritualen verwendet und enthält Wirkstoffe, die die Konzentration, das Durchhaltevermögen und das Meditieren verbessern. Die indigene Bevölkerung kaut die Blätter zusammen mit einer alkalischen Substanz wie Kalk oder Asche im Verhältnis 1:10. Durch die Kombination aus einer Base (Asche, Kalk, Natron), den Blättern und dem Speichel werden die Pflanzenstoffe über die Mundschleimhäute aufgenommen. Manchmal werden die Blätter auch geraucht, um in Trance zu geraten, allerdings bleibt dann die stimulierende Wirkung aus.

Forscher der Harvard-Universität fanden heraus, dass Kokablätter reich an Calcium, Eisen und Vitaminen sind. So enthalten sie beispielsweise große Mengen an Vitamin A. Außerdem weisen sie einen Gehalt von 0,2 bis 1 Prozent Kokain auf und liefern zusätzlich die Vitamine C, E und B_2 sowie Mineralien wie Aluminium, Barium, Kupfer, Magnesium, Phosphat und Zink. Darüber hinaus bieten die Blätter Proteine, Fette, Kohlenhydrate und ätherische Öle.

Die meisten Menschen denken bei Koka – oder Coca, wie es auch geschrieben wird – direkt an zwei Dinge: Coca-Cola und Kokain. Gegenwärtig ist der Konzern Coca-Cola das bei Weitem größte Unternehmen, das tonnenweise Kokablätter aus Peru kauft. Schon länger wird untersucht, welche Rolle Coca-Cola bei dem Verbot des Kokablatts spielte, das auf der Liste der Betäubungsmittel im Einheits-Übereinkommen von 1961 über Suchtstoffe steht. Koka wird seit Jahrhunderten von den Andenbewohnern als rituelles Gewächs und Heilpflanze verwendet. Dort ist Koka so akzeptiert wie bei uns Kaffee, Tee und Alkohol. In Peru und Bolivien sind viele davon überzeugt, dass die Coca-Cola-Lobby der Grund für das weltweite Verbot der Pflanze ist. Der ehemalige bolivianische Präsident Evo Morales (2006–2019), selbst Kokabauer, forderte bei seinem Amtsantritt eine neue Strategie: »Ja zu Koka, nein zu Kokain.« Bolivien versucht bei den Vereinten Nationen, den historischen Fehler zu korrigieren, indem es durch rechtliche Verfahren die Anerkennung der traditionellen Nutzung der Kokapflanze fordert.

Die zunehmende Popularität von Kokain führte in den 1980er-Jahren unter anderem zu einem Drogenkrieg. Der *war on drugs* begann mit dem Kampf gegen mexikanisches Marihuana und Peyote. Später wurden auch Kokaplantagen abgeholzt oder – in Kolumbien – mit Pestiziden besprüht. Doch es ist kein Geheimnis, dass es jedem Land erlaubt ist, Koka für medizinische und wissenschaftliche Zwecke zu importieren.

Die Niederlande waren zu Beginn des 20. Jahrhunderts ein wichtiger Händler von Kokablättern und stellten daraus selbst Kokain her. Niederländisch-Indien wurde in der Zeit der größte Erzeuger von Kokapflanzen – vor allem in Amsterdam wurde die Ware gehandelt. Eine Fabrik, die Koka zu Kokain verarbeitete, war die Nederlandsche Cocaïnefabriek in der Amsterdamer Schinkelstraat, die von KZO übernommen wurde, aus dem später Akzo Nobel hervorging.

1878 kamen die ersten Kokasträucher aus Südamerika zum Hortus Botanicus in Buitenzorg auf Java, und schon kurz darauf begann man, die Pflanze für kommerzielle Zwecke auf Java, Madura und Sumatra anzubauen. Vor allem die Kolonialbank von Amsterdam spielte eine wichtige Rolle für die Kokaproduktion und den Handel. Aus den Jahresberichten der Bank geht hervor, dass bereits 1891 fast 20 Tonnen Kokablätter gehandelt wurden. In den folgenden Jahren bis zur Jahrhundertwende handelte die Kolonialbank mit 34 bis 81 Tonnen Kokablättern. Ursprünglich wurden die Chargen nach Deutschland exportiert, aber aufgrund der wachsenden Nachfrage nach Kokain und der steigenden Produktion auf Java erkannte man das Potenzial für die eigene Herstellung von Kokain. Zu diesem Zweck gründete die Kolonialbank am 12. März 1900 die Nederlandsche Cocaïnefabriek. In Java wurden aus Bolivien importierte Kokapflanzen angebaut, und die Verarbeitung zu Kokain erfolgte dann in der Fabrik in Amsterdam. Das Produkt wurde

KOKA

für den medizinischen Gebrauch bei Hals-, Brust- und Lungenkrankheiten eingesetzt. Es war jedoch ein offenes Geheimnis, dass es auch als Stimulans genutzt wurde.

Im beliebten Getränk Coca-Cola werden Kokablätter verwendet, denen durch leichtes Erhitzen der größte Teil des Kokains entzogen wird. Dennoch scheint Coca-Cola nach einer unveröffentlichten Studie der Universität von Deventer noch immer geringe Spuren an Kokain zu enthalten.

Für die Coca-Cola Company wurde eine Ausnahme vom UN-Handelsverbot für den Anbau, die Verwendung und den Handel mit Kokablättern als Aromastoff gemacht, und zwar unter der Bedingung, dass im Endprodukt keine Kokain-Alkaloide mehr enthalten sind. Coca-Cola vermeldet auf seiner Website das Vorhandensein von entkokainisiertem Kokaextrakt, doch weigern sich die Firmensprecher auf Nachfrage, das Vorhandensein von Koka in Coca-Cola zu kommentieren. Bis 1905 wurden die Blätter nicht entkokainisiert, und so enthielt Coca-Cola damals ziemlich viel Kokain. Der schlechte Ruf des Kokains führte dazu, dass die heilenden Wirkungen der Kokapflanze in den Hintergrund rückten und die indigene Kultur der kokakonsumierenden Völker unter Druck geriet. Die getrockneten Blätter haben richtig gekaut stark tonisierende Eigenschaften und werden von vielen Menschen als Superfood geschätzt.

BLAUER LOTUS *Nymphaea nouchali* var. *caerulea*

Die heilige Blume

Im alten Ägypten war der Blaue Lotus – bei uns als Blaue Seerose bekannt – ein heiliges Gewächs und zusammen mit dem Papyrus die wichtigste Nutzpflanze. Die beiden Pflanzen symbolisierten Ober- und Unterägypten. Zusammen abgebildet, standen sie für die Vereinigung der beiden Landesteile. Es konnte nachgewiesen werden, dass der Blaue Lotus bereits 3000 v. Chr. in quadratischen, gleichmäßig angeordneten Feldern kultiviert wurde. Inzwischen ist er die Nationalblume Ägyptens und noch immer auf architektonischen Verzierungen dargestellt. Sieht man von der Abbildung auf Bauwerken einmal ab, gibt es heute kaum noch Wissen über seine Verwendung in Ägypten.

Für die alten Ägypter war die Blume, die *seshen* genannt wurde, ein Symbol für Geburt und Wiedergeburt und für den Fluss Nil. Von oben gesehen hat der Nil mit seinem Delta eine Lotusform. Die Ägypter assoziierten den Blauen Lotus mit der Sonne, die ebenfalls in der Nacht verschwand und am Morgen zurückkehrte, so wie die Lotusblüte sich abends schließt und morgens wieder öffnet. Aber die Pflanze wurde auch mit Tod und Wiedergeburt assoziiert. Das berühmte Ägyptische Totenbuch enthält Zaubersprüche, die einen Menschen in einen Blauen Lotus verwandeln konnten. Unter Sarkophagmalereien entdeckte ich die Abbildung eines Blauen Lotus an der Stelle des dritten Auges (zwischen den Augen) der Person im Sarkophag. Die Blüten dienten häufig als Opfergaben bei religiösen Festen und wurden bei Ritualen zur Bewusstseinserweiterung konsumiert. Der Blaue Lotus wurde von den Priestern des alten Ägyptens wegen seiner medizinischen Eigenschaften seit mehr als 3000 Jahren geschätzt und fand als spirituelles Sakrament in Form von psychedelischem Wein aus dem Todes- und Wiedergeburtskult Verwendung. Die Inhaltsstoffe der Blüte sind alkohollöslich. Heute ist der Blaue Lotus sehr selten und wächst in Ägypten kaum noch in der Natur – er wird inzwischen in Thailand kultiviert. Ein Grund dafür ist, dass der in den Nil gebaute Assuan-Staudamm heute Überschwemmungen des Flusses und Schlammablagerungen an seinen Ufern wirksam verhindert.

Einige Ägyptologen bezweifeln, dass der Blaue Lotus verzehrt wurde. Ich bin anderer Meinung und überzeugt davon, dass die Ägypter ihn konsumiert haben. Er wird in alten Hieroglyphen abgebildet, und auch in der Grabstätte der Idut in Sakkara ist er neben anderen, dem Pharao und den Göttern geopferten Nahrungsmitteln zu erkennen. Ich habe es mit eigenen Augen gesehen. Auf meinen Reisen zu verschiedenen Orten in Ägypten entdeckte ich den Blauen Lotus immer wieder zwischen Nahrungsmitteln. Ich bin sogar überzeugt, dass das Geheimnis und die Verwendung des Blauen Lotus Schlüssel zum Bewusstsein der alten ägyptischen Pries-

BLAUER LOTUS

ter sind. Der Blaue Lotus wurde im alten Ägypten oft mit Alraune und Mohn abgebildet, beides Pflanzen mit psychoaktiven Eigenschaften.

Laut dem Biologieprofessor William Embodem verwendeten die Ägypter die Pflanze wegen ihrer narkotischen Eigenschaften. Hochstehende Priester benutzten sie, um eine schamanische Ekstase hervorzurufen. Der Blaue Lotus hat eine leicht halluzinogene Wirkung, die angeblich himmlischen Ursprungs sein soll. Auf mich hat er leicht euphorisch und beruhigend gewirkt, ähnlich wie MDMA und Opium. Die Wirkung ist sehr subtil. Während des Ersten Weltkriegs wurde der Blaue Lotus in Europa als Narkosemittel verwendet. Die Pflanze enthält außerdem eine ganze Reihe von Antioxidantien, die freie Radikale abfangen.

Im November 2014 war ich beruflich sechs Wochen in Ägypten. Während meines Aufenthalts sammelte ich mit der Botanikerin Madam Sohar in einem botanischen Garten im Herzen Kairos 50 blaue Lotusblüten. Wir schnitten sie klein und legten sie drei Wochen in starkem Alkohol ein. Dann ließen wir den Alkohol über dem Wasserbad verdampfen und tranken den Extrakt. Die Wirkungen waren mild, aber durchaus spürbar. Auch bei stärkeren Extrakten, die ich später in den Niederlanden fand, erfuhr ich eine Bewusstseinsveränderung. Mehrere unabhängige Studien wiesen psychoaktive und stimulierende Eigenschaften des Blauen Lotus nach.

Die Pflanze wurde zur Behandlung der Leber, als Mittel gegen Verstopfung, zur Regulierung des Urins und als Gegenmittel gegen Sommerhitze genutzt. Sowohl die Knollen als auch die Blüten fanden äußerlich und innerlich Anwendung. Lotus wird im Allgemeinen auf der ganzen Welt als Heilmittel konsumiert. Er gilt als Mittel zur Stärkung der Libido und hilft gegen Stress. Wie Ginseng ist auch Lotus ein Adaptogen und verbessert die Produktion und Zirkulation der Körperflüssigkeiten. Der Blaue Lotus wird seit Langem zur Herstellung von Parfüms und in der Aromatherapie verwendet. Sein Duft ist einzigartig und leicht und hat eine beruhigende Wirkung auf den Geist.

Blauer Lotus — Im alten Ägypten verarbeitete man die Pflanze zusammen mit anderen Psychedelika wie Pilzen, Opium und Alraunen in psychedelischen Trünken. Diese wurden in den Mysterienschulen als Sakrament konsumiert und bei Opfergaben für Götter und Pharaonen verwendet. Die hier abgebildeten ägyptischen Priester nutzten den Blauen Lotus, um sich in schamanische Trance zu versetzen. Sie tragen den Blauen Lotus auf Opferschalen. (Nach einer Zeichnung aus *Ornamented Design Encyclopedia,* 2001)

HUACHUMA-KAKTUS

Trichocereus macrogonus var. *pachanoi*

Die Quelle des Wissens

Der Huachuma-Kaktus ist eine der ältesten magischen Pflanzen Südamerikas und wird seit über 3000 Jahren verwendet. Er gilt als eine der wichtigsten *teacher plants*. In Peru wurde der meskalinhaltige Kaktus – nach der Ankunft der Spanier und damit des Christentums – nach dem christlichen Heiligen Petrus auch San-Pedro-Kaktus genannt. Dem heiligen Petrus wird, genau wie dem Kaktus, nachgesagt, er besitze den Schlüssel zum Himmel. Bei wichtigen Entscheidungen wurde Huachuma als Berater konsultiert. In Bolivien pflanzt man den Kaktus in die Nähe des Hauses, wo er das Heim schützt und als »Antenne« zur Nachbarschaft dient.

Noch immer wird die Kraftpflanze in Heilungszeremonien und der Wahrsagerei eingesetzt. Als Volksmedizin soll sie das »Gehirn neu justieren«, daher wird sie in Mikrodosen als Hirntonikum genutzt. Die psychotherapeutischen Zeremonien, bei denen größere Mengen von Kaktussaft getrunken werden, können rund 24 Stunden dauern. Aus eigener Erfahrung weiß ich, dass die Wirkung des Kaktus in hohen Dosen bis zu 18 Stunden anhalten kann.

Während der etwa eine Stunde nach der Einnahme beginnenden Erfahrung verändert sich die Wahrnehmung der Welt, wie wir sie kennen, und man scheint in eine andere Dimension zu reisen. Zeit und Raum, wie wir sie im normalen Wachzustand erfahren, werden transformiert. Westliche Wissenschaftler betrachten den Kaktus daher als Halluzinogen und sehen Meskalin

HUACHUMA-KAKTUS

als Auslöser von Visionen und spirituellen Erfahrungen. Der Schamane würde sagen: »Es ist Gott.« Es kommt eben auf die jeweilige Perspektive an.[1] Die meisten Menschen im Westen haben eine lineare und reduktionistische materialistische Weltsicht und verstehen kaum, was im Bewusstsein geschieht, bevor sie es nicht selbst ausprobiert haben. Der Kaktus befähigt den Benutzer, ohne Eingreifen von heiligen Priestern oder einer Kirche, direkt und ohne Dritte in Kontakt mit dem »Himmel« zu treten, während er sich noch auf der Erde befindet.

Künstler und Literaten nutzen das Meskalin aus dem Huachuma-Kaktus zur Inspiration. Einer der berühmtesten war Aldous Huxley, der mit Meskalin experimentierte und dadurch höhere Formen des Bewusstseins erlangte. Viele kennen sein Buch *Die Pforten der Wahrnehmung*. Darin erklärt Huxley, dass wir in einem engen Wahrnehmungsfeld lebten und unseren Geist für eine größere Vielfalt an Wahrnehmungserfahrungen öffnen müssten, um unser Leben zu verbessern. Er glaubte, dass psychedelische Erfahrungen für jeden von Vorteil sein könnten, und argumentierte, dass Meskalin ein nützliches Arzneimittel zur Veränderung unseres Bewusstseins sei. Meskalin ist spiritueller und hat gegenüber Drogen wie Alkohol und Tabak deutliche Vorteile. Es hilft uns, mit sozialen Konventionen zu brechen und die Welt um uns herum auf unsere eigene, einzigartige Art der Wahrnehmung zu erleben.

Bei Zeremonien, bei denen Huachuma verabreicht wird – meist nachts –, übernimmt ein *curandero* (Medizinmann oder Ritualspezialist) die Leitung. Während der Zeremonie sitzen die Teilnehmer im Kreis um ein Feuer. Der *curandero* hat oft zwei Assistenten.[2] Als ich an so einer Zeremonie teilnahm, erklärte mir der Medizinmann, welche Eigenschaften der »Geist« des Kaktus habe und was mich erwartete. Es schließt sich ein Reinigungsritual an, bei dem Palo Santo oder ein anderer wohlriechender Rauch verwendet wird. Die Teilnehmer sollten ihre Intentionen laut oder in Gedanken aussprechen und den Extrakt aus Tonschalen trinken. Es werden Lieder gesungen und die Teilnehmer auf Instrumenten begleitet. Bei der Zeremonie können weitere Sakramente ausgeteilt werden. Wird die Dosis der Medizin erhöht, werden visuelle Visionen und luzide Träume stärker. Mit geschlossenen Augen nimmt man geometrische Muster und (fluoreszierende) Farben wahr. Der Extrakt verursacht keinen Kater. Die Medizin wirkt subtil noch Wochen später. Zusätzlich zu den heilenden Eigenschaften einer Huachuma-Zeremonie soll der Kaktus Gebete und Wünsche wahr werden lassen.

Bei den San-Pedro-Zeremonien spielt Tabak oft eine wichtige Rolle. Hierbei wird Schnupftabak (Rapé) verwendet, um »die Pforten zu öffnen«. Das Tabakpulver, gemischt mit Asche und teils auch anderen Pflanzen, wird durch eine spezielle Pfeife oder Röhre aus Bambus oder Knochen in die Nasenlöcher geblasen. Manchmal wird auch Tabak geraucht. Vor dessen Verwendung singt der Medizinmann ein Lied, um den Geist des Tabaks einzuladen und so die medizinische Wirkung zu aktivieren.

Wenn man einer San-Pedro-Zeremonie beiwohnt, sollte man deutlich sagen, dass keine Engelstrompete untergemischt werden soll. Diese wird manchmal auch Ayahuasca-Getränken zugesetzt. Bei mir stand die Pflanze auf der Dachterrasse, bis mein Hund sie fraß und fünf Tage vor Angst zitterte. Vor der Zeremonie sollte man sich zudem ausreichend einweisen lassen und bestimmte Lebensmittel oder Handlungen meiden. Der magische Kaktus hilft den Bewohnern Südamerikas seit Tausenden von Jahren, subtile Energien zu erfahren sowie Informationen und Heilung zu erhalten. Immer mehr Menschen im Westen entdecken den Kaktus – nicht als Unterhaltung, sondern um tiefe bewusstseinsverändernde Erfahrungen und Visionen zu erleben und ihn als Schlüssel zur Pforte der Weisheit zu nutzen.

Chavín-Kultur — Eine Hieroglyphe aus der gewaltlosen Chavín-Zivilisation in Peru zeigt ein Wesen mit einem Huachuma-Kaktus (800 v. Chr.). Das Original befindet sich in Peru.

Die Pflanze des Herzens

Der Peyote-Kaktus – unter diesem Namen ist die Kraftpflanze meistens bekannt – stammt ursprünglich aus Mexiko und dem Süden Nordamerikas. Dort ist er auch heute noch in freier Natur zu finden. Er enthält das starke Alkaloid Meskalin. In der mexikanischen Sprache der Indigenen, Nahuatl, die auch von den Azteken gesprochen wurde, bedeutet *peyotl* »strahlendes Herz«. In dem aztekischen *Florentiner Codex* wird Peyotl als Medizin gegen Fieber und als Schutz beschrieben. Der Kaktus wird medizinisch bei Gelenkschmerzen, Lähmungen und zur Heilung von Wunden eingesetzt. Als heilige Pflanze spielt er für die indigenen Ureinwohner eine zentrale Rolle in ihrer Wahrnehmung der Welt und wird von ihnen als Heilmittel verwendet. Die Pflanze dient in Riten als Sakrament, und viele Menschen verspüren eine heilige Beziehung zu dieser *teacher plant.*[1]

Inzwischen kann man die Pflanze weltweit finden, da Reisende die Kakteen mitnahmen und sich die Samen über botanische Gärten verbreiteten. Auch im privaten Umfeld findet sich der Kaktus inzwischen. Für einige der Huicholen, einer indigenen mexikanischen Ethnie, mag dies wie Blasphemie erscheinen. Ihrer Meinung nach gehört Peyote nur auf ihren heiligen Mutterboden. Die Huicholen versammeln sich jährlich und pflegen eine viele Tausend Jahre alte Tradition. Auf diesen Treffen verspeisen sie den Kaktus an einem besonderen heiligen Ort, Wirikuta genannt. Auf Peyote-Wallfahrten sammeln

sie *spirit power,* finden Balance und »vervollkommnen sich als Mensch«. Durch zeremonielle Pilgerfahrten durchlaufen die *peyoteros* eine Metamorphose und können sich nach einer Reihe von Reisen in Schamanen verwandeln. Laut dem Medizinmann Kuathtli Vasquez, den ich 2014 traf, sind die Huicholen die stärksten energetischen Heiler der Welt. Sie nutzen Vogelfedern, um das menschliche Energiefeld zu transformieren und es gewissermaßen mit einem Blitzschlag zu reinigen und Ballast zu entfernen.

Der heilige Peyote wird in dem Buch *Der Indio: Kampf und Ende eines Volkes* von Ernst Löhndorff beschrieben. Das Buch schildert die Aufdringlichkeit der westlichen »Zivilisation«, die das Volk der Yaqui seines Landes beraubt und damit seinen Untergang einleitet. Der Autor lebte während des Ersten Weltkriegs vier Jahre bei den Indigenen in der weiten Sierra in den Bergen Mexikos. Er beschreibt die Bräuche der letzten Nachkommen dieses Stammes. Für die Yaqui war Peyote ein wichtiges Sakrament zur Herbeiführung von Visionen. Löhndorff schreibt, dass unter Einfluss von Meskalin seine leuchtenden Augen wie eine magische Laterne Bilder ausstrahle, die ihm in den Sinn kommen.[2]

Peyote spielte eine zentrale Rolle in den Zeremonien und rituellen Praktiken der Mayas und der Azteken. Die indigenen Stämme Mexikos erleben, dass Peyote ihnen eine Verbindung zum Geisterreich, zu ihren Ahnen und den Göttern der Erde und der Natur ermöglicht. Peyote wurde und wird zur Heilung persönlicher Probleme und Traumata und zur Stärkung der Verbindung mit der Natur eingesetzt – er soll Mensch und Gemeinschaft wachsen lassen. In den Vereinigten Staaten ist der Gebrauch von Peyote verboten. Die einzige Ausnahme gilt für religiöse Zeremonien der Native American Church. Diese Glaubensrichtung besteht meist aus Nachfahren der First Nations. Sie verwenden Peyote als heiliges Sakrament. Aus diesem Grund fällt der Gebrauch unter die Religionsfreiheit.

Ich habe selbst an Zeremonien teilgenommen, bei denen der Kaktus als Sakrament ausgeteilt wurde. Diese Zeremonien können bis zu 20 Stunden dauern. Ich wurde eingeladen, morgens um acht Uhr eine *magic show* für eine Gruppe von Leuten zu machen, die gerade eine nächtliche Initiation und Zeremonie absolviert hatten. In der Mitte des Raums stand ein großes rotes Herz aus Blumen, das als Altar diente. Um das Herz herum saßen weiß gekleidete Menschen. Bei meinem Überraschungsauftritt war ich in magisches Schwarz gekleidet.

PEYOTE-KAKTUS

Nach Abschluss meiner Vorstellung, die ich beendete, indem ich einen Tisch durch den Raum schweben ließ, setzte ich mich zu den anderen und erhielt als Dank für meine Show die Medizin. Zuerst aß ich ein kleines Stück getrocknetes Peyote-Pulver und spürte nach etwa einer Dreiviertelstunde, dass es eine freundliche Pflanze war. Ich sage das so, weil ich weiß, dass manche Pflanzen einen mental fertigmachen können. Der Medizinmann erklärte mir, dass er mich nicht mit der möglichen Wirkung des Kaktus überfordern wolle. Besser sei es, die Dosis langsam zu steigern und dabei auf die Wirkung zu achten. Dann erhielt ich eine größere Menge Pulver. Alles wurde kristallklar, und meine Wahrnehmung schärfte sich. Als ich meine Augen schloss, sah ich geometrische Muster, die denen auf einer Maske ähnelten, die ich auf der Reise in Mexiko-Stadt gekauft hatte. Die Kunst der Huicholen ist symbolisch, geometrisch, organisch, leuchtend bunt und kraftvoll. Oft sind es kleine Perlen, die mit Bienenwachs in geometrischen Mustern auf anthropomorphe und tierische Figuren geklebt sind.

Die meisten Indigenen Amerikas leben von der Gnade der Visionen und leben ihr Leben aus der Vision heraus. Die rituelle und therapeutische Verwendung entheogener Pflanzen und Pilze gehört seit Jahrtausenden zur freien Lebensweise der Indigenen vieler Länder, die zu den großen amerikanischen Zivilisationen ihren Teil beigetragen haben, wie man an Tempelruinen im Urwald von Yucatán in Mexiko und überlieferten Schriften über fortschrittliche Astronomie und Medizinmeister erkennen kann.

Eine Vision kann durch verschiedene Methoden herbeigeführt werden. Die Sioux hielten sich dazu vier Tage auf einem Berg auf und hoben eine Grube aus, in der sie hockten, während sie fasteten und um eine Vision baten. Das Fasten wird als Quelle der Konzentration von Kraft gesehen. Sogenannte *vision quests* nehmen einen zentralen Platz im Leben vieler Indigener ein. Wenn sie auf einer solchen Sitzung mit einer Vision gesegnet werden, wissen sie von ihrer Seele aus, was sie im Leben zu tun haben. Bei einigen Stämmen ist das Sakrament für Visionen der heilige meskalinhaltige Peyote-Kaktus.

Übrigens, meiner Meinung nach sollte man eine Vision nicht mit einer Halluzination verwechseln. Bei einer Vision wird der Geist klar, und man erhält tiefe Einsichten, die später oft in der Praxis Anwendung finden. Visionen kommen in allen Kulturen auf der Welt vor. Für uns sind die in der Bibel beschriebenen Visionen am bekanntesten. Eine Vision kommt zu uns durch das innere Auge – das geistige Auge, das in einigen Kulturen auch als drittes Auge bezeichnet wird. Eine Halluzination dagegen ist ein Eindruck, der als reale Wahrnehmung erscheint, aber keine objektive Realität, sondern eine Illusion ist. Ich glaube, dass die Realität, wie wir sie wahrnehmen, gewissermaßen ein Einklang von Halluzinationen ist und dass die Realität geprägt ist von Annahmen und abgesprochenen Ergebnissen, sodass unsere Gehirn Halluzinationen als Realität wahrnimmt. Das nennen wir Realität: kontrollierte Halluzinationen, die vom Gehirn interpretiert werden, um zu überleben. Sind die vorhersagenden Wahrnehmungen des Gehirns nun unser Bewusstsein, oder sind wir selbst das Bewusstsein?

Visionen sind sehr bedeutungsvolle, eigentümliche, aber natürliche Erfahrungen, in denen tiefgründige, symbolische und bedeutungsvolle Szenen in mehreren Dimensionen im Gehirn gesehen werden. Durch visionäre Erfahrungen konnten Menschen Großes geschehen und Wirklichkeit werden lassen. Nicht nur in alten Traditionen und Ritualen, auch in unserem täglichen Leben. Sowohl Steve Jobs (der Gründer von Apple) als auch Bill Gates (der Gründer von Microsoft) erhielten ihre Visionen unter dem Einfluss von LSD, wobei ihnen vor ihrem geistigen Auge klar gezeigt wurde, was sie zu tun hatten. LSD ähnelt Meskalin und Psilocybin. Diese Art von Geschichten und die Verwendung von Psychedelika durch Professoren und Wissenschaftler sowie das sogenannte Microdosing, bei dem kleine Mengen von Psychedelika verwendet werden, um Kreativität und Intelligenz zu fördern, sind unter anderem im Silicon Valley sehr beliebt. Richtig angewandte Psychedelika verschaffen dem Menschen einen Vorteil gegenüber anderen Menschen und Tieren, denn sie legen durch die Verwendung dieser prähistorischen magischen Substanzen mehr Gehirnverbindungen. Durch Psychedelika wird man sich auch der Tatsache bewusst, dass alles miteinander verbunden ist. Die Pforten der Wahrnehmung öffnen sich ein Stück weiter.

KNOLLEN UND WURZELN

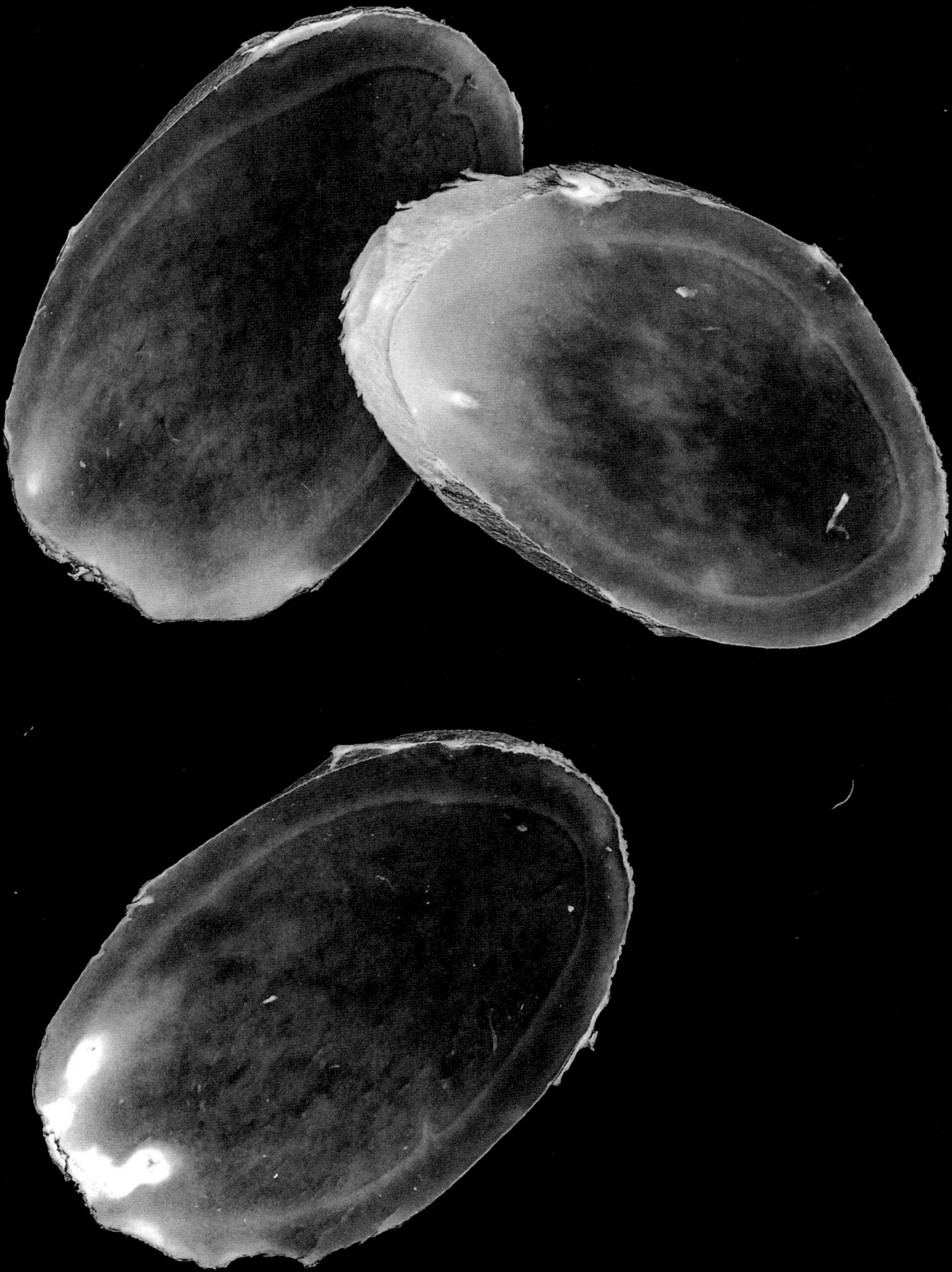

J O R I S

»Knollen und Zwiebeln spielen in meinen Gerichten oft eine wichtige Rolle. Sie sollten in keiner Suppe und Sauce fehlen. Eine Millefeuille von Roter Bete ist eine meiner Spezialitäten, ebenso wie gerösteter Knollensellerie. Im Restaurant rösten wir den Sellerie oftmals drei Stunden am Spieß. Die Außenseite wird dann schön goldbraun, das Innere ist gut durchgegart und sehr schmackhaft.

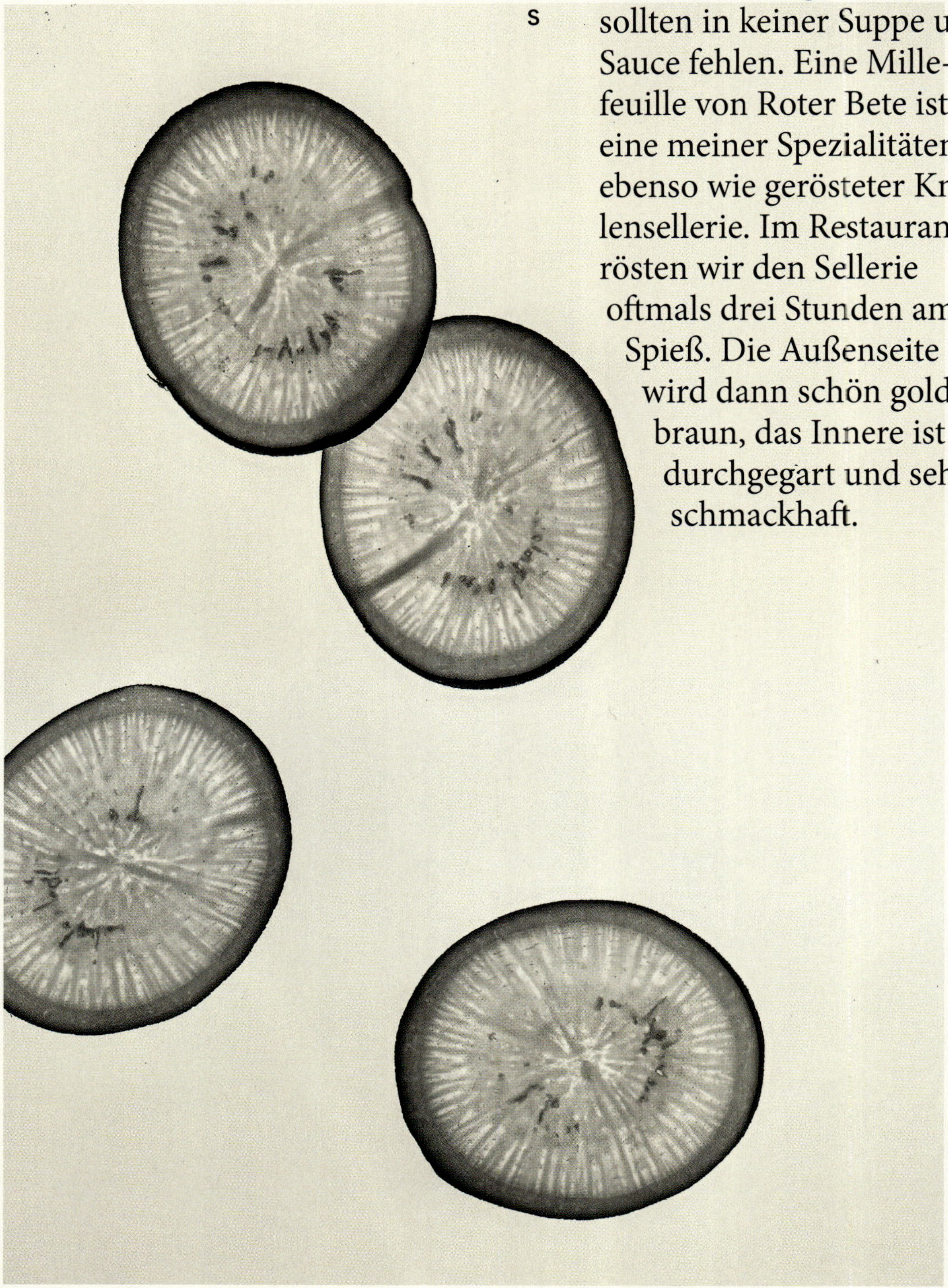

Und denk nur an Zwiebeln: Ich kann mir eine Küche ohne Zwiebeln nicht vorstellen. Sie haben einen festen Platz in fast all meinen Gerichten. Gegart, roh oder mariniert, klein gehackt zur Auster. Fein gehackt mit Schnittlauch im Tatar. Oder schön karamellisiert zu Bohnen. Knollen und Zwiebeln sind fester Bestandteil meiner Küche. Das liegt auch an ihrer Süße. Dieses Gemüse stemmt sich im Winter erfolgreich gegen die Kälte, damit es nicht erfriert. Zucker hat, genau wie Salz und Alkohol, eine gefrierpunktsenkende Wirkung.«

WOUTER »Stimmt, Pflanzen haben spezielle Methoden entwickelt, um sich zu schützen. Sie können sich ja nicht so verteidigen wie Tiere mit ihren scharfen Zähnen, Muskeln und Krallen, sondern haben mit der Zeit andere wirkungsvolle Überlebensstrategien entwickeln müssen.«

J »Sind diese Abwehr- und Verteidigungsstoffe in Pflanzen eigentlich schlecht für uns Menschen?«

W »Das kommt darauf an. Die bioaktiven Inhaltsstoffe von Pflanzen, die eine positive Wirkung auf den menschlichen Körper haben, werden auch Phytonährstoffe genannt und in unterschiedliche Klassen eingeteilt. Pflanzen enthalten manchmal auch Antinährstoffe, die meist eine negative Wirkung auf die Gesundheit haben. Antinährstoffe sind natürliche Stoffe, die in einigen Lebensmitteln vorkommen. Sie können die Aufnahme von Nährstoffen verhindern oder giftig sein. Bekannte Antinährstoffe sind Oxalsäure, Phytinsäure und Lektine. Oxalsäure findet sich in einigen Obst- und Gemüsesorten und wird unter anderem dazu genutzt, um Flecken in Holz zu entfernen. In kleinen Mengen ist Oxalsäure nicht oder kaum schädlich für uns Menschen. Phytinsäure ist in einigen Getreidesorten enthalten und trägt unter anderem dazu bei, dass unser Körper Mineralien verliert. Mit fermentiertem Mehl lässt sich Phytinsäure entfernen. So wurde früher zum Beispiel Pfannkuchenmehl über Nacht in Buttermilch eingeweicht, um die Phytinsäure zu reduzieren und sie leichter verdaulich zu machen.«

J »Witzig, jetzt, wo du das sagst, muss ich an Oxalis denken, den Sauerklee, der in den Wäldern wächst und den wir wegen seiner köstlichen Säure gern in unseren Gerichten verarbeiten. Wir wissen, dass wir ihn immer nur in kleinen Mengen verwenden sollten, aber zu viel ist ja bekanntlich nie gut.«

W »Fermentierst du manchmal Lebensmittel, auch wenn du damit nicht unbedingt die Phytinsäure aus dem Produkt herausbekommst?«

J »Fermentation ist eigentlich ein Prozess der kontrollierten Fäulnis, und ich liebe sie. Mit dieser Methode lassen sich Zutaten länger haltbar und oft auch schmackhafter machen. Viele unserer Lebensmittel haben einen Fermentationsprozess durchlaufen. Denk nur an Sauerteigbrot, Bier, Butter, Joghurt, Käse und getrocknete Wurst sowie an zahlreiche andere Alltagsprodukte. Sauerkraut wäre ohne Fermentation nicht sauer. Sauerkraut, Gewürzgurken und Kimchi werden allesamt durch die Lacto-Fermentation hergestellt. Auch in meiner Küche wenden wir diese Technik an. Wir fügen eine kleine Menge Salz hinzu, oft etwa zwei Prozent, um schlechte Bakterien abzutöten. Die Milchsäurebakterien können dies aushalten. Sie vermehren sich ungestört und machen das Gemüse schön sauer. Wasser, Salz und das zu fermentierende Produkt – mehr braucht es nicht. Schon eine kleine Menge Salz tötet die schädlichen Bakterien, während die guten Bakterien am Leben bleiben und den Zucker in Milchsäure umwandeln. In dieser Säure bleibt das Produkt gut und sicher konserviert. Ich experimentiere gern mit fermentierten Getränken wie etwa dem Ingwerbier.«

INGWER

ZINGIBER OFFICINALE

Der Magenstärker

Der Ingwer kommt ursprünglich aus Asien (vermutlich aus dem tropischen Indien), wird aber inzwischen auch in anderen (sub)tropischen Klimazonen angebaut. In Indien verwendet man ihn schon seit Vedischer Zeit (1500 v. Chr.), er wird dort *vishwabhenesaj,* »die universelle Medizin«, genannt.[1] Im 13. und 14. Jahrhundert war Ingwer, zusammen mit schwarzem Pfeffer, eines der meistgehandelten Gewürze. In der südwestlichen indischen Provinz Kerala, wo ich sechs Monate lebte, gibt es noch immer einen regen Handel mit diesem Gewürz. Der Ingwer im Supermarkt kommt heutzutage hauptsächlich aus China, Brasilien und Peru, wo er in Massen angebaut wird. Die Wurzel ist kaum noch in der Natur zu finden.

Ingwer gehört zur Familie der Zingiberaceae, zu der auch Kurkuma zählt. Der Gattungsname der Pflanze, *Zingiber,* stammt aus dem Sanskrit und leitet sich von *srngaveram* (Hirschgeweih) ab, was sich auf die Form der Wurzel bezieht. Der Artname *officinale* verweist darauf, dass die Wurzel lange Zeit in der Pharmazie und in der westlichen Medizin Anwendung fand. Ingwer ist ein süßes, scharfes und aromatisches Gewürz, das häufig in der Küche genutzt wird.

Verwendung

In der medizinischen Fachliteratur wurde viel über Ingwer geschrieben. Er unterstützt verschiedene Körperprozesse, wie die Verdauung, bekämpft Übelkeit, wirkt entzündungshemmend und antimikrobiell, hilft bei Bluthochdruck und wirkt wärmend.[2] Die Wurzel enthält viele Vitamine und Mineralstoffe, darunter die Vitamine B_1, B_2, B_6 und C, sowie Calcium, Magnesium, Eisen und Zink.

Vom chinesischen Weisen Konfuzius (551–479 v. Chr.) ist bekannt, dass er zu jeder Mahlzeit frischen Ingwer aß, um seine Verdauung anzuregen und Darmgase zu mindern. Chinesische Seeleute kauten Ingwer gegen Seekrankheit.[3] Ingwer stärkt den Magen und stoppt Übelkeit. Auch griechische, römische und arabische Ärzte nutzten ihn bei Verdauungs- und Magenbeschwerden.

Ingwer wird von Kräuterkundigen verwendet und sowohl im Ayurveda als auch in der traditionellen chinesischen Kräuterkunde als Stimulans betrachtet. Er soll krampflösend, magenstärkend, gasausscheidend und menstruationsfördernd wirken. Ingwer ist reich an Antioxidantien. Studien zeigen, dass er bei Arthrose, vor allem im Knie, hilft.

Aussehen

Die Ingwerwurzel ähnelt einem Hirschgeweih und verzweigt sich in mehrere Finger. Sie hat eine matte hellbraune Oberfläche, das Innere ist hellgelb. Oberirdisch ist die Pflanze schilfartig mit lanzenförmigen, wechselnd angeordneten grasähnlichen Blättern. Sie wird bis zu anderthalb Meter hoch und wächst am besten im Halbschatten in gut durchlässigem, humusreichem, alkalischem Boden. Allerdings gedeiht Ingwer nicht in trockenen Gebieten, er wird hierzulande nur in Gewächshäusern oder in Innenräumen angebaut.

Wenn die Pflanze reif ist – in den Tropen ist das ungefähr neun bis zehn Monate nach dem Pflanzen der Fall –, wird der Wurzelstock geerntet, gesäubert und getrocknet. Man lagert ihn in kühlen, gut belüfteten Räumen und mahlt die getrocknete Wurzel zu Pulver.

EIGENSCHAFTEN

Magenstärkend

Hilft gegen Erbrechen

Regt die Verdauung an

Verbessert den Appetit

Gefäßerweiternd, stimuliert die Durchblutung, insbesondere der Haut

Entzündungshemmend

Antioxidans

Wärmend

BEZUGSQUELLEN

Ingwer ist im Supermarkt, beim Gemüsehändler, im asiatischen Lebensmittelladen und im Bioladen erhältlich. Es gibt ihn sowohl frisch als auch getrocknet in Pulverform.

Ingwer kann leicht selbst angebaut werden. Er ist eine tropische Pflanze und braucht daher Wärme zum Wachsen. In den heißen Sommermonaten kann die Pflanze im Freien stehen, aber im Allgemeinen sind die Bedingungen im Haus zuverlässiger. Den Wurzelstock einige Stunden vor dem Einpflanzen in Wasser einweichen und dann mit den Augen nach oben nicht zu tief in die Erde setzen.

Extraktion und Dosierung

Schon ein bis anderthalb Gramm Ingwer beugt Übelkeit vor, einschließlich Übelkeit bei Chemotherapie, nach Operationen, bei Reise- oder Seekrankheit und Morgenübelkeit. Ein Gramm frischer Ingwer oder ein Glas Ingwertee reicht aus. Für einen Ingwertee ein Stück der Ingwerwurzel in Scheiben schneiden und die Wurzel mit kochendem Wasser übergießen.

Ingwer ist mit schwarzen Teeblättern, Zimt, Nelken und Kardamomkapseln ein wesentlicher Bestandteil des indischen, würzigen Milchtees Chai. In Surinam ist das alkoholfreie Ingwerbier (mit Gewürznelken) ein beliebter Durstlöscher.

Im Winter wärmt Ingwer den Körper, wenn man ihn als Tee trinkt und häufig in Speisen verwendet. Als Grundlage für viele chinesische Gerichte wird ein Stück Ingwer mit Knoblauchzehen im Mörser zerstoßen und kurz in Öl angebraten. Auf diese Weise ist er problemlos in Speisen zu verwenden. Auch in einer Kürbissuppe ist etwas geriebener Ingwer äußerst schmackhaft und verdauungsfördernd.

Wer mehrmals pro Woche einen Teelöffel gemahlenen Ingwer verzehrt, reduziert das Risiko von Entzündungen im Körper und baut Fett in der Leber ab, was die Funktion dieses wichtigen Entgiftungsorgans verbessert.

Ingwer ist auch äußerlich anwendbar und verbessert als Öl lokal die Durchblutung.

VORSICHT

Ingwer hat Wechselwirkungen mit einigen Medikamenten, darunter das Gerinnungsmittel Warfarin und das Herz-Kreislauf-Medikament Nifedipin. Bei hohem Fieber sollte man Ingwer meiden.

KANDIERTER INGWER MIT SCHLAGSAHNE

FÜR 4 PERSONEN

250 g junger Ingwer
ca. 250 g Kristallzucker
100 g Sahne, steif geschlagen

Meine Mutter liebt dieses Dessert. Es ist einfach in der Zubereitung und durch den kräftigen Geschmack des Ingwers in Sirup braucht es außer Schlagsahne nichts mehr.

Einige schöne Stücke Ingwer auswählen. Möglichst jungen Ingwer verwenden, älterer Ingwer ist zu faserig. Den Ingwer schälen. Das geht leichter, wenn er zuerst in grobe Stücke geschnitten wird. Den geschälten Ingwer in Kugeln oder Würfel schneiden oder ganz lassen. Ich mag ihn ganz, aber das ist etwas unpraktischer zum Aufbewahren.

Einen Topf mit kaltem Wasser füllen, den Ingwer hineingeben und zum Kochen bringen. Dann 1 Stunde sanft köcheln lassen. Darauf achten, dass der Ingwer von Wasser bedeckt ist. Abgießen und so viel kaltes Wasser hinzugießen, dass der Ingwer gerade bedeckt ist. Hinweis: Die zugefügte Wassermenge abwiegen und das gleiche Gewicht an Zucker hinzufügen.

Erneut aufkochen und 30 Minuten leicht köcheln lassen. Vom Herd nehmen, abkühlen lassen und den Ingwer mit dem Sirup über Nacht in den Kühlschrank stellen. Dann den Ingwer erneut 10 Minuten im Sirup kochen und nochmals abkühlen lassen. Dann noch ein letztes Mal 10 Minuten kochen. Wenn der Sirup zu stark verdampft ist, jedes Mal wieder ein wenig Wasser hinzugießen. Der Ingwer sollte jetzt weich sein.

Den Ingwer in Sirup zwei Wochen im Kühlschrank aufbewahren. Wenn die Gläser eingeweckt werden, ist er sogar Monate haltbar. Oder direkt die Sahne steif schlagen und zum frischen Ingwer servieren.

INGWERBIER MIT ERDBEEREN

ERGIBT CA. 1½ LITER

Für den Ingwerbier-Starter
30 g Kristallzucker (pro Tag, 7 Tage)
20 g frisch geriebener Ingwer (pro Tag, 7 Tage)

Für den Sirup
1 kg Erdbeeren
½ Bund Basilikum (ca. 45 g)
100 g Kristallzucker

Utensilien
sterilisiertes Einmachglas mit ca. 1 l Fassungsvermögen
Käsetuch
Gummiband
sterilisierte druckbeständige Flasche mit Verschluss und ca. 1½ l Fassungsvermögen (oder mehrere kleinere Flaschen), z. B. PET-Mineralwasserflaschen

Für den Ingwerbier-Starter, der zunächst eine Woche stehen muss, 1 Liter Wasser in ein sterilisiertes Einmachglas gießen und den Zucker unter Rühren darin auflösen – das Wasser nicht erhitzen. Den geriebenen Ingwer einrühren. Ein Stück Käsetuch auflegen und mit einem Gummiband fixieren. Das Glas an einen dunklen, warmen Ort stellen, idealerweise bei einer Temperatur von etwa 30 °C. Den Ingwerbier-Starter eine Woche lang täglich mit 30 g Zucker und 20 g geriebenem Ingwer »füttern«. Wenn sich am Ende der Woche Bläschen zeigen, kann er weiterverarbeitet werden.

Für den Sirup die Erdbeeren putzen und in dünne Scheiben schneiden. In einen Topf mit 1 Liter Wasser geben und vorsichtig zum Kochen bringen. 30 Minuten köcheln lassen, dann das Basilikum hinzufügen. Durch ein Käsetuch über einer Schüssel abseihen. Das Käsetuch gut ausdrücken (Vorsicht, es ist heiß!), damit auch der letzte Saft herausgedrückt wird. Es sollten nun etwa 1½ l Flüssigkeit vorhanden sein. Den Zucker einrühren, bis er sich aufgelöst hat. Den Sirup vollständig abkühlen lassen.

Die Flüssigkeit wiegen. Die erforderliche Menge Ingwerbier-Starter abwiegen: Das sind 10 Prozent des Gewichts des Sirups. (bei 1½ l Sirup noch 150 g Ingwer-Starter zur Flüssigkeit hinzufügen). Die abgewogene Menge des Starters zum Sirup geben. Gut umrühren und das Getränk in die Flasche füllen. Dann zwei Tage außerhalb des Kühlschranks an einem dunklen, warmen Ort, idealerweise bei einer Temperatur von etwa 30 °C, stehen lassen. Zwischendurch die Flasche immer wieder fest zusammendrücken, da sie durch den sich aufbauenden Druck des Starters immer fester wird. Wenn sie sich kaum noch zusammendrücken lässt, das Ingwerbier in den Kühlschrank stellen. Dort hält es sich gut eine Woche.

GINSENG

PANAX GINSENG

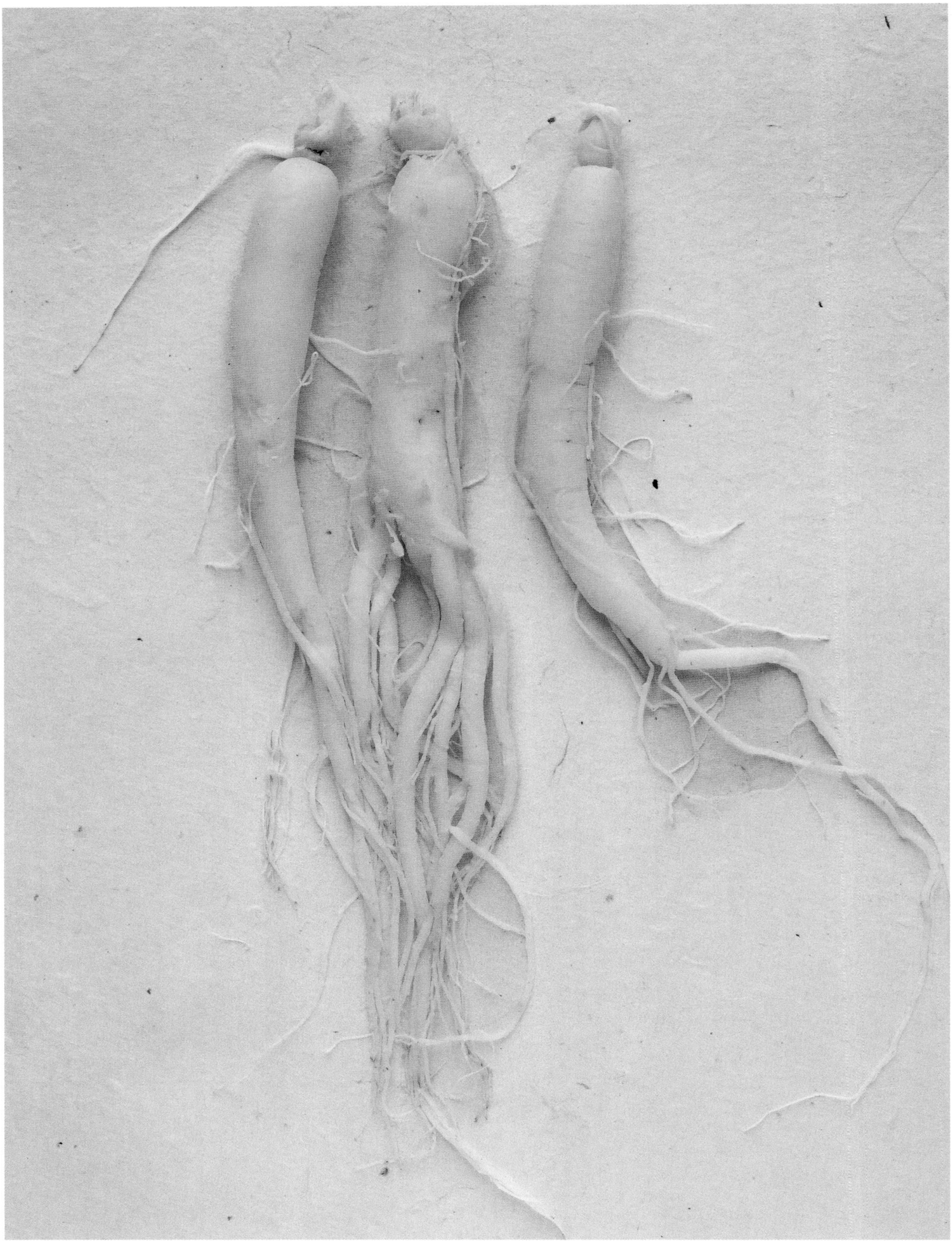

Der Geist der Erde

Es gibt mehrere Arten von Ginseng. Die bekannteste Art ist *Panax ginseng*, die in Korea, China und im Osten Russlands wächst. Darüber hinaus gibt es *Panax japonicus* (der ursprünglich aus Korea stammt) in Japan und den Sibirischen Ginseng – auch Taigawurzel genannt – mit dem lateinischen Namen *Eleutherococcus senticosus*. Außerdem ist noch *Panax quinquefolium* bekannt, eine Art, die in den Vereinigten Staaten wächst und daher auch die Bezeichnung Amerikanischer Ginseng trägt.

Ginseng ist ein Symbol der asiatischen Medizin und Phytotherapie – er wird seit Jahrtausenden verwendet. Kaum eine andere Pflanze erscheint so häufig in Mythen und magischen Geschichten wie Ginseng. Er ist eine der wenigen Pflanzen, die als Allheilmittel gegen alle Beschwerden und Krankheiten wirken. Ich erzählte als Zwölfjähriger meinem Onkel, der Apotheker war, dass ich etwas über die besondere Wirkung des Ginsengs gelesen hatte. Er winkte lachend ab. Jahre später kam er darauf zurück, als darüber berichtet wurde, dass Astronauten auf der Internationalen Raumstation (ISS) Ginseng verwendeten, um Stresssymptome zu reduzieren.

Früher wurde dem wilden Ginseng nächtens nachgestellt. Die »Jäger« nutzten eine besondere Zeichensprache, um die Naturgeister nicht aufzuwecken, wenn sie sich untereinander verständigten. Die Ginsengblätter sollten unter besonderen Umständen eine Art Lichtglut abgeben. Mit Pfeil und Bogen wurden die Pflanzen beschossen, sodass sie am nächsten Tag bei Tageslicht mithilfe der Pfeilspuren gefunden werden konnten.

Verwendung

Einer der Wirkstoffkomplexe – die sogenannten Ginsenoside – trägt zu den adaptogenen und tonischen Wirkungen der Wurzel bei, die Energie, Ausdauer und Konzentration verbessern. Ginseng hilft auch bei der Rekonvaleszenz nach einer Krankheit. Häufig wird er in Kombination mit Ginkgoextrakt (siehe Seite 167) verwendet, der den Blutfluss in den kleinen Kapillargefäßen verbessert. Traditionell kommt Ginseng in der chinesischen Medizin zur Behandlung von Demenz und zur Verbesserung der kognitiven Fähigkeiten und des Gedächtnisses zum Einsatz.[1]

Ginseng stärkt das Qi oder die vitale Lebenskraft und wärmt den Körper.

Laut dem Buch *Traditional Chinese Medicine* weckt Ginseng die Yang-Energie. Diese kann bei manchen Menschen und unter bestimmten Umständen zu stark wirken. In diesen Fällen wird empfohlen, lieber Ingwer zu verwenden.

Ginseng ist ein stärkendes Mittel, das den Schlaf nicht negativ beeinflusst und auch zum Entspannen hilft. Er hat also erstaunlicherweise mehrere Eigenschaften, von denen man annehmen würde, sie seien eher gegensätzlich.

Anhand von Tierversuchen hat der Pharmakologe Israel Brekhman aus Wladiwostok nachgewiesen, dass Ginseng die Ausdauer deutlich erhöht. Mäuse wurden in Wasser gesetzt und kurz vor dem Moment der Erschöpfung wieder herausgefischt. Diejenigen, denen zuvor Ginseng verabreicht worden war, hielten in einer zweiten Runde fast doppelt so lange durch.[2]

EIGENSCHAFTEN

Allheilmittel

Energiespendend

Wärmend

Adaptogen

Tonisierend

Stärkt die Vitalität

Hilft bei Stress

Hilft beim Abbau von Alkohol

Schützt gegen Strahlung

BEZUGSQUELLEN

Ginseng ist normalerweise als Pulver in Kapseln oder als Paste (Extrakt) in Drogerien zu kaufen. Frischen Ginseng findet man manchmal im chinesischen Lebensmittelladen.

Eine 2005 durchgeführte Studie des koreanischen Professors Tung-Kwang Lee zeigte eine schützende Wirkung gegen Strahlentoxizität. Die Studie konnte nachweisen, dass Ginseng vor DNA-Schäden und Mutationen schützt.[3] Ginseng baut Alkohol im Körper ab. Sibirischer Ginseng ist ein traditionelles Adaptogen und Lebertonikum.

Aussehen

In der freien Natur kommt Ginseng äußerst selten vor. Wenn man diese Pflanze selbst anbaut, erfordert sie viel Geduld. Bis zum Keimen des Samens vergehen zwei Jahre. Anschließend muss die Wurzel mindestens sechs Jahre wachsen. Die Pflanze wird 25 bis 50 Zentimeter hoch und ist an ihren weißen Blüten und kleinen roten Beeren gut zu erkennen. Sie hat fünf Teilblätter, und die Wurzel erinnert ein wenig an einen menschlichen Körper mit vielen Haarwurzeln. In Korea wird der Anbau mit verschiedenen Ritualen begleitet.

In Südkorea ist Ginseng eine wichtige Einnahmequelle – der Anbau steht hier unter staatlicher Kontrolle. In China werden für alte wilde Ginsengwurzeln astronomische Summen bezahlt. Diesen Exemplaren werden oft stärkere Kräfte zugeschrieben, vor allem den Wurzeln, die älter als 20 Jahre sind. Der meiste bei uns im Westen angebotene Ginseng stammt aus Anbau.

Extraktion und Dosierung

Ein chinesisches Rezept, das ich gefunden habe, lautet wie folgt: Ein Stück frische Ginsengwurzel von etwa 10 Gramm in rund 2 Liter Wasser mit einer Hähnchenkarkasse 5 Stunden kochen lassen. Die Karkasse sollte vom Wasser bedeckt sein. Dann die Brühe über einer Schüssel abseihen. Mindestens drei Wochen täglich eine Schale mit frischer Brühe trinken. Diese kräftige Brühe wird auch als Potenzmittel verschrieben. Das Kauen auf einer frischen Wurzel hat dieselbe Wirkung. Die Dosen variieren von kleinen bis zu erdnuss- oder walnussgroßen Stücken. Über einen längeren Zeitraum 2 bis 5 Gramm pro Tag einnehmen. Wer auf Pflanzen stark reagiert, sollte mit ½ bis 1 Gramm pro Tag beginnen.

Eine andere Möglichkeit ist getrockneter Ginseng. Die Wurzeln werden auf spezielle Weise getrocknet. Es gibt auch rote Sorten, die jedoch wiederum auf andere Weise getrocknet werden, sodass alle ihre medizinischen Eigenschaften behalten. Oft sind die Stücke sehr hart. In Hongkong erlebte ich, wie sie unter hohem Dampfdruck mit einer Art kleinem Öfchen weich gemacht wurden. Die Wurzeln wurden dann in dünne Scheiben geschnitten, um sie leichter zu verzehren.

Schließlich gibt es auch Extrakte. Am besten finde ich persönlich den sirupartigen koreanischen Ginsengextrakt, den man in gut sortierten chinesischen Läden kaufen kann.

Wenn du wirklich von Ginseng profitieren willst, solltest du ihn über einen längeren Zeitraum einnehmen. Man spricht dann auch von einer Ginsengkur. Diese sollte mindestens einen Monat dauern, noch besser sind jedoch zwei Monate. Ginseng ist eine Pflanze, deren Wirkung sich durch eine längere Einnahme verbessert. Laut einiger chinesischer Ärzte sollten wir alle einmal im Jahr eine Ginsengkur machen.

Wenn du bereits Erfahrung mit Ginseng gesammelt hast und ihn im Alter anwenden willst, um deine Gesundheit und Vitalität zu stärken, dann nimm täglich 1 Gramm in der gewünschten Form ein.

VORSICHT

Ginseng nicht in Kombination mit bestimmten Medikamenten wie Blutzuckersenker, Blutverdünner und Herzmedikamenten einnehmen, da es zu Wechselwirkungen kommen kann. Die Einnahme auf jeden Fall mit der Ärztin oder dem Arzt absprechen. Bei Grippe und Erkältungen oder im jungen Alter wird Ginseng nicht empfohlen. Koffeinhaltige Getränke während der Einnahme von Ginseng meiden. Nicht vor dem Schlafengehen, sondern untertags oder am Morgen einnehmen. Bei normaler Dosierung sind beim Ginseng keine Nebenwirkungen zu beobachten.

CHAWANMUSHI – HERZHAFTER GINSENGPUDDING

FÜR 4 PERSONEN

Für das Chawanmushi
500 ml Gemüsebrühe
2 getrocknete Ginsengwurzeln (ca. 20 g)
4 Eier
1 TL feines Meersalz
1 EL Mirin (süßer Reiswein; asiat. Lebensmittelladen)
1 EL helle Sojasauce

Für die Garnitur
20 g Enoki-Pilze, in Stücke geschnitten
1 rote Zwiebel, in Streifen geschnitten
½ Bund Koriandergrün (ca. 40 g), nur die Blätter

Utensilien
4 hitzebeständige Schälchen
Auflaufform

Für das Chawanmushi die Gemüsebrühe in einem Topf leicht erhitzen. Die Ginsengwurzeln in dünne Scheiben schneiden und 1 Stunde in der Brühe ziehen lassen.

In der Zwischenzeit die Eier in einer Schüssel verquirlen, ohne dass Luft hineinkommt und sich Schaum bildet. Salz, Mirin und Sojasauce hinzugeben und erneut alles verquirlen, ohne dass sich Schaum bildet.

Den Backofen auf 150 °C Ober-/Unterhitze vorheizen.

Die Brühe mit den Ginsengscheiben durch ein Sieb über einer Schüssel abseihen. Den Ginseng nicht wegwerfen!

Die Eimasse mit der abgeseihten, noch lauwarmen Brühe verquirlen, dabei wieder darauf achten, dass keine Luft hineinkommt. Die Creme in die hitzebeständigen Schälchen füllen und die Schälchen mit Frischhaltefolie abdecken. In die Fettpfanne des Backofens setzen und gerade so viel Wasser hinzugießen, dass die Schälchen zu drei Vierteln im Wasser stehen. Das Chawanmushi im vorgeheizten Backofen 30 Minuten backen.

Das Chawanmushi kalt oder warm servieren. Die aufgefangenen Ginsengscheiben, die Enoki-Pilze und die Zwiebelstreifen auf dem Pudding anrichten. Mit Korianderblättchen garnieren.

GINSENGMOUSSE MIT ERDBEEREN

FÜR 8–10 PERSONEN

Für die Mousse
3 getrocknete Ginsengwurzeln (ca. 30 g)
85 g Kristallzucker
2 Blatt Gelatine
200 g Sahne
1 Eiweiß

Für die Garnitur
200 g Erdbeeren
40 g Kapuzinerkresseblüten

Utensilien
Spritzbeutel

Für die Mousse die Ginsengwurzeln in dünne Scheiben schneiden. Mit 250 ml Wasser und 50 g Zucker in einen Topf geben und zum Kochen bringen. Den Herd ausschalten und die Ginsengwurzeln 30 Minuten ziehen lassen.

Das Wasser über einer Schüssel abseihen, zurück in den Topf gießen und nochmals erhitzen. Die aufgefangenen Ginsengscheiben nicht wegwerfen!

Die Gelatineblätter 5 Minuten in einer Schüssel mit kaltem Wasser einweichen. Ausdrücken und zum warmen Ginsengsirup geben. Umrühren, bis sich die Gelatine vollständig aufgelöst haben. Den Topf vom Herd nehmen.

Die Sahne schlagen, bis sie die Konsistenz von Joghurt hat.

In einer weiteren sauberen Schüssel das Eiweiß mit dem restlichen Zucker steif schlagen. Den Ginsengsirup untermischen und die geschlagene Sahne in drei Portionen unterheben, sodass eine steife Mousse entsteht. Die Masse in einen Spritzbeutel füllen. Die Mousse in die Mitte tiefer Teller spritzen.

Für die Garnitur die Erdbeeren putzen und halbieren. Die Erdbeeren und die aufbewahrten Ginsengscheiben auf der Mousse anrichten. Wenn noch etwas anhaftende Flüssigkeit hinzukommt, ist das kein Problem. Die Kapuzinerkresseblüten als Garnitur verwenden.

KNOBLAUCH

ALLIUM SATIVUM

Das Bluttonikum

Knoblauch ist ein Kraut und Heilmittel, kein Nahrungsmittel wie die Zwiebel. Er gehört jedoch zur Familie der Zwiebelgewächse, zu der auch Lauch, Schnittlauch und Schalotten zählen. Schon seit vielen Jahrtausenden wird Knoblauch für medizinische Zwecke eingesetzt – er scheint so alt zu sein wie der Mensch selbst. Seine Heimat liegt in Zentralasien und Nordostpersien, wo er wild in den Steppen wächst, so wie bei uns essbarer Bärlauch in der freien Natur an schattigen Plätzen zu finden ist.

Die ältesten bisher bekannten Beschreibungen von Knoblauch finden sich auf über 4000 Jahre alten sumerischen Tontafeln, die in den 1930er-Jahren entdeckt wurden. Die Sumerer lebten um 2600 v. Chr. im Gebiet zwischen den Flüssen Euphrat und Tigris, dem heutigen Irak.

Die alten Ägypter verehrten Knoblauch und schworen ihre Eide, indem sie eine Knoblauchknolle in der Hand hielten. Vor etwa 3500 Jahren entstand in Ägypten der *Papyrus Ebers,* der als eine der bedeutendsten medizinischen Quellen der ägyptischen Zeit gilt.

Knoblauch wird traditionell zur Herzstärkung eingesetzt. Die Ägypter und andere Völker in damaliger Zeit verwendeten Knoblauch und Zwiebel als Herztonikum. Die Ägypter aßen rohen Knoblauch, um Ausdauer und Willenskraft zu stärken und Asthma zu heilen. Es ist bekannt, dass sie ihren Sklaven Knoblauch gaben, damit diese härter arbeiten konnten. Griechische Athleten nutzten Knoblauch zur Leistungssteigerung während der Olympischen Spiele.

Pythagoras, der in ägyptischen Mysterienschulen ausgebildet worden war, bezeichnete Knoblauch als König der Würzmittel. Doch der griechische Weise und Mathematiker verbot seinen Schülern und Priestern den Knoblauch, wahrscheinlich wegen seiner aphrodisierenden Wirkung. In der klassischen Antike wurde Knoblauch in der Tat mit Koriander und Wein als Aphrodisiakum getrunken.

Knoblauch fand auch in der *Edda* (den heiligen isländischen und nordischen Liedern aus dem 10. Jahrhundert) Erwähnung. Im alten Norwegen wurde Knoblauch im 11. Jahrhundert in der medizinischen Diagnostik verwendet, um zu sehen, wie tief die Wunden von Kriegern waren. Ihnen gab man Knoblauch zu essen; wenn die Wunden im Bauchraum nach Knoblauch rochen, war die Bauchdecke vollständig durchdrungen, und die Kräuterkundige wusste, was für die Heilung nötig war.

In China wurde Knoblauch bereits 2000 v. Chr. als Mittel gegen Vergiftungen beschrieben.

Knoblauch wird fast überall in der Welt mit Magie in Verbindung gebracht – und dabei vor allem als Mittel zum Schutz und zur Abwehr.

Verwendung

Über die Jahrtausende hindurch wird der Knoblauch als eine der wichtigsten Heilpflanzen betrachtet. Durchweg alle Ärzte des Altertums betrachteten Knoblauch als Allheil- oder Wundermittel. Der römische Naturphilosoph Plinius der Ältere (23–79 n. Chr.) schrieb über Knoblauch, dass er die Arterien reinige

EIGENSCHAFTEN

Tonikum für das Herz-Kreislauf-System

Antibiotikum (gegen Viren, Bakterien und Pilze)

Entgiftend (z. B. bei chronischer Bleivergiftung)

Löst Blutgerinnsel auf

Verbessert die Blutzirkulation

Schützt Herzmuskel vor Sauerstoffmangel

Immunstimulierend

Blutdrucksenkend

Wirksam gegen Pilzinfektionen

Verbessert die Elastizität der Gefäße

Hilft gegen Akne

BEZUGSQUELLEN

Im Supermarkt oder Gemüseladen ist Knoblauch frisch oder getrocknet das ganze Jahr über erhältlich. Er kann auch selbst im Gemüsegarten angebaut werden. Knoblauch wird in der Regel schon im November gepflanzt und verträgt stark alkalischen (kalkhaltigen) Boden. Den Knoblauch erntet man, wenn er so trocken ist, dass die äußere Schale knusprig wird und knistert, sobald man die Knolle berührt.

und die Venen erweitere. Neuere wissenschaftliche Forschungen belegen, dass Knoblauch tatsächlich den Cholesterinspiegel im Blut senkt und dadurch das Risiko von Herz-Kreislauf-Erkrankungen verringert.

Knoblauch ist eine der am häufigsten verwendeten Heilpflanzen in drei der weltweit wichtigsten traditionellen Gesundheitssysteme: in der indischen ayurvedischen Medizin, in der traditionellen chinesischen Medizin und ebenso in der traditionellen europäischen Medizin. Doch diese universelle Naturarznei wird seit Jahrhunderten auch als Geschmacksgeber sehr geschätzt.

In der modernen Kräuterheilkunde wird Knoblauch als Herz-Kreislauf-Tonikum verschrieben. Bei täglicher Einnahme wirkt er nachweislich positiv auf Darm, Herz und Blutgefäße.

Die im Knoblauch enthaltenen Schwefelverbindungen entgiften den Körper. Knoblauch aktiviert die Drüsen und damit die Lebenskräfte des Körpers, überdies sorgt er für eine Rekonvaleszenz der Darmflora und vertreibt alles Unerwünschte.[1]

Laboruntersuchungen zeigen, dass Knoblauch eine ganze Reihe von Bakterienstämmen abtötet. In einem englischen Arzneibuch aus dem 9. Jahrhundert, dem *Bald's Leechbook*, findet sich ein Rezept für eine Augensalbe aus Knoblauch, Zwiebeln, Wein und Kuhgalle. Als diese Mischung am gegen Methicillin resistenten Superbakterium *Staphylococcus aureus* getestet wurde, tötete sie 90 Prozent der Bakterienkultur ab. Ein beeindruckendes Ergebnis, wenn man bedenkt, dass das Bakterium gegen fast alle Antibiotika resistent ist.[2]

In diesem Zusammenhang mag es interessant sein, dass russische Soldaten im Zweiten Weltkrieg immer ein paar Knoblauchzehen bei sich trugen, die sie zur Desinfizierung von Wunden nutzten. Daher auch der Name Russisches Penicillin.

Der französische Chemiker und Mikrobiologe Louis Pasteur, bekannt für seine Entdeckungen zur Immunisierung durch Impfstoffe, der mikrobiologischen Fermentation und der Pasteurisierung, fand bei Laboruntersuchungen im 19. Jahrhundert heraus, dass Knoblauch auch als Bakterizid wirkt.[3]

Die medizinischen Eigenschaften von Knoblauch sind also in erster Linie entzündungshemmend und antibiotisch. Zudem wird ihm eine vorbeugende Wirkung gegen die Bildung von Blutgerinnseln sowie eine Reduktion von Fettansammlungen im Blut zugeschrieben. Seit Jahrhunderten wird Knoblauchsaft bei Bissen und Stichen von giftigen Schlangen, Skorpionen und Insekten verwendet. Darüber hinaus hilft er, den Körper bei Bleivergiftungen zu entgiften.

Aussehen

Knoblauch ähnelt im Aussehen dem Lauch. Seine Blätter sind grasartig und spitz und an der Unterseite, wo sie den Stängel umschließen, miteinander verbunden. Darunter befindet sich die Knolle. Der Knoblauch wächst aufrecht und bis zu 50 Zentimeter hoch. Die Knolle ist meist weiß, aber es gibt auch rosafarbene und rote Sorten. Sie besteht aus mehreren Zehen, die dicht beinanderliegen und durch ein pergamentartiges, membranartiges Blatt voneinander getrennt sind. Knoblauch wächst in der Sonne und nicht im Schatten.

Extraktion und Dosierung

Es empfiehlt sich, täglich eine Zehe zu verzehren und mehrmals pro Woche ein Gericht mit Knoblauch zuzubereiten. Roher durchgepresster Knoblauch ist köstlich in einem Salat mit Vinaigrette. Die meisten medizinischen Wirkungen des Knoblauchs werden durch Erhitzen abgebaut – deshalb sollte er am besten roh verzehrt werden, um seine heilenden Effekte möglichst zu maximieren.

VORSICHT

Wegen seiner blutverdünnenden Wirkung sollte vor einer Operation kein Knoblauch verzehrt werden. Wenn du abends ausgehst oder bei der Arbeit mit vielen Menschen in Kontakt kommst, solltest du daran denken, dass dein Atem nach Knoblauch riechen kann. Dagegen hilft der Verzehr roher Petersilie. Wenn du keinen Knoblauch essen möchtest, sind Knoblauchtabletten ein guter Ersatz.

KARAMELLISIERTER SELLERIE MIT KNOBLAUCH, MIRIN, SOJA UND WEICH GEKOCHTEM EI

FÜR 8 PERSONEN

Für den confierten Knoblauch
1 Knoblauchknolle
200 ml Olivenöl

Für die Knoblauchglasur
3 EL dunkle Sojasauce
3 EL Sake (jap. Reiswein; asiat. Lebensmittelladen)
3 EL Mirin (süßer Reiswein; asiat. Lebensmittelladen)
1 EL Ahornsirup

Für den karamellisierten Sellerie
1 Knollensellerie von max. 1 kg
Olivenöl
feines Meersalz und frisch gemahlener schwarzer Pfeffer

Außerdem
30 g feines Meersalz
20 ml Naturessig
8 Eier
3 Frühlingszwiebeln, nur das Grün

Für den confierten Knoblauch die Knoblauchzehen schälen und in einem Topf mit dem kalten Olivenöl bei sehr geringer Hitze etwa 20 Minuten confieren, ohne dass sie Farbe nehmen. Wenn die Zehen weich sind, den Herd ausschalten und die Zehen im Öl abkühlen lassen. Confierter Knoblauch kann für vielerlei Gerichte verwendet werden. Durch diese Technik wird der Knoblauch ein wenig süßer und karamellisiert stärker. Im Kühlschrank halten sich die confierten Knoblauchzehen etwa fünf Tage. Das Knoblauchöl (ohne die Zehen darin, wegen der Botulismusgefahr!) ist lange haltbar und schmeckt zu vielen Speisen, zum Beispiel zu Nudeln oder Pizza.

Für die Knoblauchglasur alle Zutaten in einem Topf kurz aufkochen. Die confierten Knoblauchzehen einrühren, bis eine glatte Sauce entsteht. Abkühlen lassen.

Inzwischen den Backofen auf 170 °C Ober-/Unterhitze vorheizen.

Für den karamellisierten Sellerie den Knollensellerie mit etwas Olivenöl bestreichen und mit Salz und Pfeffer würzen. Auf ein mit Backpapier ausgelegtes Backblech setzen und etwa 2 Stunden im vorgeheizten Backofen rösten. Mit einem Holzstäbchen die Garprobe machen. Es sollte sich leicht hineinstechen lassen. Der Sellerie sollte innen gut durchgegart und außen schön goldbraun sein. Den gerösteten Sellerie mit der Hälfte der Knoblauchglasur einpinseln und weitere 5–10 Minuten rösten. Aus dem Backofen nehmen und in acht Spalten schneiden.

In der Profiküche lassen sich Eier schön weich kochen, wenn sie 35 Minuten bei 65 °C dämpfen. Dann werden sie gepellt, und das Ergebnis ist ein perfekt gekochtes Ei mit weichem Eigelb und weichem Eiweiß. Zu Hause kommt das Pochieren diesem Vorgang am nächsten. Oder das Ei 7 Minuten kochen und dann pellen.

Einen Topf mit 2 Liter Wasser füllen und Salz und Essig einrühren. Durch das Salz und den Essig wird die äußere Schicht des Eies schneller fest. Das Wasser zum Kochen bringen und mit dem Schneebesen einen Strudel im heißen Wasser erzeugen. Ein Ei in eine Tasse aufschlagen und langsam ins Wasser gleiten lassen. Diesen Vorgang mit den anderen Eiern im selben Topf wiederholen. Meist passen 4 Eier gleichzeitig in einen Topf. Manchmal erfordert das etwas Übung.

Loses Eiweiß an der Oberfläche lässt sich problemlos mit einem Schaumlöffel abnehmen. Noch raffinierter ist es, das dünne, noch rohe Eiweiß vor dem Pochieren zu entfernen. Dazu das Ei in einem feinen Sieb aufschlagen. Je frischer das Ei, desto besser funktioniert das.

Die Eier sind nach 3–5 Minuten ausreichend gegart. Mit einem Schaumlöffel aus dem Topf heben und mit etwas Küchenpapier trocken tupfen. Den Vorgang mit den restlichen Eiern wiederholen.

Das Grün der Frühlingszwiebeln längs in sehr feine Streifen schneiden. Die pochierten Eier in tiefen Tellern anrichten und mit den fein geschnittenen Frühlingszwiebeln und den Selleriescheiben anrichten. Mit der restlichen Knoblauchglasur beträufeln.

KNOBLAUCH-VELOUTÉ MIT GERÖSTETEN KAROTTEN UND ZWIEBELN

FÜR 4–6 PERSONEN

Für die Velouté
2 EL Sonnenblumenöl
1 Zwiebel, klein geschnitten
200 g frischer junger Knoblauch, fein gehackt
200 g Knollensellerie, in kleine Würfel geschnitten
2 EL Knoblauchpüree
2 Zweige Thymian
25 g Kombu (asiat. Lebensmittelladen)
500 ml Gemüsebrühe
500 g Sahne
500 ml Milch (3,5 % Fett)
½ TL schwarze Pfefferkörner
125 g kalte Butter, in kleine Würfel geschnitten
feines Meersalz

Für die Garnitur
1 gelbe Karotte
1 violette Karotte
1 orange Karotte
100 g frische Perlzwiebeln
4 EL Butter
2 Zweige Thymian, nur die Blätter
4 confierte Knoblauchzehen
feines Meersalz

Utensilien
Mörser oder Messer
Sieb

Für die Velouté das Sonnenblumenöl in einem Topf erhitzen und die Zwiebel und den jungen Knoblauch darin andünsten, ohne dass sie Farbe nehmen. Sellerie, Knoblauchpüree, Thymian und Kombu hinzugeben und kurz anbraten. Dann Gemüsebrühe, Sahne und Milch hinzugießen. Zum Kochen bringen und den Sellerie etwa 15 Minuten garen. Die Pfefferkörner im Mörser oder mit der Seite eines Kochmessers zerstoßen. In den Topf geben und noch 5 Minuten ziehen lassen. Die Suppe über einer Schüssel durch ein Sieb abseihen und mit einem Löffelrücken gut durchdrücken. Die Butter mit dem Pürierstab unterarbeiten und die Velouté mit Salz abschmecken.

Inzwischen für die Garnitur alle Karotten schälen und in Scheiben schneiden. Die Perlzwiebeln schälen oder ganz lassen. Die Butter in einem Topf bei mittlerer Hitze zerlassen, bis sie schäumt, dann Karottenscheiben, Perlzwiebeln, Thymianblätter und Knoblauch gleichzeitig hinzufügen. Das Gemüse etwa 15 Minuten rösten, bis alles gar ist. Mit Salz abschmecken.

Die Velouté in tiefe Teller gießen und mit dem gerösteten Gemüse garnieren.

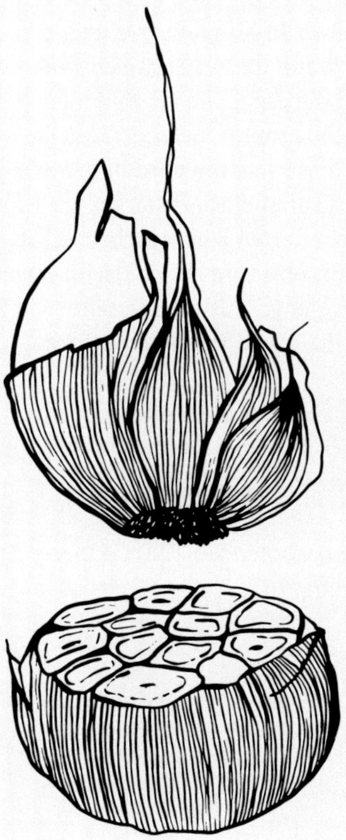

KURKUMA

CURCUMA LONGA & CURCUMA ZANTHORRHIZA

Der Entzündungshemmer

Kurkuma, auch Gelbwurzel genannt, gehört zur Familie des Ingwers, es sind mehr als hundert Sorten bekannt. Die Pflanze kommt ursprünglich aus Indien und Indonesien und wird dort gemäß der Signaturenlehre bei Gallenleiden verwendet. In Indien nutzt man sie seit dem Altertum für medizinische Zwecke, zumal das Land der größte Produzent und Verbraucher von Kurkuma ist. Die südindische Stadt Erode, wo die weltweit größte Menge an Kurkuma produziert wird, trägt daher auch die Bezeichnung »gelbe Stadt«.

Der Anbau der Pflanze findet heute überall in den Tropen statt, Kurkuma wächst aber auch in einigen Ländern im Urwald in der freien Natur. Ich erntete sie in Jamaika direkt im Wald für mein Mittagessen. Einen Teil davon pflanzte ich im The New Ark LSP Paradise Garden wieder ein. 2022 half ich auf Einladung drei Monate bei der Anlage dieses Paradiesgartens, der nach der Vision des legendären Dub- und Reggae-Produzenten und Musikers Lee »Scratch« Perry entstand. Gemäß der stark mit der Natur verbundenen Rastafari-Philosophie bilden die Wurzeln das Fundament des Lebens, und zugleich ist das Fundament untrennbar mit den Wurzeln verbunden.

Die meisten von uns kennen Kurkuma wahrscheinlich als Bestandteil von Currypulver oder als Gewürz, das Gerichte wunderbar gelb färbt. Im Mittelalter nannte man Kurkuma auch den »indischen Safran«, da sie eine billigere Alternative zum sehr teuren Safran war. In einem der traditionellen indischen Heilsysteme – Ayurveda – ist Kurkuma eine der am häufigsten verwendeten Heilpflanzen bei Entzündungen und in medizinischen Salben und Balsamen. Sie ist außerdem für ihre positive Wirkung auf die Haut bekannt. In der Nähe der südindischen Stadt Mamallapuram, wo ich 1999 einige Zeit lebte, sah ich, dass die Frauen morgens ihr ganzes Gesicht mit dem Farbstoff einrieben und in der Folge mit leuchtend gelbem Gesicht herumliefen.

Bei indischen Hochzeiten wird Kurkumapaste auf die Körper von Braut und Bräutigam aufgetragen, hauptsächlich auf Gesicht und Arme. Diese Zeremonie namens *haldi* findet im Haus der Eltern am Morgen vor der Hochzeit statt, um Körper und Gesicht zu schmücken. Die gelbe und die orange Farbe sind heilig und symbolisieren in einigen asiatischen Kulturen Wohlstand. Der gelbe Farbstoff färbt Stoffe und wird in Asien häufig dafür genutzt.

Verwendung

Das Gewürz Kurkuma ist seit Langem für seine verschiedenen medizinischen Eigenschaften bekannt. Im Lauf der Jahre hat es sowohl in der Medizin als auch in der Küche großes Interesse geweckt, da es die wichtigste Quelle des Antioxidans Curcumin ist. Kurkuma hemmt Entzündungen, fördert den Gallenfluss, schützt und entgiftet die Leber, ist ein Antimutagen (es verhindert genetische Mutationen durch Chemikalien), beugt Alterserscheinungen vor und ist zudem antiviral, antibakteriell, antimykotisch und schützt unser Nervensystem.

Neurologen der Universität von Kalifornien fanden heraus, dass unter Siebzigjährigen in Ländern, in denen

EIGENSCHAFTEN

Entzündungshemmend

Hauttonikum (äußerlich)

Fördert den Gallenfluss

Schützt und entgiftet die Leber

Antioxidans

Antimutagen (verhindert genetische Mutation durch Chemikalien)

Beugt Alterungserscheinungen vor

Antiviral

Antibakteriell

Antimykotisch

Neuroprotektiv (schützt das Nervensystem)

BEZUGSQUELLEN

Im Supermarkt und Bioladen wird gemahlene Kurkuma angeboten. Nahrungsergänzungsmittel mit Curcumin sind in den meisten Drogerien und Reformhäusern erhältlich. Damit diese gut wirken, sollte auch Pfeffer oder Peperin enthalten sein. Frische Kurkuma gibt es im Bioladen und im (asiatischen) Lebensmittelladen. Frische Kurkumawurzeln in Küchenpapier einwickeln und luftdicht im Kühlschrank aufbewahren, dann sind sie einige Wochen haltbar. Kurkuma wird meist gemahlen verwendet; als Pulver ist das Gewürz bis zu drei Jahre lang haltbar.

viel Curcumin verwendet wird, etwa viereinhalbmal weniger Demenz und Alzheimer-Erkrankungen festzustellen sind als in Ländern mit geringerem Kurkumaverbrauch.

Gelbwurzelcreme ist in vielen indischen Apotheken erhältlich. Sie macht die Haut weich und frisch und bringt sie zum Strahlen. Zudem wirkt die Creme gegen Pickel und Rötungen, beugt dank der Antioxidantien Akne vor und bekämpft Aknenarben. Die Creme reduziert Schwellungen im Gesicht, und es scheint, als würden sich selbst kleine Falten reduzieren oder gar vollständig verschwinden.

Aussehen

Curcuma longa ist ein mehrjähriges Kraut mit spitz zulaufenden, breiten Blättern und trichterförmigen gelben Blüten. Die Wurzeln der Pflanze sind die Teile, die wir verwenden. Sie bilden kleine Knollen, die außen hellbraun mit einem rötlichen Schimmer sind. Wenn man sie aufschneidet, sieht man das leuchtend gelbe, fast orange Innere. Bei Berührung färbt sich die Haut gelb. Diese Farbe hält sich einige Tage.

Extraktion und Dosierung

Die direkte Einnahme von Curcumin hat keinen direkten gesundheitlichen Nutzen, da es schlecht absorbiert und vom Körper schnell wieder ausgeschieden wird. Kurkuma sollte deshalb am besten mit etwas Öl eingenommen werden. In Kombination mit schwarzem Pfeffer (Peperin) lässt es sich bis zu 2000 Prozent besser aufnehmen.[1] Eine mittlere Dosierung sollte bei 1½ bis 2 Gramm am Tag liegen.

VORSICHT

Für Senioren werden niedrige Dosen empfohlen. Bei äußerlicher Anwendung sollte man übermäßige Sonneneinstrahlung meiden.

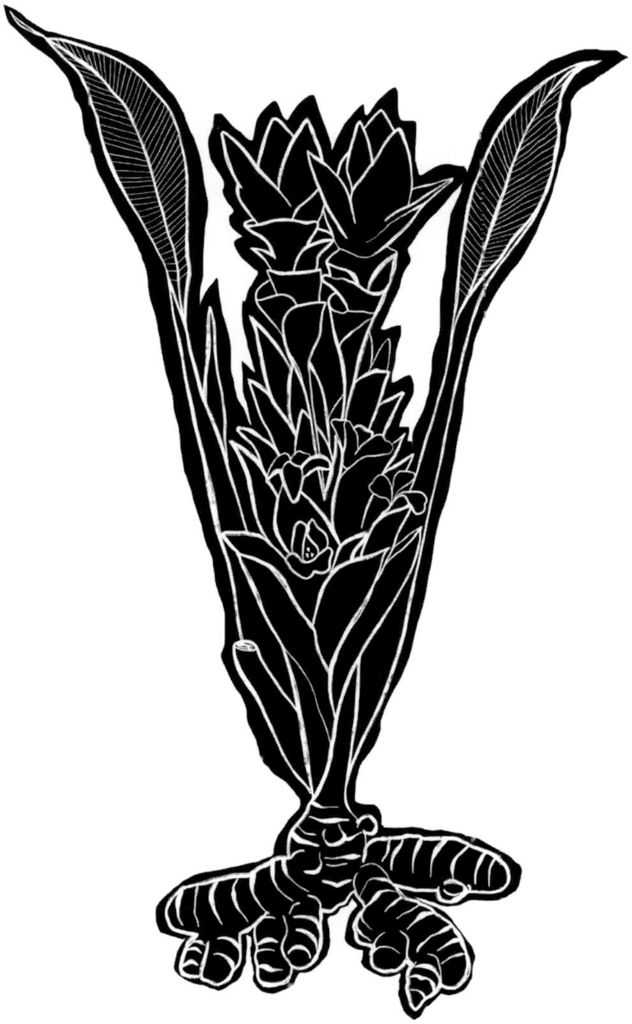

KURKUMA-PFANNKUCHEN MIT ENOKI-PILZEN, KORIANDER UND CHILI

FÜR 4 PERSONEN

Für den Teig
100 g Reismehl
1 Banane
1 EL Kokosmilch
4 Frühlingszwiebeln, nur das Grün
1 TL gemahlene Kurkuma
2 EL Sonnenblumenöl

Für den Belag
4 Frühlingszwiebeln, nur das Weiße
Saft von 1 Limette
1 EL Kristallzucker
100 g Enoki-Pilze (asiat. Lebensmittelladen)
3 Stängel Koriander
1 rote Chilischote

Für den Teig 250 ml Wasser in einer Schüssel mit dem Reismehl zu einem glatten Teig verrühren. In einer zweiten Schüssel die Banane mit der Kokosmilch zerdrücken. Das Grün der Frühlingszwiebeln fein hacken. Die Bananen-Kokos-Masse, das Frühlingszwiebelgrün und die gemahlene Kurkuma unter den Reismehlteig mischen.

Das Sonnenblumenöl in einer Pfanne stark erhitzen. Den Teig in die Pfanne gießen. Den Pfannkuchen einige Minuten auf jeder Seite goldbraun backen. Auf eine große Platte gleiten lassen und mit einem Glas vier kleine Kreise ausstechen oder den Pfannkuchen in vier Stücke schneiden.

Für den Belag die weißen Abschnitte der Frühlingszwiebeln in der Pfanne anbraten. Herausnehmen und in kleine Stücke schneiden. Limettensaft und Zucker in einer kleinen Schüssel verrühren. Die Unterseite der Enoki-Pilze abschneiden und die Pilze klein schneiden. Das Koriandergrün klein hacken. Die Chili in feine Ringe schneiden. Das Weiß der Frühlingszwiebeln, Pilze, Koriander, Chili und Limettenzucker mischen und auf den Kurkuma-Pfannkuchen anrichten.

TARTELETTES MIT VEGETARISCHEM RENDANG UND SPARGEL-ATJAR

FÜR 4 PERSONEN

Für die Tartelettes
2 Blätter Brickteig (oriental. Lebensmittelladen)
Sonnenblumenöl

Für das vegetarische Rendang
500 g fester Tofu
2 EL Sonnenblumenöl
1 Gemüsebrühwürfel, zerkrümelt
indonesische Gewürzmischung (z. B. Boemboe Besengeh der Marke Koningsvogel o. Ä.)
1 Knoblauchzehe
1 EL gemahlener Koriander
1 EL gemahlener Thai-Ingwer
1 Stück Kurkuma (1 cm)
50 g Santen (indon. Kokoscreme)
1 EL Sambal Oelek (indon. Gewürzpaste)
1 Stängel Zitronengras, angedrückt

Für das Spargel-Atjar
250 ml Weißweinessig
85 g Kristallzucker
25 g frischer Ingwer, geschält und fein gerieben
2 Knoblauchzehen, fein gerieben
½ TL gemahlene Kurkuma
4 Stangen weißer Spargel

Utensilien
8 Tarteletteformen (ca. 4 cm Ø)
Gemüsehobel (nach Belieben)

Den Backofen auf 170 °C Ober-/Unterhitze vorheizen.

Für die Tartelettes aus jedem Brickteigblatt acht Kreise ausstechen, die etwas größer sind als die Tarteletteformen. Kurz in etwas Sonnenblumenöl einlegen und dann immer zwei Kreise genau übereinanderlegen und zusammendrücken. Die doppelten Teigkreise in die Tarteletteformen legen. Im vorgeheizten Backofen 10 Minuten backen, herausnehmen und abkühlen lassen.

Für das vegetarische Rendang den Tofu in kleine Würfel schneiden. Das Sonnenblumenöl in einer Pfanne stark erhitzen und den Tofu darin in einigen Minuten rundum goldbraun braten. Gerade so viel Wasser hinzugießen, dass der Tofu bedeckt ist, und den Gemüsebrühwürfel hinzufügen. Die restlichen Zutaten für das Rendang zugeben und alles 1 Stunde leicht köcheln lassen. Das Rendang ist fertig, wenn es zu einer schönen Masse mit nicht zu viel Flüssigkeit eingekocht ist. Ansonsten noch etwas länger köcheln lassen oder noch etwas Wasser hinzufügen, falls es zu trocken wird.

In der Zwischenzeit für das Spargel-Atjar Essig, Zucker, Ingwer, Knoblauch, Kurkuma und 40 ml Wasser in einem Topf zum Kochen bringen. Dann vom Herd nehmen. Das ist die Basis des Atjar.

Den Spargel schälen, die holzigen Enden abschneiden und jede Stange in drei gleich große Stücke schneiden. Die Stücke längs in dünne Scheiben schneiden, dazu eventuell den Gemüsehobel verwenden. Die Spargelscheiben in eine Schüssel legen und mit der Atjar-Basis übergießen. 1 Stunde in den Kühlschrank stellen.

Das Rendang in die gebackenen Tartelettes füllen und mit dem Spargel-Atjar bedecken.

MEERRETTICH

ARMORACIA RUSTICANA

Der Schleimlöser

Das Orakel von Delphi in Griechenland sagte dem Gott Apollo, dass Meerrettich so wertvoll sei wie Gold. Die Meerrettichwurzel hat einen scharfen, senfartigen Geschmack und wird als Gewürz in verschiedenen Gerichten verwendet. Sie stammt ursprünglich aus Südosteuropa. In der japanischen Küche findet sich eine noch stärkere Variante des Meerrettichs, *Eutrema japonicum,* besser bekannt unter dem Namen Wasabi. In der jüdischen Küche verwendet man Meerrettich zu Fischgerichten. Die Pflanze wird *maror* genannt, das »bittere Kraut«, und während des jüdischen Pessach-Festes gegessen. Dabei symbolisiert es die bittere Zeit, die die Juden als Sklaven im alten Ägypten erlebt haben. Meerrettich wird seit mehr als 3000 Jahren verwendet, obwohl die Juden ihn zunächst in Osteuropa kennengelernt haben. Er fand erst spät Eingang in die jüdische Küche. Meerrettich ist mit Brokkoli, Kohl und Senf verwandt.

Verwendung

Die Wurzel enthält die flüchtige Verbindung Allylisothiocyanat, die sich auch in Senf findet und dem Meerrettich seinen scharfen Geschmack verleiht. Essig kann diese Schärfe stabilisieren, aber die Verbindung bleibt in geringem Maß erhalten. Die Substanz entsteht durch ein Enzym, wenn die Zellstruktur zerdrückt wird.

Meerrettich enthält eine weitere interessante Substanz: Isothiocyanat. Laut den Professoren Ben-Erik van Wyk (Botaniker, spezialisiert auf die Nutzung einheimischer Pflanzen) und Michael Wink (pharmazeutischer Biologe) können Isothiocyanate mit Proteinen chemische Verbindungen eingehen und dadurch deren Aktivität verändern.

Meerrettich hat antimikrobielle, muskelkrampflösende und zelltötende Eigenschaften. Äußerlich angewandt wirkt die Wurzel als Rubefazienz, das heißt, sie fördert die Durchblutung der Haut und transportiert Schlackenstoffe schneller ab.[1] Laut der Kräuterexpertin Melly Uyldert lindert Meerrettich auch rheumatische Schmerzen, indem etwas geriebener Meerrettich auf die schmerzhafte Stelle gelegt wird.[2]

Die Wurzel wirkt harntreibend, schleimlösend und schleimabführend sowie hustenstillend. Überdies lindert sie Entzündungen im Mund- und Rachenraum. Meerrettich in Form von Lutschtabletten wird manchmal bei akuten gutartigen Lungenkrankheiten eingesetzt.[3]

Als harntreibendes Mittel, als sogenanntes Diuretikum, unterstützt Meerrettich die Abfuhr wasserlöslicher Giftstoffe aus dem Körper. Darüber hinaus werden diese Diuretika in der Medizin bei Herzinsuffizienz eingesetzt, bei der der Körper mehr Wasser als erwünscht bindet, sowie aus kosmetischen Gründen, zur Behandlung geschwollener Füße und Beine und bei Bluthochdruck.

Meerrettich regt den Appetit an und fördert die Verdauung. Die Wurzel enthält viel Vitamin C und große Mengen der Mineralstoffe Calcium, Eisen, Kalium, Kupfer, Mangan, Phosphor und Zink.

Aussehen

Ein Meerrettich kann 15 bis 60 Zentimeter lang und bis zu 5 Zentimeter breit werden. Die Pfahlwurzel hat waagerechte Seitenwurzeln mit Knospen. Sie ist außen gelblich braun und innen cremefarben weiß. Die oberirdischen

EIGENSCHAFTEN

Feuchtigkeit abführend

Schleimlösend und schleimabführend

Appetitanregend

Äußerlich als durchblutungsförderndes Mittel

Antibiotisch

Reich an Vitamin C, B_1, B_2 und B_3 und verschiedenen Mineralien

BEZUGSQUELLEN

Frisch beim Gemüsehändler und im Glas im Supermarkt erhältlich. Oder Meerrettich einfach selbst im Garten anbauen. Dann Mitte Mai aussäen oder Wurzelstücke in den Boden stecken. Normalerweise werden die Wurzeln zwischen November und März geerntet.

VORSICHT

Meerrettich ist nicht gut für Menschen mit Magenproblemen, wie Sodbrennen und Magengeschwüren, sowie bei schwacher Schilddrüsenfunktion. Meerrettich sollte in kleinen Mengen und sporadisch verwendet werden.

Blätter sind länglich oval mit einem ungleichmäßig gewellten Rand, sie werden 30 Zentimeter bis einen Meter lang. Wenn der Meerrettich im Garten wächst und man ihn loswerden will, sollte man stets die gesamte Wurzel entfernen, sonst wächst er weiter. Die Pflanze vermehrt sich stark. Die Wurzel ist spröde und bricht leicht.

Extraktion und Dosierung

Meerrettich wird meist in Gerichten verarbeitet. Die frischen Wurzeln sind bei einigen Gemüsehändlern zu kaufen, oder man baut Meerrettich selbst im Garten an. Eventuell beim Kleingartenverein anfragen, ob dort jemand zu viel frischen Meerrettich hat. Vor dem Reiben sollte man frischen Meerrettich zwei Minuten in heißem Wasser einweichen.

Zur Anregung des Stoffwechsels sowie bei Grippe und Erkältung nimmt man für kurze Zeit täglich zwei Teelöffel frisch geriebenen Meerrettich ein. Auch Meerrettich aus dem Glas eignet sich für diesen Zweck.

Aus Meerrettich lässt sich auch eine Hustenmedizin herstellen. Dazu ein kleines Stück der Wurzel in ein sauberes Glas reiben und mit Honig beträufeln. Über Nacht stehen lassen und am nächsten Tag über einer Schüssel abseihen. Nun täglich einen Teelöffel einnehmen, bis der Husten verschwunden ist.

Es wird allgemein empfohlen, nicht zu viel Meerrettich zu sich zu nehmen, sondern die Dauer der Anwendung zeitlich zu begrenzen.

FENCHELSALAT MIT MEERRETTICH-BUTTERMILCH-DRESSING

FÜR 4 PERSONEN

Für den Fenchelsalat
4 Fenchelknollen
20 g Kapuzinerkresseblüten und -blätter
(frisch) geriebener Meerrettich
30 g Mizuna (asiat. Senfkohl)
2 EL Petersilienöl (siehe Seite 58)

Für das Meerrettich-Buttermilch-Dressing
Saft von 1 Zitrone
3 Knoblauchzehen
1 TL (frisch) geriebener Meerrettich
250 ml Buttermilch
1 TL feines Meersalz

Utensilien
Gemüsehobel (nach Belieben)

Den Backofen auf 200 °C Ober-/Unterhitze vorheizen.

Für den Fenchelsalat zwei Fenchelknollen längs halbieren. Dann der Länge nach dünne Scheiben von der Mitte aus herausschneiden. Das gelingt am besten mit dem Gemüsehobel. Die Fenchelscheiben in Eiswasser legen.

Die übrigen Fenchelknollen der Länge nach in Viertel schneiden, auf ein Backblech legen und im vorgeheizten Backofen 10–15 Minuten weich und goldbraun rösten.

In der Zwischenzeit für das Meerrettich-Buttermilch-Dressing Zitronensaft, Knoblauch, geriebenen Meerrettich, 50 ml Buttermilch und Salz in einem Topf zum Kochen bringen. Den Herd ausschalten und die Mischung 30 Minuten ziehen lassen. Den Rest der Buttermilch hinzugießen, dann alles mit dem Stabmixer oder im Mixer zu einem Dressing pürieren. Durch ein Feinsieb über einer Schüssel abseihen.

Die gerösteten Fenchelstücke auf Tellern anrichten und die rohen Fenchelscheiben darauf verteilen. Mit den Kapuzinerkresseblüten und -blättern sowie den Mizunablättern garnieren. Nach Belieben etwas Meerrettich darüberreiben. Das Meerrettich-Buttermilch-Dressing mit dem Petersilienöl mischen und neben den Fenchelsalat löffeln.

GLASIERTE AUBERGINE MIT MEERRETTICHCREME UND ALGEN

FÜR 4 PERSONEN (KLEINE PORTIONEN)

Für die glasierte Aubergine
2 EL Sonnenblumenöl
1 Aubergine
4 EL helle Sojasauce
4 EL dunkle Sojasauce
2 EL Shaoxing-Reiswein (asiat. Lebensmittelladen)
2 EL Kristallzucker
1 TL Speisestärke

Für den süßsauren Meerrettich
2 EL (frisch) geriebener Meerrettich
4 EL Sushi-Essig

Für die Meerrettichcreme
1 EL (frisch) geriebener Meerrettich
125 g Crème fraîche
abgeriebene Schale von ½ Biozitrone
feines Meersalz und frisch gemahlener schwarzer Pfeffer

Für die Algengarnitur
100 g frische Wakame, Meeresbananen und Kombu (asiat. Lebensmittelladen)
abgeriebene Schale von ½ Biozitrone

Utensilien
Topf zum Frittieren
Kochthermometer
Schaumlöffel

Für die glasierte Aubergine das Sonnenblumenöl in einem Topf mit dickem Boden auf 180 °C erhitzen. Die Aubergine in fingerdicke Scheiben schneiden und portionsweise 3 Minuten im heißen Öl goldbraun frittieren. Auf Küchenpapier abtropfen lassen.

In der Zwischenzeit die beiden Sojasaucen, Shaoxing-Reiswein, Zucker und Speisestärke in einem Topf zum Kochen bringen. Die Herdplatte ausschalten und die frittierten Auberginenscheiben durch die Sauce ziehen.

Für den süßsauren Meerrettich den Meerrettich mit dem Sushi-Essig in einer kleinen Schüssel verquirlen.

Für die Meerrettichcreme alle Zutaten in einer zweiten Schüssel vermengen und mit Salz und Pfeffer würzen. Die Meerrettichcreme als Spiegel auf die Teller löffeln und die Auberginenscheiben darauf verteilen. Mit Algen und süßaurem Meerrettich garnieren. Mit dem Zitronenabrieb bestreuen.

SCHWARZER WINTERRETTICH

RAPHANUS SATIVUS SUBSP. *NIGER*

Das Tonikum für die Gallenwege

Der Schwarze Winterrettich ist mit dem Rettich verwandt und gehört zur Familie der Kreuzblütler. Zu dieser zählen zahlreiche essbare Sorten wie Kohl, Grünkohl, Rosenkohl, Blumenkohl und Kohlrabi. Taucht das Wort *sativus* in einem lateinischen Pflanzennamen auf, bedeutet es »kultiviert«. Der gebräuchliche Name Rettich leitet sich vom lateinischen Wort für »Wurzel«, *radix,* ab. Rettiche gab es bereits vor Tausenden von Jahren in China, und sie verbreiteten sich allmählich bis in den Westen. Der Schwarze Winterrettich, oder auch nur Schwarzer Rettich genannt, hat meist eine längliche Form und war bereits vor 4500 Jahren im alten Ägypten bekannt. Er wurde neben Knoblauch als Stimulans für Körper und Geist eingesetzt.

Als Kinder aßen Joris und ich Schwarzen Winterrettich in dünnen Scheiben auf unserem Brot, nur mit Salz gewürzt. Ich habe dieses Gemüse seitdem immer gegessen und baue es jetzt auch selbst in meinem Garten an – genau wie unsere Eltern in den belgischen Ardennen. Man muss allerdings ein wenig Geduld mit ihm haben. Geralt Joren, Direktor des Hortus Botanicus der Freien Universität Amsterdam, dem heutigen Botanischen Garten Zuidas, und der Botaniker Hans Vissers lehrten mich: »Das wichtigste Werkzeug des Gärtners ist Geduld.« Schwarzer Winterrettich wird im späten Frühjahr gepflanzt und von September bis Oktober geerntet. Unsere Eltern brachten uns durch den Anbau des Schwarzen Winterrettichs bei, dass man langfristig denken und geduldig warten muss, bis eine Pflanze geerntet oder wieder gesät werden kann.

Verwendung

Laut alten Überlieferungen ist die medizinische Wirkung des Schwarzen Winterrettichs in den Monaten mit »r« am stärksten.[1] Der Rettich wird meist roh in Salaten oder auf Brot gegessen und ist milder im Geschmack als der rosa-weiße, runde Rettich. Es gibt in der Phytotherapie Tinkturen aus Schwarzem Winterrettich mit medizinischer Wirkung.

Laut der Kräuterexpertin Mellie Uyldert ist der Schwarze Winterrettich ein wirksames Mittel gegen Asthma, da die Wurzel desinfizierend wirkt, Schleim löst und Verdauungsorgane und Nieren anregt.[2] Seine schleimlösenden Eigenschaften wurden bereits von den Griechen und Römern beschrieben.

In der Phytotherapie gilt der Schwarze Winterrettich als harntreibend und verdauungsfördernd. Durch die Galle können Fette besser verdaut werden. Der Verzehr von beugt auch Gallensteinen vor. Die Wurzel enthält starke gesundheitsfördernde Antioxidantien. Sie regt den Appetit an und kann daher die Behandlung von Patienten mit Magersucht unterstützen. Außerdem fördert sie die Sekretion der Magensäfte und wird daher als Stärkungsmittel angesehen.

Schwarzer Winterrettich ist zudem ein natürliches Desinfektionsmittel. Seine antibakteriellen und antimykotischen Eigenschaften werden manchmal auch äußerlich angewendet: So nutzt man den Saft oder die Scheiben der Wurzel und reibt sie gegen Pilzbefall auf die Haut.

EIGENSCHAFTEN

Appetitanregend

Schleimlösend

Vitamin- und Mineralienquelle

Beugt Gallensteinen vor

Stimulans (in kleinen Dosen)

Antidiabetisch

Antibakterielle und antimykotische Eigenschaften

Macht Galle dünn und flüssig

BEZUGSQUELLEN

Die Wurzel kann im Garten angebaut werden, ist aber auch im Bioladen oder beim Gemüsehändler erhältlich.

VORSICHT

Übermäßiger Verzehr kann schädlich sein: Eine Winterrettich-Kur sollte man nicht länger als einen Monat durchführen. Der Schweizer Arzt Alfred Vogel empfiehlt, nicht mehr als 1 Teelöffel Saft pro Tag einzunehmen.[3]

Der Schwarze Winterrettich ist reich an den Mineralien Calcium, Kalium und Phosphor und enthält zahlreiche andere medizinische Nährstoffe, einschließlich Schwefelverbindungen. In diesem Rettich finden sich die Stoffe Raphanol und die Vitamine A, B, C und D. Diese Stoffe sind zusammen mit den vielen Schwefelverbindungen für den größten Teil der bereits erwähnten medizinischen Wirkungen verantwortlich. Schwarzer Winterrettich hat eine stärkere Wirkung als andere Retticharten.

Aussehen

Die Wurzel zeichnet sich durch verschiedene Farben aus, aber am bekanntesten ist die Sorte, bei der die Schale pechschwarz und das Innere schneeweiß ist. Der Schwarze Winterrettich wird bis zu 30 Zentimeter lang und vier bis zehn Zentimeter dick. Die Blätter sind zäh, borstig und unregelmäßig tief eingeschnitten. Die Pflanze wächst meist an sonnigen Standorten auf einem guten, tief durchwurzelten Boden.

Extraktion und Dosierung

Der Schwarze Winterrettich kann roh verzehrt werden. Am besten mit einer kleinen Menge beginnen und diese allmählich steigern. Die schwarze Schale immer schälen. Mellie Uyldert empfiehlt, bei Erkrankungen der Atemwege einen Schwarzen Winterrettich auszuhöhlen und ihn mit braunem Zucker oder Honig zu füllen. Dann an der Unterseite ein Loch hineinstechen und den ausgehöhlten Schwarzen Winterrettich auf ein Glas stellen, damit der Saft abtropfen kann. Davon einen Teelöffel am Tag einnehmen.

SCHWARZER WINTERRETTICH MIT BROT UND BUTTER

Eine Scheibe Sauerteigbrot mit Blütenbutter (siehe Seite 146) bestreichen. Schwarzen Winterrettich mit dem Gemüsehobel in möglichst dünne Scheiben hobeln, in eine Schüssel legen und mit etwas feinem Meersalz bestreuen. Gut vermischen und die Rettichscheiben dekorativ auf den Brotscheiben anrichten.

RETTICH-RADIESCHEN-PICKLES

ERGIBT 300 GRAMM

Für den süßsauren Sud
500 ml Weißweinessig
500 g Kristallzucker
1 Lorbeerblatt
1 TL Koriandersamen
1 EL Fenchelsamen
1 EL Senfkörner

Außerdem
2 Schwarze Winterrettiche (ca. 250 g)
1 Schalotte
1 Bund Radieschen (ca. 250 g)

Utensilien
sterilisiertes (Weck-)Glas mit 2,5 l Fassungsvermögen

Für den süßsauren Sud alle Zutaten mit 500 ml Wasser in einem Topf zum Kochen bringen. Winterrettiche, Schalotte und Radieschen gründlich waschen. Die Rettiche in feine Scheiben und die Schalotte in feine Ringe schneiden. Von den Radieschen nur das Grün abschneiden. Das Gemüse in das sterilisierte Gefäß schichten und mit dem heißen Sud übergießen. Abkühlen lassen.

Die Pickles halten sich etwa drei Monate im Kühlschrank und schmecken köstlich zu würzigen Speisen und auf Brot mit Käse oder Wurst.

MACA *Lepidium meyenii*

Das legendäre Stärkungsmittel

Südamerika ist der Kontinent der Knollen: Kartoffel, Topinambur und auch weniger bekannte Knollen wie die Maca haben allesamt ihre Wurzeln in den Anden. Die Knolle wächst in Peru und Bolivien in über 4000 Meter Höhe, was sie zur höchstangebauten Kulturpflanze der Welt macht. Maca gedeiht selbst unter extremen Wetterbedingungen wie Kälte, starken Winden und Sonne auf nährstoffarmen, felsigen Böden. Nach der Ernte kann der Boden, wie beim Ginseng, zehn Jahre nicht für den Anbau von Pflanzen genutzt werden, da er durch die Maca völlig ausgelaugt ist. Sowohl vor als auch nach dem spanischen Einfluss in Südamerika wurde Maca als Zahlungsmittel verwendet, insbesondere zur Steuererhebung. Nach der Einführung von Reis, Konserven, Nudeln und weißem Zucker in Südamerika wurde Maca zum Armeleuteessen und immer seltener angebaut – bis sie schließlich in den 1980er-Jahren beinahe verschwunden war. Heute gilt sie als Superfood der Inkas und ist fast überall erhältlich.

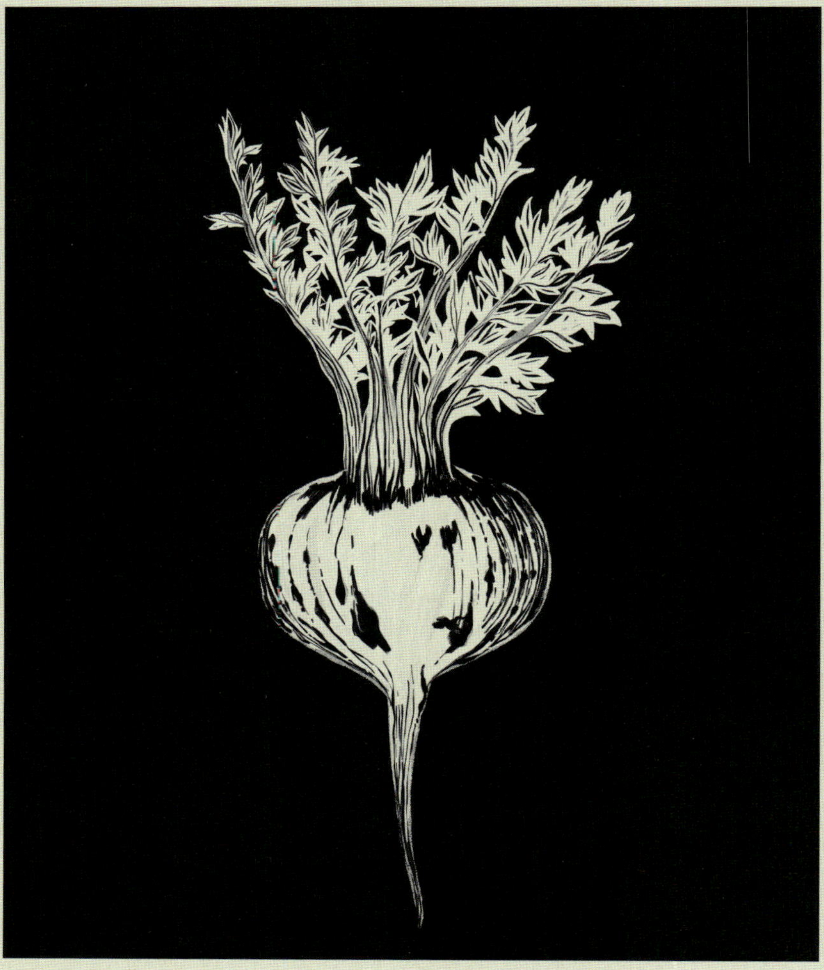

Maca ist reich an Mineralien und Vitaminen. Sie war neben Kokablättern eine Art natürliches Dopingmittel für die Boten der Inkas, die durch die steilen Anden liefen und dabei riesige Strecken zurücklegten.[1] Mehrere Studien konnten nachweisen, dass Maca die Fruchtbarkeit und sexuelle Aktivität bei Tieren stärkt. In Südamerika wird Maca daher schon seit Jahrhunderten verwendet, um die Fruchtbarkeit von Menschen und Tieren zu verbessern. Maca steigert Ausdauer und Libido bei Männern und Frauen und gleicht den (Menstruations-) Hormonhaushalt im Körper aus. Die Knolle beugt Osteoporose vor. Darüber hinaus ist sie wie Ginseng und Reishi ein starkes Adaptogen. Das bedeutet, dass sie uns hilft, uns an veränderte Umwelt- und Lebensbedingungen anzupassen. Maca stärkt die Widerstandskraft gegen verschiedene Stressfaktoren (wie physischen, chemischen und biologischen Stress), unterstützt den Sauerstofftransport, steigert die Energie und körperliche Kraft und wirkt sich positiv auf die Produktion von Neurotransmittern und das endokrine Drüsensystem aus. Kurzum: Maca ist ein Immunstimulans und stärkt unsere Widerstandskraft auf vielerlei Art.

Maca wird als Pulver in Bioläden, aber auch in Drogerien, inzwischen selbst in großen Drogeriekketten, verkauft. Das Pulver sollte man nicht über eine längere Zeit verwenden und maximal zwei Messlöffel pro Tag einnehmen. Der Körper braucht Zeit, um sich an Maca zu gewöhnen.

KAVA

Piper methysticum

Der Angsthemmer aus dem Paradies

In allen Ländern der Welt werden Genussmittel verwendet. Auf den pazifischen Inselgruppen im Stillen Ozean (Mikronesien, Polynesien und Melanesien), die ungefähr zwischen den Osterinseln im Osten und der großen Inselgruppe von Neuguinea liegen, steht dabei die Wurzel der Kavapflanze an erster Stelle. Sie gehört zur selben Familie wie Pfefferpflanze und Anisblatt und wird wegen ihrer beruhigenden Wirkung konsumiert. Die ersten Westler, die Kava zu sich nahmen, waren Kapitän James Cook (1728–1779) und seine Mitreisenden. Die Pflanze wird sicherlich schon seit über 2000 Jahren verwendet. Ich selbst habe einige Erfahrung mit dem Trinken des Kavaextrakts dank unserer belgischen Verwandten, die viele Jahre im Königreich Tonga lebten und die gemahlenen Wurzeln mitbrachten. Beim gemütlichen Beisammensein tranken wir den Extrakt, der in einer traditionellen Holzschale, der Kumete, zubereitet wurde.

Kava ist eine Pflanze mit stark angsthemmenden Eigenschaften. Die Inselbewohner stellen Kaltwasserextrakte her oder kauen auf den Wurzelfasern, die nicht geschluckt werden. Der Kaltwasserextrakt (siehe Seite 26) enthält die psychoaktiven Substanzen Kavalactone und Kavapyrone. Die Bräuche, Rituale und Anbaumethoden der Pflanzen unterscheiden sich von Insel zu Insel, aber die symbolische Rolle der Kava ist fast überall dieselbe. Kava symbolisiert die Verbindung zwischen der Welt der Menschen und der Welt der Geister und fungiert als Medium oder Leitung zu anderen Welten. Kava hilft uns, uns der Vergangenheit und der Vorfahren zu erinnern, die vor uns gekommen und gegangen sind.

Kaum jemand, der Kava trinkt, findet sie köstlich. So wie beim Geschmack von Tabak und Kaffee muss man sich an den Geschmack erst langsam gewöhnen. Kava schmeckt ein bisschen wie Schlamm oder Erde mit einer frischen typischen Note. Kava wird von Ethnobotanikern als Hypnotikum eingestuft. Kavalactone binden sich an verschiedene Neurorezeptoren und wirken narkotisch, muskelentspannend, schmerzlindernd, sedierend und antiepileptisch.[1] Der Anthropologe James W. Turner bezeichnet Kava als »Wasser des Lebens«.[2] Das Getränk hat eine große symbolische und soziokulturelle Bedeutung für die Menschen, die es traditionell verwenden.

Kava wird meist in Ritualen eingesetzt, die mit zeremoniellen Handlungen einhergehen, wie im Königreich Tonga, wo die Zubereitung und die

KAVA

Verwendung der Wurzel eine zentrale Rolle bei königlichen Zeremonien spielen. Auf den Fidschi-Inseln klatscht man nach dem Trinken einer Schale Kava auf bestimmte Weise in die Hände. Viele Menschen in Ozeanien konsumieren Kava täglich, so wie anderswo Kaffee und Tee getrunken wird.

Nimmt man Kava zu sich, fühlt sich der Mund taub an, ähnlich wie bei Kokablättern, die ebenfalls betäubend wirken. Eine halbe Stunde nach dem Trinken des Extrakts setzt die Wirkung ein, die etwa zwei Stunden anhält. Danach lässt sie nach und ist etwa sieben Stunden nach der Einnahme vollständig verschwunden. Der Schlaf nach der Einnahme von Kava wird als belebend erfahren, und auch ein Kater bleibt aus. Bereits bei der ersten Tasse ist die Wirkung spürbar, aber sie wirkt erst richtig nach dem Konsum von sechs bis sieben Tassen. Nach dem betäubenden Gefühl verspürt man oft das Bedürfnis zu reden, man fühlt sich wohl, euphorisch und ruhig, Ängste lassen nach. Man kann klar denken, die Muskeln entspannen sich, und schließlich wird man schläfrig.

In den letzten Jahren gab es Berichte über Leberschäden nach der Verwendung der Pflanze bei Menschen im Westen, die kommerzielle Produkte aus der Wurzel zu sich nahmen. Daraufhin wurde die Wurzel in vielen Ländern verboten, auch in den Niederlanden und in Deutschland. Eigentlich sollte dieses Verbot wieder aufgehoben werden, denn inzwischen ist bekannt, was die Leberschäden verursacht hat: Die kommerziellen Öl- und Heißwasserextrakte waren stärker als die traditionellen Kaltwasserextrakte und erwiesen sich als schädlich. Auch Nahrungsergänzungsmittel mit Kavaextrakt wurden mit schweren Leberproblemen in Verbindung gebracht. Die Ölextraktion setzt andere Stoffe frei, die im Trägeröl zurückbleiben. In beiden Arten von kommerziellen Extrakten waren noch Teile der Pflanze enthalten, die traditionell nicht verwendet werden. Diese grünen Teile enthalten zwar psychoaktive Substanzen, aber eben auch giftige. Traditionell wird Kava nur mit kaltem Wasser extrahiert, und in diesem Fall sind keine Leberprobleme zu beobachten.

Alte Extraktions- und Verwendungsmethoden sind oftmals doch besser und sicherer, auch wenn es Ausnahmen gibt. Traditionelle Methoden wurden von Menschen immer wieder durch Versuch und Irrtum getestet. Manchmal ist die falsche Verwendung von Pflanzen schädlich oder tödlich, aber das passiert meistens nur aus Unwissenheit. Deshalb ist es wichtig, bei der Verarbeitung und Anwendung von Heil- und Ritualpflanzen mit einem erfahrenen Schamanen, Kräuterkundigen, Experten oder einem gut ausgebildeten Phytotherapeuten zusammenzuarbeiten.

Maya-Relief — Ein Relief (um 690 n. Chr.) im Kreuztempel in der Maya-Stadt Palenque. Gott L. raucht eine Zigarre. Diese Zigarren werden von den Lacandón-Maya in Chiapas noch heute geraucht. Der in südamerikanischen Ländern verwendete Tabak hat eine ganz andere Wirkung als industriell gefertigte Zigaretten und Shagtabak bei uns im Westen. Unverarbeitete Produkte der Pflanzen *Nicotiana rustica* und *Nicotiana tabacum* sind um ein Vielfaches stärker als der uns vertraute Tabak. Tabak wird als Quelle der Kraft und des Wissens verwendet, um Krankheiten zu erkennen und in Kontakt zur Geisterwelt zu treten. Im Amazonasgebiet spricht man von *maninkari* – diejenigen, die unsichtbar sind und in lebenden Organismen wohnen. Durch den Gebrauch reinen Tabaks werden die *maninkari* sichtbar. (Nach Zeichnungen von Castaneda, der sie spiegelbildlich darstellte, und Frédéric Waldeck, von 1832)

TEPEZCOHUITE *Mimosa tenuiflora*

Das Molekül des Geistes

Die Wurzelrinde des Baums *Mimosa tenuiflora* wird geraucht, um in eine visionäre Trance zu geraten. Die Pflanze stammt ursprünglich aus Mittel- und Südamerika. Tepezcohuite leitet sich vom Aztekischen Begriff *tepus-cuahuitl* ab, was »Metallbaum« bedeutet und sich auf sein extrem hartes Holz bezieht.

Die Wurzelrinde dieses Baums enthält etwa ein Prozent N, N-Dimethyltryptamin (DMT). Wie viele magische Substanzen ist auch DMT bei einigen indigenen Völkern schon lange bekannt.[1] DMT ist ein Entheogen, auch Tryptamin-Droge genannt, die natürlich in vielen Pflanzen und Tieren enthalten ist und sich sogar in Brokkoli findet. Eigentlich enthält alles Lebende DMT, nur in einigen Pflanzen kommt es in einer hohen Konzentration vor. Bei vielen südamerikanischen Indigenen sind DMT-haltige Substanzen Teil der bei Zeremonien konsumierten Sakramente. DMT-haltige Pulver werden in die Nase geblasen oder in heiligen Gebräuen getrunken oder geraucht.

Beim Rauchen gelangt DMT durch die Lunge direkt ins Blut und damit ins Gehirn. Da es eine körpereigene Substanz ist, wird es nach dem Rauchen schnell wieder abgebaut, und der sehr starke Trip ist nur von kurzer Dauer. Aber was man dabei erlebt, ist außergewöhnlich. DMT zählt zu den stärksten Entheogenen, und daher ist die damit gemachte Erfahrung oft sehr intensiv. Menschen, die es erlebt haben, einschließlich meiner selbst, sprechen von mystischen Erfahrungen, anderen Dimensionen, dem Sehen elektrischer Feen und multidimensionaler geometrischer Muster. Die meisten Menschen erfahren nach einem DMT-Trip eine Klarheit des Geistes. Durch die intensive psychedelische Erfahrung wird DMT auch als *spirit molecule* bezeichnet. Die gleiche Substanz wird während des intensiven REM-Schlafs, beim Geschlechtsverkehr, bei der Geburt und beim Sterben freigesetzt. Es ermöglicht uns, in vollem Bewusstsein in die Sphäre der Ideen einzutauchen (vielleicht ist das unser Unterbewusstsein).

In Mexiko erlebte ich 2018 eine Zeremonie im Dschungel von Yucatán, bei der Tepezcohuite geraucht wurde. Medizinische Betreuungspersonen musizierten und sangen Lieder in einer 9000 Jahre alten Ursprache. Es waren Liebeslieder für unsere Seelen. Jeder wurde gebeten, in seinem Geist eine Absicht für das zu formulieren, was man mit der Zeremonie erreichen wollte. Bevor wir die Substanz rauchten, erklärte man uns, dass wir an die sieben Himmelsrichtungen des Kosmos denken sollten: Norden, Osten, Süden, Westen, oben, unten

und unsere Mitte. Aus all diesen Richtungen sollten wir die Geister unserer Ahnen um Hilfe bitten. Wir mussten alle Dämonen und Ängste zulassen, um sie in Liebe zu verwandeln. Schleim, der sich lösen würde, sollten wir ausspucken. Dann wurde uns Tabakpulver (Rapé) in die Nase geblasen, um die »Kanäle« zu öffnen. Während der Zeremonie schwelte der heilige Weihrauch Copal. Copal ist ein Baumharz, das schon von den Maya als Weihrauch verwendet wurde, um die Götter günstig zu stimmen. Die medizinischen Betreuer hatten einen Altar aufgebaut, auf dem unter anderem eine besonders bemalte Feder lag.

Durch eine Pfeife konnten wir mehrere Züge der Tepezcohuite-Substanz nehmen, danach legten wir uns auf den Boden, und unter Musikbegleitung setzten die etwa 15-minütigen Visionen ein. Auch der Medizinmann selbst nahm einige Züge. Während der Zeremonie löste sich tatsächlich ein merkwürdiger Schleim, den ich ausspuckte. Er schien tief aus meinem Körper zu kommen. Während der Betreuer musizierte und sang, sah ich strukturierte geometrische Muster. Als die Betreuerin zu singen begann, nahmen die Bilder eine organische Form an. Nach der Zeremonie fühlte ich mich klar und energiegeladen.

In Brasilien wird aus der Wurzelrinde von *Mimosa tenuiflora* ein Getränk zubereitet, das mit dem Saft der Passionsfrucht als *vinho de jurema* bezeichnet wird. Daraus kann auch ein Ayahuasca-Analogon hergestellt werden.[2] In der Wurzelrinde wurden neben DMT auch neue Substanzen entdeckt, die Kukulkanine heißen und nach dem Maya-Gott Kukulcan (»gefiederte Schlange«) benannt sind. Das Pulver aus der Rinde wird äußerlich als Narkotikum und Analgetikum bei Verbrennungen verwendet. Darüber hinaus wird Tepezcohuite bei Hautkrankheiten eingesetzt, da es eine gute Wirkung auf die Haut hat. In Mexiko werden Zubereitungen aus der Wurzelrinde in Drogerien und auf Märkten als Tonika verkauft.

DMT ist neben Ibogain (siehe nebenstehend) das stärkste Psychedelikum, das es gibt. Durch den Gebrauch entdecken wir andere Dimensionen, die wir uns nicht einmal vorstellen können und die so real sind, dass das ganze Leben nach einer DMT-Erfahrung relativ wird. Dennoch wird es bedeutungsvoller. Eine kleine chemische Veränderung in unserem Gehirn und Körper – und unsere gesamte Wahrnehmung der Welt verändert sich innerhalb weniger Minuten. Bei der Arbeit mit entheogenen Sakramenten lernen wir, dass die Realität, die wir als reale Welt wahrnehmen und im Wachbewusstsein erleben, lediglich eine der Realitäten ist. Nur sehr wenige von uns können sich überhaupt vorstellen, dass noch andere Dimensionen der Realität existieren.

Iboga-Pflanze mit einer Rapé-Pfeife darunter — Rapé ist eine Mischung aus Tabak, Asche und manchmal auch Samen. Der Rauch wird in die Nasenlöcher geblasen, um die geistigen Kanäle zu öffnen. Rapé sucht die Krankheit im Körper. Auch in Peyote-Zeremonien wird Tabak als Feueropfer verwendet. In den gesamten Amerikas spielt Tabak eine wichtige Rolle bei Ritualen und wird in reiner Form als *teacher plant* betrachtet. Auch in Afrika wird er in Sakramenten verwendet. Vor einer Iboga-Zeremonie findet eine Reinigung des Körpers mit Kräutern statt. Dann werden bei der Einnahme des Sakraments Lieder gesungen und Musik gemacht. Etwa auf diese Weise: »So war der Anfang, Geist der Erde, Geist der Luft. (...) Blitz und Donner. Sonne und Mond. Himmel und Erde. Sie sind Leben und Tod. Sie sind Zwillinge. (...) Freude, voller Freude grüßen dich die Ahnen und hören die Nachricht. Das ängstliche Leben der Geborenen ist zu Ende, zu Ende, zu Ende. Und nun kommen die Jünger des Todes. Ich gehe zum Tod. (...) Alles ist rein, rein. Alles ist neu, neu. Alles ist Licht, Licht. Ich habe die Toten gesehen und ich habe keine Angst!« (Von Fernandez 1982 und Rätsch 2005, S. 492)

IBOGA *Tabernanthe iboga*

Sakrament und Symbol des Waldes

Die afrikanischen Baumkulte Ombwiri und Bwiti haben eine lebendige einheimische Tradition, die aus prähistorischen Zeiten zu stammen scheint und bei der Iboga, eines der stärksten Entheogene der Welt, die Hauptrolle spielt. Die Pflanze wird in Westafrika als Sakrament in Initiationsritualen verwendet. Sie wächst in den tropischen Regenwäldern von Gabun, Kongo, Kamerun und Guinea. Dort gilt Iboga als ein Symbol für die Kraft des Waldes. Der Bwiti-Kult entstand im 19. Jahrhundert, aber seine Ursprünge gehen über 1000 Jahren zurück. Iboga wird als der wahre Baum der Erkenntnis betrachtet, der direkt aus dem Garten Eden stammt, sodass die Menschen Gott und die Welt kennenlernen konnten. Seit den 1970er-Jahren wird die Pflanze auch im Westen verwendet, um Menschen von schweren Süchten zu befreien. Als Mittel gegen Suchtabhängigkeit wurde Iboga von Howard Lotsof zufällig entdeckt. Er wuchs in der New Yorker Bronx auf, und er und fünf Freunde – allesamt heroinabhängig – bemerkten 1962, dass ihre Sucht und ihre Entzugserscheinungen während des Konsums von Iboga subjektiv abnahmen. In den 1980er-Jahren überzeugte Lotsof eine belgische Firma, Ibogain in Kapselform zu produzieren, und führte erfolgreiche Versuche in den Niederlanden durch. Er verfasste zahlreiche wissenschaftliche Artikel und ließ sich in Nordamerika die Behandlung von verschiedenen chemischen Abhängigkeiten mit Ibogain patentieren. Inzwischen gibt es Iboga-Kliniken in Afghanistan, Neuseeland, den Niederlanden und in Israel.

Eine Iboga-Initiation lässt sich nach Ansicht erfahrener Experten mit zehn Jahren Psychotherapie vergleichen. Während der Initiation bekommen die Adepten *(banzis)* manchmal einen Spiegel vorgehalten und werden so mit sich selbst konfrontiert. Dann beginnt die introspektive psychologische Reise.

Eine traditionelle Einweihung findet im Urwald und in Tempeln statt, in einem rituellen Rahmen mit in Trance versetzender Musik. In den Liedern wird die Seele des *banzi* begleitet. Die Initiation soll den *banzi* zum Ursprung der Zeit bringen. Die Zeremonien finden während einer Nachtmesse *(ngozé)* statt und dauern bis zum frühen Morgen. Normalerweise erhalten die Teilnehmer mehrere geringe Dosen Iboga verabreicht, die keine Visionen auslösen. Die vollständige Initiation ist bei höheren Dosen so intensiv, dass sie nur einoder zweimal im Leben erlebt werden kann. Die Wirkung hoher Dosen kann bis zu einer Woche andauern und soll »den Kopf aufbrechen« durch Visionen, die eine Form des Kontakts mit den Ahnen sind und zu einer »antizipatorischen Vision des Lebens in der anderen Welt« führen.[1] Vor der Initiation werden Kräuter getrunken, die zum Erbrechen führen, um den Körper zu reinigen. Während einer vollständigen mehrere Tage bis eine Woche dauernden Initiation wird mehrmals der Urwald aufgesucht, um dort vorbereitende Kräuter- und Reinigungsbäder zu nehmen. Die Bewegung ist tief mit dem Urwald verbunden.[2]

Nachdem ich das erste Mal Iboga-Samen gepflanzt und die Früchte mit bloßen Händen geöffnet hatte, erlebte ich bereits einen leichten Rausch, der drei Tage anhielt. Diese Pflanze hat also eine enorme Kraft. Eine vollständige Iboga-Initiation in Gabun habe ich noch nicht miterlebt. Nur sehr wenige Menschen aus dem Westen haben sie erfahren, aber in den Beschreibungen aller Initiierten ist von kraftvollen, aber friedlichen Visionen die Rede. Oft wird der Kontakt mit verstorbenen Verwandten und Tieren angesprochen.

Iboga wächst in der Natur nur in wenigen Ländern der Welt. Der Preis der Iboga-Wurzeln ist in den letzten Jahren um Hunderte von Prozent gestiegen, und die Pflanze droht, in der Natur ganz zu verschwinden. Sie wird rücksichtslos gewildert und ins Ausland geschmuggelt, da die Nachfrage nach Iboga als therapeutisches Heilmittel weltweit stark gestiegen ist. Auch die Wilderei auf Elefanten trägt zum Verschwinden von Iboga in der Natur bei, da Elefanten die Samen auf natürliche Weise im Urwald verteilen. Weniger Elefanten bedeutet auch weniger Iboga-Pflanzen.

Wie bei vielen Naturheilmitteln ist die pharmazeutische Industrie nicht daran interessiert, Medikamente aus dieser Pflanze herzustellen, da sich damit nichts verdienen lässt. Iboga kommt schließlich in der Natur vor, und jeder kann die Pflanze unter den richtigen Bedingungen anbauen. In Frankreich wird ihr therapeutischer Wert nicht anerkannt – sie gilt als Droge. Iboga wird in hohen Dosen als Antisuchtmittel eingesetzt, und Menschen experimentieren mit Mikrodosen, um sich von einer Sucht zu befreien.

NACHWORT

Dies ist ein Buch über Pflanzen und Pilze, aber es handelt auch von Menschen. Männer und Frauen, die über Tausende von Jahre erforschten, wie Pflanzen und Pilze wirken, und dabei deren Eigenschaften entdeckt haben. Wir kommen aus der Natur und haben lange mit ihr gelebt und Wissen gesammelt. Entdeckungen, die zeigen, dass die medizinische Verwendung von Pflanzen schon vor 60 000 Jahren bekannt war, sagen genug über unsere ursprüngliche Verbindung mit der Natur aus. Diese Lehren kehren manchmal durch mündliche oder schriftliche Überlieferungen noch lebender Mitglieder von Naturvölkern, wie den Trio-Indianern in Surinam und den Samen in Lappland, wieder zu uns zurück. Wir können selbst eine Rolle bei der Weitergabe dieses Wissens spielen. Geben wir es an Kinder und Enkelkinder weiter, damit es der Nachwelt erhalten bleibt. Wir sind eine junge Spezies mit nur 10 000 vorausgehenden Generationen, und ich hoffe, dass wir noch länger mit all diesen besonderen Lebewesen auf diesem besonderen Planeten zusammenleben können.

Die westliche Welt ist dabei, sich wieder mit der Natur zu verbinden, und wir begreifen ganz allmählich, dass wir die Natur schätzen sollten, dass sie ein Teil von uns selbst ist und wir ein Teil von ihr sind. Man kann uns aus dem Wald holen, aber nicht den Wald aus uns. Wenn wir in den kommenden Jahren lernen, stärker in Kreisläufen zu denken und eine langfristige Vision für die Erhaltung der biologischen Vielfalt entwickeln – statt nur auf Monokulturen zu setzen –, werden sich uns große Wunder offenbaren. Der Schlüssel zum planetarischen Reichtum ist die biologische Vielfalt. In der freien Natur finden sich die stärksten und vielfältigsten natürlichen Heilmittel für Körper und Geist. Ich plädiere dafür, dass hierzulande wieder Teile der Wildnis entstehen. Wir können selbst völlig ausgelaugtes Ackerland wieder in Wald verwandeln – Wald, der niemandem und allen gehört. Um es mit den inspirierenden Worten der Künstlerin Aja Waalwijk zu sagen: unser aller Niemandsland.

Auch wenn einige der wirksamsten Heilpflanzen in der Wildnis wachsen, ist es wichtig, wild wachsende Heilpflanzen nicht blindlings auszubeuten. Wir müssen sicherstellen, dass Lebensräume mit Wildnis und Biodiversität erhalten bleiben. Manche Heilpflanzen sollten daher besser kontrolliert und biologisch angebaut werden.

Ich sehe eine neue Verbindung mit der Natur und eine neue Wertschätzung der natürlichen Medizin. Medizinische und rituelle Rezepte werden wiederentdeckt oder neu erfunden. Alles ist bereit, um universell zu heilen und sich bewusst miteinander und mit der Natur zu verbinden.

Der Apotheker und Seher Nostradamus sagte, man solle zum »Mutterboden« zurückkehren, zu dem Boden, auf dem man die ersten Jahre verbracht hat, wenn man sich nicht wohlfühlt. Wenn wir Produkte aus diesem Boden essen und trinken, erhalten wir alle Mineralien und Nährstoffe, die unseren Körper einst formten, und stärken uns auf diese Weise neu. Wer weiß. Ich glaube auf jeden Fall an unsere eigene allmächtige Heilfähigkeit, die uns noch lange erhalten bleibt, wenn wir weiterhin gut für uns und die Welt sorgen. Eine wichtige Frage, die wir uns in der kommenden Zeit stellen können, ist von den Ideen der Irokesen, einer nordamerikanischen First Nation, inspiriert. Sie stellen sich die Frage: »Bin ich ein guter Vorfahre, und welche Auswirkungen hat unser heutiges Handeln auf die Zukunft?«

Ich habe den Eindruck, dass wir ein psychospirituelles Verlangen haben, uns mit der Natur zu verbinden und das ihr innewohnende »göttliche« und »essenzielle« Bewusstsein wiederherzustellen. Um die Lebenskraft an der Basis zu erfahren, damit wir im Hier und Jetzt zur Natur zurückkehren können. Wir tanzen gemeinsam diesen ewigen universellen kosmischen Tanz der Implosion und Explosion mit Einblicken in die Erleuchtung. Ich wünsche dir Kraft auf dieser wundersamen Reise.

Lass deine Zukunft erblühen, indem du bewusst und freudig bei jeder Gelegenheit Samen und Bäume pflanzt. Lass die Inspiration dieses Buches wie eine Welle durch die Welt gehen: Verschenke ein Exemplar an deine Lieben und werde Teil der Veränderung, die du auf unserem Planeten erleben willst!

GLOSSAR

Adaptogene. Ein Adaptogen ist ein pflanzlicher Wirkstoff, der dem Körper bei der Anpassung an wechselnde Bedingungen und ungünstige Zustände wie Stress, Hitze und Kälte hilft. Zu den bekanntesten Adaptogenen zählt Ginseng.
Ätherische Öle. Duftende Substanzen einer Pflanze, um Bestäuber anzulocken oder Schadinsekten und Pilze abzuwehren. Ätherische Öle sind oft von Natur aus flüchtig. Sie finden sich meist in Blüten und Früchten, können aber in jedem Pflanzenteil vorkommen. Die Wirksamkeit von ätherischen Ölen wird hauptsächlich über die Nase und die Atemwege sowie über die Haut erzielt. Ätherische Öle und ihre chemischen Inhaltsstoffe sind Gegenstand gut dokumentierter Veröffentlichungen, die zeigen, dass diese Öle antimikrobiell gegen bakterielle, pilzliche und virale Krankheitserreger wirken. Der Zweig der Phytotherapie, der ätherische Öle am häufigsten verwendet, ist die Aromatherapie. Ätherische Öle sind sehr vielfältig in ihrer Zusammensetzung.
Allopathie. Die konventionelle Form der Medizin, die Heilmittel einsetzt, um Symptome zu unterdrücken oder zu bekämpfen (Schulmedizin).
Aminosäuren. Als Grundbausteine aller Proteine in unserem Körper können Aminosäuren Gewebe wie Organe, Muskeln, Haut und Haare bilden und unseren Körper bei der Regeneration unterstützen. Es gibt 22 Aminosäuren, von denen acht essenziell sind. Essenziell bedeutet, dass man sie braucht, aber der Körper sie selbst nicht produzieren kann. Wir können sie über die Nahrung aufnehmen.
Antibakteriell. Bekämpft bakterielle Infektionen.
Antibiotikum. Tötet oder hemmt die Entwicklung von Bakterien.
Antidepressivum. Stimmungsaufhellend.
Antidiabetikum. Hilft, den Blutzuckerspiegel zu senken.
Antiinflammatorisch. Entzündungshemmend.
Antimikrobiell. Tötet oder schwächt Bakterien, Pilze oder Viren und andere Organismen, die mit bloßem Auge nicht zu erkennen sind.
Antioxidantien. Antioxidantien im Körper sorgen dafür, freie Radikale zu neutralisieren (siehe rechts). Der Körper produziert eigene Antioxidantien, aber wir können sie auch über die Nahrung und Nahrungsergänzungsmittel aufnehmen. Starke Antioxidantien sind Vitamin C, Glutathion und Resveratrol. Zur Vorbeugung von Krankheiten und Verlangsamung des Alterungsprozesses ist es wichtig, ausreichend Antioxidantien aufzunehmen. Dabei wirken die körpereigenen stärker als alle extern zugeführten Antioxidantien.
Antiparasitär. Zerstört und vertreibt Parasiten.
Antirheumatisch. Lindert rheumatische Symptome.
Antiseptisch. Desinfizierend, wehrt Infektionen oder Erreger ab.
Antitumoral. Verhindert und hemmt die Entwicklung von Tumoren.
Antiviral. Bekämpft virale Infektionen.
Aphrodisiakum. Wirkt erregend und weckt sexuelles Verlangen.
Astaxanthin. Ein von Algen, Plankton, bestimmten Pflanzenpilzen und Bakterien gebildetes Carotinoid. Durch diese Substanz bekommen Flamingos unter anderem ihre rosa Farbe. Astaxanthin ist überall im Körper aktiv und wirkt Alterungsprozessen entgegen, die durch oxidativen Stress und Entzündungen ausgelöst wurden. Es unterstützt und reguliert die Funktion des Immunsystems (insbesondere die humorale Immunantwort). Astaxanthin zählt zu den wirkkräftigsten Antioxidantien in der Natur und hat starke zellschützende Eigenschaften. Es ist in Drogerien erhältlich.

Betulin. Eine Substanz aus der Birke und des Chaga-Pilzes. Betulin wirkt entzündungshemmend und unterstützt die Wundheilung. Es scheint die Energiezentrale von Tumorzellen zerstören zu können und absterben zu lassen und wird daher in Studien zur Krebsbekämpfung untersucht. Betulin hat antioxidative, antivirale und antitumorale Eigenschaften.
Bitterstoffe. Der Begriff »Bitterstoffe« steht für eine umfassende Gruppe von Pflanzen, die alle bittere Inhaltsstoffe haben. Diese regen die Verdauung und die Sekretion der Verdauungssäfte an und fördern überdies die Nährstoffaufnahme. Die Wirkung erfolgt über Bitterrezeptoren der Zunge. Die Einnahme von Bitterstoffen in Pillen- oder Kapselform ist nicht sinnvoll, denn man muss sie schmecken. Bitterstoffe wirken besser in kleinen Mengen. Eine bekannte bitterstoffhaltige Pflanze ist der Löwenzahn.

Chi. Allgemeine Lebenskraft (Begriff aus der chinesischen Medizin).
Chitin. Eine Art harte Schale, die beispielsweise Insekten umgibt. Chitin ist ähnlich dem Material, aus dem Haare und Nägel bestehen.
Cholesterin. Das bekannteste Sterin (fettähnliche Substanz) ist das Cholesterin, das von Tieren stammt. Pflanzen und Pilze enthalten ebenfalls Sterine. Cholesterin ist unter anderem für die Durchlässigkeit der Zellmembranen wichtig. Pflanzen- und Pilzsterine senken den Cholesterinspiegel im Blut. Durch eine unausgewogene Ernährung haben manche Menschen zu viel Cholesterin oder nicht den richtigen Cholesterinspiegel für ein langes und gesundes Leben. Sterine helfen, das Gleichgewicht wiederherzustellen.

Diuretikum. Harntreibendes Mittel, das zu Wasser- bzw. Feuchtigkeitsentzug durch die Nieren führt.

Entheogen. Begriff zur Beschreibung psychoaktiver Substanzen, die in einem religiösen oder spirituellen Kontext zur direkten Kontaktaufnahme mit dem Göttlichen verwendet werden. Entheogen bedeutet wörtlich »das Göttliche in dir selbst«. Entheogene Sakramente werden immer aus Kraftpflanzen und Pilzen mit nachgewiesenen Wirkungen hergestellt. Diese Substanzen werden oft verteufelt. Die Entheogene fungieren als Türöffner zu magischen göttlichen Welten und sind überall in der Natur zu finden.
Enzyme. Ein Enzym (altgriechisch: ἐν *en,* in, ζύμη *zúme,* Hefe) ist eine Art Protein und ein Katalysator, der bestimmte chemische Reaktionen innerhalb oder außerhalb einer Zelle auslösen kann. Enzyme ermöglichen oder beschleunigen Reaktionen, ohne selbst verbraucht oder in ihrer Zusammensetzung verändert zu werden. Enzyme fördern den Stoffwechselprozess im Körper und sorgen z. B. dafür, dass die Nahrung in kleine Stücke zerfällt, um verdaut und vom Körper aufgenommen zu werden. Enzyme stecken auch in Waschmitteln, um Schmutz zu lösen und abzubauen.
Ethnobotanik. Die Lehre beschäftigt sich mit der Beziehung zwischen Menschen und Pflanzen. Sie untersucht, wie Menschen Pflanzen in ihrem Alltag und in ihrer Kultur nutzen – zum Beispiel als Nahrung, Medizin, Baumaterial, Kleidung, Werkzeug oder Zahlungsmittel. Auch der Einsatz von Pflanzen in Ritualen, im sozialen Leben oder in der Musik gehört dazu.

Flavonoide. Es sind mehr als 5000 verschiedene Flavonoide bekannt. Sie finden sich häufig in Heilpflanzen wie Blaubeeren, grünem Tee und Ginkgo. Flavonoide sind Antioxidantien (siehe links) und benötigen Sonnenlicht zur Bildung. Sie sorgen für die Farbe in Früchten und Blumen und kommen am häufigsten in den äußeren Teilen von Pflanzen vor, zum Beispiel in der Fruchtschale.
Freie Radikale. Zellen im Körper, die andere Zellen schädigen. Ein Übermaß an geschädigten Zellen verursacht allerlei Krankheiten und

beschleunigt die Alterung. Antioxidantien (siehe links) können freie Radikale abfangen.

Fruchtkörper. Spezielle Strukturen, die bei Pilzen und Pflanzen entstehen, um die Fortpflanzung zu ermöglichen. Bei Pilzen bezeichnet man den sichtbaren Teil, wie zum Beispiel einen Champignon, als Fruchtkörper. Er enthält die Sporen, mit denen sich der Pilz vermehrt. Bei Pflanzen spricht man dagegen von Früchten, nicht von Fruchtkörpern. Eine Pflaume ist beispielsweise die Frucht eines Pflaumenbaums. Sie enthält Samen, aus denen neue Pflanzen wachsen können. Die Fortpflanzungsorgane enthalten entweder Samen oder Sporen, durch die neues Leben entsteht. Auf diese Weise wird die Art erhalten und an die nächste Generation weitergegeben.

Glykoside. Spielen in der richtigen Dosierung eine wichtige Rolle in pharmakologischen Anwendungen. Wir kennen mehrere Arten von Glykosiden, von denen einige eine starke Wirkung haben und sicherlich nicht harmlos sind. Ein Beispiel ist das Digitoxin aus dem Fingerhut, das den Herzrhythmus verändert. Diese Substanz ist in kleinen Dosen tödlich. In pharmakologischen Mikrodosen wird sie als Medikament gegen Herzrhythmusstörungen eingesetzt.

Halluzinogen. Nicht süchtig machende narkotische Substanzen, die auf mentale Prozesse wirken, um vorübergehend zu veränderten Bewusstseinszuständen zu führen.

Hexensalben. Es waren sowohl psychoaktive als auch rein medizinische Hexensalben in Gebrauch. Die Zutaten eines niederländischen Rezepts aus dem 15. Jahrhundert (Fliegensalbe) sind – neben dem Fett einer Ziege und dem Blut einer Fledermaus – folgende Pflanzen: Baldrian, Bingelkraut, Bilsenkraut, Betonie, Diptam, Eisenhut, Eisenkraut, Hauswurz, Ringelblume und Schwarze Tollkirsche. Manchmal wurden auch Stechäpfel und/oder Safran hinzugefügt. Hexen verwendeten die Salbe, um (geistig) zu fliegen. Die Salbe wurde unter den Achseln und im Nacken aufgetragen. Die Kräutersammlerinnen genossen hohes Ansehen und wurden erst nach 1600 von der Kirche verteufelt. Leider hatte die Kirche Angst vor ihrer enormen Macht, die in direkter Verbindung mit den Naturkräften stand. Mit einem Mal galten sie als böse Frauen, die schwarze Magie praktizierten und nicht mehr mit einer Göttin, sondern mit dem Teufel assoziiert wurden. Durch die Hexenverbrennungen ging ein riesiger Schatz an Pflanzenwissen verloren. Dennoch gibt es geheime Orte, an denen die Kenntnisse erhalten blieben.

Hypnotikum. Schlafförderndes Mittel.

Immunmodulatorisch. Verbessert die Funktion des Immunsystems.

Karminativ. Stimuliert die Verdauung und reduziert die Gasbildung im Darm.

Kultivar. Auch Zuchtsorte genannt. Eine Pflanze oder Pflanzengruppe, die nach gewünschten Eigenschaften ausgewählt und durch Anbaumethoden erhalten werden kann. Man denke an gewünschte Eigenschaften wie schnelles Wachstum, bestimmte Blütenfarben und -formen und Inhaltsstoffe.

Laxativum. Abführmittel.

Makrophagen. Diese weißen Blutkörperchen umgeben und zerstören Bakterien und Mikroorganismen, sie sind Teil unseres Immunsystems. Makrophagen helfen auch dabei, alte und geschädigte Zellen aus dem Körper zu entfernen.

Mikrobiom. Im Darm leben Billionen von Bakterien (zusammen machen sie mehr als zwei Kilogramm aus), die mit Viren, Hefen und Pilzen ein Mikrobiom bilden. Diese lebenden Mikroorganismen haben einen großen Einfluss auf unser Leben und unsere Gesundheit. Sie arbeiten mit uns zusammen. Zum Beispiel unterstützt das Mikrobiom die Gesundheit der Darmwand und die Verdauung der Nahrung. Es trainiert auch unser Immunsystem, sodass wir nicht so rasch erkranken und schneller genesen. Das Mikrobiom möglichst mit Ballaststoffen (Präbiotika) füttern. Es gibt zehnmal so viele Mikroorganismen in und auf uns, als es menschliche Zellen in uns gibt.

Mineralien, Metalle und Spurenelemente. Diese kristallinen Substanzen sind genau wie Vitamine essenzielle Nährstoffe, ohne die wir nicht auskommen. Zu den Mineralien zählen etwa Brom, Calcium, Chlor, Eisen, Magnesium, Kalium, Natrium, Phosphor und Schwefel. Zu den Spurenelementen gehören Chrom, Fluor, Gold, Jod, Kobalt, Kupfer, Mangan, Molybdän, Selen, Silizium und Zink. ***Calcium*** kommt in unserem Körper am häufigsten vor. Es stärkt Zähne und Knochen. Bei einem Mangel nutzt der Körper das Calcium aus den Knochen und schwächt sie. Calcium ist besonders für Kinder wichtig, deren Knochen noch am stärksten wachsen, und für ältere Menschen, deren Knochen brüchig und dünner werden. Calcium wird gegen Stimmungsstörungen und Schlaflosigkeit eingesetzt. Bei der Einnahme ist es abhängig von Vitamin D und arbeitet mit Phosphor und Magnesium zusammen. ***Chlor*** reguliert mit Kalium und Natrium den Flüssigkeitshaushalt im Körper. Zu viel Chlor kann für das Gehirn schädlich sein. ***Chrom*** unterstützt den Blutzuckerspiegel, reduziert das Hungergefühl und reguliert den Cholesterinspiegel. Es spielt eine Rolle beim Abbau von Fetten. ***Eisen*** ist wichtig für unser Immunsystem und hilft, schädliche Bakterien und Viren zu vernichten. Menschen mit Eisenmangel sind oft müde, krank und haben eine blasse Haut. Wir brauchen dieses Metall zur Freisetzung und Produktion von Energie. ***Jod*** ist wichtig für eine optimale Schilddrüsenfunktion, die sowohl den Stoffwechsel als auch dessen Geschwindigkeit unterstützt und dadurch die Energie steigert. Außerdem trägt es zur geistigen und körperlichen Entwicklung (von Kindern) bei und beugt Müdigkeit vor. Ein Jodmangel in der Schwangerschaft kann schwerwiegende Folgen für die Gehirnfunktion und die Entwicklung des Babys haben. Bei Erwachsenen führt ein Mangel zu Konzentrations- und Gedächtnisproblemen. ***Kalium*** braucht unser Körper für die Energiespeicherung und die Produktion von Proteinen. Dieser Mineralstoff hilft bei der Regulierung unseres Flüssigkeitshaushalts und des Blutdrucks. Er sorgt dafür, dass Nährstoffe in die Körperzellen gelangen und Abfallprodukte abgeführt werden. Kalium hat auch bedeutenden Einfluss auf unseren Stoffwechsel. Ein Mangel äußert sich in Reizbarkeit, niedrigem Blutdruck, großem Durst und Verwirrtheit. ***Kupfer*** ist wichtig zur Bekämpfung von Zellschäden und Alterung, außerdem reduziert es Entzündungen und das Arthritisrisiko. Es hilft unserem Körper, Eisen in Hämoglobin umzuwandeln, das den Sauerstoff über die Atmung ins Blut transportiert. Das Spurenelement ist wichtig für die Nerven und stärkt das Immunsystem. Es ist auch an der Produktion von Melanin beteiligt, dem Pigment, das der Haut und dem Haar Farbe gibt. Kupfer tötet Spermien ab und ist daher in Spiralen enthalten. Es wird im Körper für die Verwertung von Vitamin C benötigt. Durch die Verarbeitung von Lebensmitteln geht eine Menge Kupfer verloren. Ein Mangel an ***Magnesium*** hat Folgen für den ganzen Körper. Dieser lebenswichtige Mineralstoff spielt eine bedeutende Rolle bei der Freisetzung von Insulin, das unseren Blutzuckerspiegel reguliert. Unser Nervensystem braucht Magnesium, da es Stress reduzieren hilft. Es repariert Körperzellen und entspannt Muskeln. Schlaflosigkeit, Stress, Depression und Müdigkeit sind Symptome eines Magnesiummangels. ***Mangan*** trägt zur Aufrechterhaltung unseres Nervensystems bei und hält das Gehirn in einem guten Zustand. Es wird für den Abbau und die Verwertung von Nahrungsmitteln sowie bei der Produktion von roten Blutkörperchen, die Sauerstoff und Nährstoffe transportieren, benötigt. Mangan ist auch wichtig für gute Knochen. Die Produktion unserer Sexualhormone wird durch Mangan unterstützt. Das Spurenelement aktiviert ein bestimmtes Enzym, das freie Radikale abfängt. ***Molybdän*** ist für unseren Stoffwechsel notwendig und am Auf- und Abbau von Proteinen beteiligt. Es unterstützt die Qualität von Zähnen und Gelenken und hilft, Alkohol und Sulfit abzubauen, die in vielen Lebensmitteln als Konservierungsmittel enthalten sind. Außerdem stimuliert dieses Spurenelement die Produktion von roten Blutkörperchen. Der Flüssigkeitshaushalt in unserem Körper wird stark von ***Natrium*** beeinflusst. Dieses Mineral ist entscheidend für ein normales Wachstum und unterstützt Muskeln und Nerven. Es sorgt dafür, dass sich die Muskeln richtig zusammenziehen, und hält Kalium und Natrium in unserem Körper im Gleichgewicht. Ein Mangel verursacht Kopfschmerzen, niedrigen Blutdruck und Schwindel. ***Phosphor*** aktiviert die Vitamine des B-Komplexes, die die Energieproduktion unterstützen. Er ist wichtig für die Reparatur und das Wachstum des Körpers und Bestandteil unseres genetischen Materials. Phosphor braucht Vitamin D und Calcium, um zu wirken. Defizite sind selten. ***Selen*** befindet sich vor allem in unserer Leber. Es hilft uns, dass dieses Organ besser arbeitet. Außerdem ist es im Sperma enthalten. Ein Mangel kann bei Männern zu Unfruchtbarkeit führen. Das Spurenelement schützt rote Blutkörperchen und Körperzellen und wirkt als starkes Antioxidans. Zudem hat es einen wichtigen Einfluss auf unsere Schilddrüse. Durch Selen werden Schwermetalle, die wir manchmal über die Nahrung aufnehmen, neutralisiert. Selen wirkt synergistisch mit Vitamin E; bei gleichzeitiger Einnahme wirken beide stärker. Selen beeinflusst unser Sehvermögen und hat eine positive Wirkung auf Haut und Haare. Ein Mangel kann zu Haarausfall, geschwächter Immunität, Müdigkeit und Fruchtbarkeitsproblemen führen. Dieses essenzielle Spurenelement wirkt entzündungshemmend und stärkt unsere Widerstandskraft. ***Schwefel*** ist unerlässlich für die Produktion von Keratin, das wiederum wichtig für gesunde Haut, starke Nägel und glänzendes Haar ist. Ohne Schwefel kann der Körper viel weniger gutes Glutathion produzieren. Es ist wichtig für Bindegewebe, rote Blutkörperchen und Muskeln. ***Zink*** spielt eine entscheidende Rolle für den Schutz und die Reparatur der DNA, zudem trägt es zur Regulierung des Hormonspiegels und zur Aktivierung der Enzyme bei. Zink ist ein starkes Antioxidans, das die Immunität stärkt und die Wundheilung beschleunigt. Außerdem erhält es den Geschmackssinn, das Geruchsvermögen und die Sehkraft. Ein Mangel kann zu Unfruchtbarkeit und schlechtem Wachstum führen. Bei einem Zinküberschuss hingegen bekommt man einen metallischen Geschmack auf der Zunge.

Monografie. Wissenschaftliches Buch oder wissenschaftlicher Aufsatz über ein Thema oder eine begrenzte Gruppe verwandter Themen.

Mykologe. Ein Forscher oder Wissenschaftler, der sich mit Pilzen beschäftigt.

Mysterienschulen. Das Wort »Mysterium« kommt vom Griechischen *muo*, was wörtlich »die Augen schließen« bedeutet. Mysterienschulen waren Zusammenkünfte von Gruppen, bei denen Menschen Mysterien studierten und darin unterrichtet wurden. Bekannte Schulen in der Antike gab es in Eleusis, in der Nähe von Athen, und in Ägypten.

Myzelfilamente. Das Fadensystem von Pilzen, das normalerweise unterirdisch oder in Holz lebt. Ein anderes Wort ist Pilzfäden. Diese Pilzfäden bilden ein Netz von Verbindungen mit den Wurzeln von Bäumen und anderen Pflanzen und helfen ihnen, indem sie beispielsweise organisches Material abbauen. Über seine Myzelfilamente nimmt der Pilz im Austausch mit den Pflanzen Stoffe auf, an die er selbst nicht so leicht herankkommt. Unser Gehirn und unser Nervensystem scheinen eine ähnlich verzweigte Struktur wie das Myzel zu haben.

Neurodegenerativ. Erkrankungen des Nervensystems und des Gehirns, bei denen Nervenzellen im Lauf der Jahre absterben. Beispiele sind Parkinson und Alzheimer.

Neurogenese. Genese leitet sich von dem griechischen Wort *genesis* ab. Es bedeutet »Ursprung« oder »Entstehung«. Neurogenese bedeutet, dass neue Nervenzellen gebildet werden. Das Gehirn ist Teil des Nervensystems und kann sich daher auch regenerieren und sich neu bilden.

NGF. Nervenwachstumsfaktor. Einige Pflanzen und Pilze sowie auch Honig enthalten Substanzen, die das Wachstum und die Regeneration von Nervenzellen verbessern, stimulieren oder wiederherstellen. In der Wissenschaft wird dies als NGF (von dem englischen Begriff *nerve growth factor*) bezeichnet.

Oxidativer Stress. Tritt bei einem Ungleichgewicht zwischen freien Radikalen und Antioxidantien, die sie neutralisieren, auf. Alkoholkonsum, Rauchen, Stress, zu wenig Schlaf, unnatürliches Make-up, verschmutzte Luft, Pestizide, zu viel UV-Strahlung und die Einnahme von Medikamenten sind mögliche Faktoren, die die Menge der freien Radikalen in unserem Körper erhöhen. In der Folge können Krankheiten leichter von uns Besitz ergreifen, Körperzellen schädigen und uns schneller altern lassen.

Pathogen. Krankheiten erregend oder verursachend.

Pharmakognosie. Das Studium der Arzneien und der Entheogene natürlichen Ursprungs. Das Fach ist ein Teilgebiet der Pharmazie und konzentriert sich auf die Untersuchung der physikalischen, chemischen, biochemischen und biologischen Eigenschaften von Arzneien natürlichen Ursprungs. Es befasst sich auch mit der Suche nach neuen Arzneimitteln natürlichen Ursprungs.

Physiologie. Die Wissenschaft, die sich mit Lebensvorgängen wie dem Stoffwechsel von Organismen wie beispielsweise uns Menschen beschäftigt.

Phytotherapie. Pflanzenheilkunde.

Psilocybin. Eine Vision und/oder Halluzinationen hervorrufende Substanz, die in einer Reihe von Pilzen vorkommt. Diese sind hierzulande auch in der freien Natur zu finden. Psilocybinhaltige Pilze wachsen fast überall auf der Welt. Man kennt heute ungefähr 200 Arten.

Polysaccharide. Auch Kohlenhydrate oder Mehrfachzucker genannt. Beispiele für Polysaccharide sind Stärke, Chitin (siehe Seite 253) und Zellulose.

Rubefazienz. Hautreizende Stoffe, die die Durchblutung fördern. Dadurch heilen Wunden schneller, und Schmerzen verschwinden schneller. Doppelblindstudien haben die vielseitige Wirkung gezeigt und Beweise für die Wirksamkeit erbracht.

Sakrament. Natürliche Substanzen, die der Körper einnimmt, um mit den göttlichen Dimensionen und dem Reich der Toten in Kontakt zu treten. Die Eucharistie – der zentrale Akt der katholischen Kirche – war ursprünglich ein psychedelischer Wein oder ein psychedelisches Bier, in dem die Menschen das Göttliche direkt erfahren konnten. In den ersten 300 Jahren des Christentums nutzten die Christen noch immer diese Weine, sogar in der Nekropole unter dem Vatikan. Die Kirche versuchte, die von Frauen zubereiteten Weine zu verbieten. Im alten Ägypten, in Persien und Sumer wurden psychedelische Weine konsumiert. Mit den Hexenverbrennungen sollten alte Traditionen und altes Wissen unterbunden werden. Bis zum heutigen Tag gibt die katholische Kirche ihren Anhängern ein Placebo, aber die Schlüssel zum Himmel und zur Unsterblichkeit haben immer Bestand gehabt, sowohl in der Neuen Welt (Psilocybin-Pilze, Peyote, Ayahuasca, Tepezcohuite und LSD) als auch in der Alten Welt (Hexensalben, Psilocybin-Pilze, Blauer Lotus, Fliegenpilz und Iboga).

Sedativa. Beruhigende Kräuter.

Stimulans. Hat eine stimulierende Wirkung auf das Nervensystem, vertreibt Müdigkeit und Schläfrigkeit.
Symbiose. Das Zusammenleben von zwei verschiedenen Organismen, bei dem mindestens einer dieser Organismen davon profitiert.

Tonikum. Energetisierendes, vitalisierendes Mittel.

Veredeln. Der natürliche oder künstliche Eingriff in die natürliche Auslese von Pflanzen, um erwünschte Eigenschaften wie beispielsweise Inhaltsstoffe, Krankheitsresistenz, Farbe, Widerstandsfähigkeit gegen Hitze und Ähnliches zu verbessern. Bei der Veredlung werden die Pollen männlicher Pflanzen mit einem bestimmten Merkmal auf den weiblichen Geschlechtsorganen (die Stempel) der Pflanze mit den gewünschten Merkmalen aufgebracht. Dies geschieht oft künstlich mit einem Pinsel. In der Natur übernehmen Bienen, andere Insekten und einige Fledermäuse diese Aufgabe der Bestäubung, ebenso wie auch der Wind. Einige künstlich Züchtende glauben, dass sie durch die Stärkung der natürlichen Eigenschaften und Kräfte, an der sie durch Verteilung beigetragen haben, die Pflanzen patentieren lassen können, sodass sie in der Folge daran verdienen. Dies wird als Biopiraterie bezeichnet.
Vitamine. Organische Substanzen, von denen einige für den Stoffwechsel unerlässlich sind und die nicht von unserem Körper selbst produziert werden können. Wir brauchen zwar nur geringe Mengen, aber wenn sie in unserer Ernährung fehlen, können wir schwer erkranken oder sogar sterben. ***Vitamin A*** sorgt für gesunde Haut und beeinflusst das Wachstum sowie das Fortpflanzungs- und das Sehvermögen. Es ist ein Antioxidans. Mit ***Vitamin*** $\boldsymbol{B_1}$ (Thiamin) können Kohlenhydrate umgewandelt sowie Körper und Geist in guter Form gehalten werden. $\boldsymbol{B_2}$ (Riboflavin) wandelt Nahrung zusammen mit Enzymen in Energie um. Dieses Vitamin geht im Sonnenlicht schnell verloren. $\boldsymbol{B_3}$ (Niacin/Nikotinsäure) ist wichtig für ein gesundes Nervensystem und die Produktion von Sexualhormonen. $\boldsymbol{B_5}$ (Pantothensäure) erhöht die Widerstandskraft, gibt Energie und baut Stress ab. $\boldsymbol{B_6}$ (Pyridoxin) hilft bei der Umwandlung von Nahrung in Energie, sorgt für ein gesundes Immunsystem und hebt die Stimmung. $\boldsymbol{B_{12}}$ (Cobalamin) ist wichtig für ein gesundes Nervensystem und fördert im jungen Alter unser Wachstum. Es spielt auch eine Rolle für den Appetit. ***Biotin*** gehört zu den B-Vitaminen und wird auch Vitamin ***H*** genannt. Es ist gut für Haare und Haut und lindert Ekzeme und Hautentzündungen. ***Folsäure*** gehört zum Vitamin-B-Komplex, sie beugt Entwicklungsstörungen bei Föten vor, hilft gegen Blutarmut und hält den Körper gesund. Zudem senkt sie das Risiko von Herzproblemen. ***Cholin*** und ***Inositol*** gehören ebenfalls zum Vitamin-B-Komplex. Sie helfen beim Fettabbau und verbessern Gedächtnis und Denkvermögen. ***Vitamin C*** (Ascorbinsäure) ist ein starkes Antioxidans, erhöht unsere Widerstandskraft, schützt die Sehkraft und bekämpft Infektionen. ***Vitamin D*** sorgt für gesunde, kräftige Knochen und Zähne. ***Vitamin E*** (Tocopherol) ist ein starkes Antioxidans und besonders wichtig für ein starkes Herz und eine ausreichende Blutversorgung. Ebenso gut wirkt es sich auf die Haut aus. ***Vitamin K*** ist unerlässlich für die Blutgerinnung.

LITERATURVERZEICHNIS

Im Folgenden findest du eine Liste der von mir konsultierten Quellen. Diejenigen mit kleinen Fußnotenziffern beziehen sich direkt auf meinen Text, diejenigen unter dem kleinen waagerechten Strich (–) sind als allgemeine Lektüre gedacht, falls du dich eingehender mit dem Thema befassen möchtest.

Unser Immunsystem
[1] Carr, E. J., et al., *The Cellular Composition of the Human Immune System is Shaped by Age and Cohabition*, 2016:461–468.
[2] Macciochi, J., *De kracht van immuniteit. Waarom sommige mensen nooit ziek zijn (en andere juist wel)*, 2020.
[3] Buijze, G. A., et al., *The Effect of Cold Showering on Health and Work: A Randomized Controlled Trial*, 2016.
[4] Feldarbeit in Surinam.
[5] *Vitamin Times, Werk aan de weerstand*, Jg. 21, Nr. 3:6. Ursprüngliche Quelle: zorg.nu/wageningen.
[6] Macciochi, 2020:47.
[7] Verburgh, K., *Veroudering vertragen. Het langer jong-plan*, 2016.
[8] Verburgh, 2016:170.
[9] Cameron, J. R., »Moderate Dose Rate Ionizing Radiation Increases Longevity«, in: *Br. J. Radiol.* 78, 11–13 (2005), Panagiotakos, D.B., et al. »Sociodemographic and Lifestyle Statistics of Oldest Old People (>80 years) Living in Ikaria Island: The Ikaria Study.«, in: *Cardiol. Res. Pract.* 2011, 679187 (2011), und Chrysohoou, C., et al., »Exposure to Low Environmental Radiation and Longevity. Insights from the Ikaria Study«, in: *Int. J. Cardiol.* 169, e97–98 (2013).
[10] Burger, E., *Growing in the Art of Magic*, 1996:44.
[11] Verburgh, K,. *De voedselzandloper*, 2006:158.
[12] Macciochi, 2020:146.
[13] Walker, M., *Slaap. Nieuwe wetenschappelijke inzichten over slapen en dromen*, 2018.
[14] Macciochi, 2020:132.
[15] Macciochi, 2020:106.
[16] Servan-Schreiber, D., *Antikanker*, 2008:148 und 150.

–

Enders, J., *De mooie voedselmachine, de charme van je darmen*, 2015.
Hoffman, C., *Fit en gezond met antioxidanten, verbeter uw natuurlijk afweersysteem*, 2000.
https://bristol.ac.uk/Depts/Chemistry/MOTM/taxol/taxol.htm.
https://energiekevrouwenacademie.nl/immuunsysteem-waar-zit-dat.
https://jamanetwork.com/journals/jama/article-abstract/417085.
https://www.medicalnewstoday.com/articles/human-microbiota-the-microorganisms-that-make-us-their-home.
http://mushroomreferences.com.
https://nos.nl/artikel/2357016-stiltegebied-steeds-vaker-onder-druk.
https://pubmed.ncbi.nlm.nih.gov/12751781.
https://pubmed.ncbi.nlm.nih.gov/23733436.
https://pubmed.ncbi.nlm.nih.gov/27475233.
Janeway, C., et al., *Immunobiology*, 6. Auflage, 2005.
Khan, A., et. al., *Anticancer Activities of Nigella Sativa (Black Cumin)*, 2011.

Spielman, E., *The Spiritual Journey of Joseph L. Greenstein, The Mighty Atom: World's Strongest Man*, 1979.
Wiley, T. S., Formby, B., *Lights Out, Sleep, Sugar and Survival*, 2001.
Wolfe, D., *Superfoods*, 2009.

Pilze

Chaga
Ineveld, P. van, *Medicinale paddenstoelen*, 2020.
Michiels, Th. H. L., *Geneeskrachtige paddenstoelen. De gezondheidsbevorderende effecten van paddenstoelen*, 2014.
Stamets, P., *Mycelium Running*, 2005.
Stengler, M., *Health Benefits of Medicinal Mushrooms*, 2005.
Wolfe, D., *Chaga, King of Medicinal Mushrooms*, 2012.

Champignon
[1] https://tekoafarms.co.il/wp-content/uploads/2020/05/mushroom-consumption-delays-mild-cognitive-impairment-1.pdf.
–
Michiels, 2014.
Ying Jianzhe, Mao Xiaolan, Ma Qiming Zong Yichen und Wen Huaan, *Icons of Medicinal Fungi from China*, 1987.

Schopf-Tintling
https://pubmed.ncbi.nlm.nih.gov/32479019.
Michiels, 2014:71.
Ying Jianzhe, et al., 1987.

Reishi
[1] *Shen Nong Ben Jing* (verfasst zwischen 206 v. Chr. und 220 n. Chr.).
[2] Unter anderem Suarez-Arroyo, et. al., *Antitumor Effects of Ganoderma lucidum (reishi) in Inflammatory Breast Cancer in In Vivo and In Vitro Models*, 2013.
[3] Michiels, 2014.
[4] https://drugs.com/npp/reishi-mushroom.html.
–
https://pubmed.ncbi.nlm.nih.gov/23468988.
Ineveld, 2020.
Stamets, 2005.
Stengler, 2005.
Verhelst, G., *Groot handboek geneeskrachtige planten*, 2012.
Ying Jianzhe, et al., 1987.

Shiitake
[1] Michiels, 2014:127.
[2] Ibid., 128.
[3] Elhuseinny, S., et. al., *Proteome Analysis and In Vitro Antiviral, Anticancer and Antioxidant Capacities of the Aqueous Extracts of Lentinula edodes and Pleurotus ostreatus Edible Mushrooms*, 2021.
[4] Ying Jianzhe, et al., 1987.
[5] Stamets, P., *Growing Gourmet and Medicinal Mushrooms*, 2000:268.
–
Stengler, 2005.

Igel-Stachelbart
[1] Michiels, 2014:95.
–
Ineveld, 2020.
Stamets, 2005.
Ying Jianzhe, et al., 1987.

Fliegenpilz
[1] Allegro, J., *De heilige paddenstoel en het kruis*, 1970:17.

[2] Ruck, C. A. P., Hoffman, M. A., González Celdrán, J. A., *Mushrooms Myth & Mithras: The Drug Cult That Civilized Europe*, 2011:39.
[3] Michiels, 2014:32.
[4] Allegro, 1970:72.
[5] Teeter, D. E., *Amanita Muscaria. Herb of Immortality*, 2007:55.
–
Alberts, A., Mullen, P., *Psychoactieve planten, paddenstoelen en dieren. Hoe de natuur onze hersenen kan beïnvloeden*, 2001.
Al-Qayyim, I., *Het authentieke van de geneeskunde van de profeet gebaseerd op werken van Shaykh Muhammad Nasir ad-Din-al-Albani*, 2010.
Feeney, K., *Fly Agaric. A Compendium of History, Pharmacology, Mythology, and Exploration*, 2020.
Hatsis, T., *Psychedelic Mystery Traditions: Spirit Plants, Magical Practices and Estatic States*, 2018.
Hellinga, G., Plomp, H., *Uit je bol*, (1. Auflage 1994) 2003.
Lehtola, V. P., *The Sámi People. Traditions in Transition*, 2002.
Masha, B., *Microdosing with Amanita Muscaria*, 2022.
McKenna, T., *Voedsel der goden. De zoektocht naar de oorspronkelijke boom der kennis, een radicale geschiedenis van planten, drugs en de menselijke evolutie,* (1. Auflage 1992) 1998.
Michiels, 2014.
Muraresku, B. C., *The Immortality Key. The Secret History of the Religion with No Name*, 2020.

Psilocybin-Pilze
[1] McKenna 1998.
[2] Keller, L., *The Ritual Path of Initiation into the Eleusinian Mysteries*, 2009.
[3] Greg, 2012:114.
–
Grey, A., *Net of Being*, 2012.
https://ir.compasspathways.com/news-releases/news-release-details/compass-pathways-announces-positive-topline-results?fbclid=IwAR18AhqPXBNzkftiICpluCRE0jDipCdBqwFtEE7YqQ9mtVENT5DenzWsw6M.
http://mushroomreferences.com.
https://news.nus.edu.sg/mushrooms-may-reduce-risk-of-cognitive-decline.
Muraresku, 2020.
Stamets, 2005.
Stamets, P., *Psilocybin Mushrooms of the World*, 1996.

Früchte und Nüsse

Papaya
[1] Andel van, T., Ruysschaert, S., *Medicinale en rituele planten van Suriname*, 2011:151.
–
Bruneton, J., *Pharmacognosy, Phytochemistry, Medicinal Plants*, 2008.
Slagveer, J. L., *Sranan Oso Dresi. Geneeskracht uit Surinaamse kruiden*, 2009.
Verhelst, 2012.

Weintraube
[1] De Cleene, Lejeune 2013:279.
[2] Ibid., 271.
[3] Sizoo, A., *De Antieke Wereld en het Nieuwe Testament*, 1946:23.
[4] Mareresku, 2020:286.
[5] Bruneton, 2008:399.
[6] Ganora, 2009:58.
–
Hatsis, 2018.
https://www.academia.edu/44299052/Entheogens_in_Ancient_Times_Wine_and_the_Rituals_of_Dionysus.
Ruck, P., *Entheogens in Ancient Times: Wine and the Rituals of Dionysus*, 2019.

Heidelbeere
[1] Beiser, R., *Tee aus Kräutern & Früchten*, 2020:97.
[2] Asgari, S., et al., *Anti-hyperglycemic and Anti-hyperlipidemic Effects of Vaccinium myrtillus Fruit in Experimentally Induced Diabetes (Anti-diabetic Effect of Vaccinium myrtillus Fruit)*, 2016, und Khoo, H., et al., *Anthocyanidins and Anthocyanins: Colored Pigments as Food, Pharmaceutical Ingredients, and the Potential Health Benefits*, 2017.
[3] Chu, W., Cheung, S. C. M., Lau, R. A. W., et al., *Bilberry (Vaccinium myrtillus L.)*, 2011.
–
Allgeier, K., *De geheime geneeskundige recepten van Nostradamus*, 1994.
https://newswire.caes.uga.edu/story/866/healthberries.html.

https://pubmed.ncbi.nlm.nih.gov/17602170.
Wilms, L., et al., *Impact of Multiple Genetic Polymorphisms on Effects of a 4-week Blueberry Juice Intervention on Ex Vivo Induced Lymphocytic DNA Damage in Human Volunteers*, 2007.

Olive
[1] De Cleene, M., Lejeune, M. C., *Compendium of Symbolic and Ritual Plants in Europe*, 2003: 497 und Al-Qayyim 2010:322.
[2] Verhelst, 2012:395.
[3] Sun, W., Frost, B., Liu, J., *Oleuropein, Unexpected Benefits!*, 2017.
[4] Heinrich, M., Barnes, J., Prieto-Garcia, P., Gibbons, S., Williamson, E. M., *Fundamentals of Pharmacognosy and Phytotherapy*, 2018:255–256.
[5] Uyldert, M., *Lexicon der Geneeskruiden*, (2. Auflage) 1977:160.
[6] Verhelst, 2012:396.
[7] Bruneton, 2008:144.
[8] Verhelst, 2012:397.
[9] Bruneton, 2008:603.

Walnuss
[1] Muraresku, 2020:349.
[2] Ibid., 349.
–
Bianchini, F., Corbetta, F., Pistoia, M., *De plant in de geneeskunde, standaardwerk voor toepassing, geschiedenis en flora van de geneeskruiden met farmacompendium*, 1976.
Bruneton, 2008.
De Cleene, Lejeune, 2003.
Hatsis, 2018.
Verhelst, 2012.

Moltebeere
[1] https://pubmed.ncbi.nlm.nih.gov/18211023 und https://pubmed.ncbi.nlm.nih.gov/12830265.
–
https://www.scandinaviastandard.com/a-guide-to-cloudberries-all-about-the-norths-most-sought-after-fruit.
Jaakkola M., Korpelainen, V., Hoppula, K., Virtanen, V., *Chemical Composition of Ripe Fruits of Rubus Chamaemorus L. Grown in Different Habitats*, 2012.
Thiem, B., Berge, V., *Cloudberry: An Important Source of Ellagic Acid, an Anti-Oxidant*, 2003.

Kolanuss
[1] Van Wyk, Wink, 2019:117.
[2] Ibid.
–
Bruneton, 2008.
Smet, P. De, *Herbs, Health and Healers, Africa as Etnopharmacological Treasury*, 1999.

Rätsch, C., *Encyclopedia of Psychoactive Plants*, 2005. (Dt.: *Enzyklopädie der psychoaktiven Pflanzen*, 1998).
Van Wyk, B., Wink, M., *Medicinal Plants of the World. An Illustrated Scientific Guide to Important Medicinal Plants and Their Uses*, (1. Aufl. 2004) 2019.

Andiroba
[1] Van Andel, 2011:335.

Kräuter und Gewürze

Gewürznelke
Bruneton, 2008:553.
Ganora, 2009.
Grünwald, J., *Plantengeneeskunde van A tot Z*, 2008.
https://pubmed.ncbi.nlm.nih.gov/34770801.
McGee, 1992.
Verhelst, 2012.

Petersilie
[1] De Cleene, Lejeune 2003:88.
[2] Rätsch, 2005.
[3] Farzaei, M, et al., *Parsley. A Review of Ethnopharmacology, Phytochemistry and Biological Activities*, 2013.
[4] Bruneton, 2008:519.
[5] https://mens-en-gezondheid.infonu.nl/gezonde-voeding/148791-ijzerrijke-voeding-lijst-met-al-het-ijzerhoudende-voedsel.html.
[6] Gadi, D., et al., *Flavonoids Purified from Parsley Inhibit Human Blood Platelet Aggregation and Adhesion to Collagen Under Flow*, 2012, und Verhelst, 2012:423.
[7] Verhelst, 2012:422, und Kloss, J., *Back to Eden. A Human Interest Story of Health and Restoration To Be Found in Herb, Root, and Bark*, 1939/2009:162.
–
Aisani, N., et al., *Anticancer Effect in Human Glioblastoma and Antioxidant Activity of Petroselinum crispum L. Methanol Extract*, 2021.
Tang, E., et al., *Petroselinum Crispum has Antioxidant Properties, Protects Against DNA Damage and Inhibits Proliferation and Migration of Cancer Cells*, 2015.

Salbei
Ganora, L., *Herbal Constituents*, 2009.
Ghorbani, A., Esmaeilizadeh, M., *Pharmacological properties of Salvia officinalis and its components*, 2017.
https://pubmed.ncbi.nlm.nih.gov/29034191.
Simmonds, M., Howes, M., Irving, J., *Botanisch handboek medicinale planten*, 2018.
Uyldert, 1977.
Verhelst, 2012.

Eisenkraut
[1] De Cleene, 2019:333.
[2] De Cleene, Lejeune, 2003:529, Bd. 2.
[3] Müller-Ebeling, C., Rätsch, C., Storl, W. D., *Witchcraft Medicine*, 2003:14.
[4] Ibid., 90.
[5] De Cleene, M., *De Historia Naturalis. Geschiedenis van de kruidengeneeskunde*, 2019:333.
[6] Kubica, P., et al., V*erbena officinalis (Common Vervain) – A Review on the Investigations of This Medicinally Important Plant Species*, 2020.
[7] Grawish, M. E., Anees, M. M., Elsabaa, H. M., Abdel-Raziq M. S., Zedan, W., *Short-term Effects of Verbena officinalis Linn Decoction on Patients Suffering from Chronic Generalized Gingivitis: Double-blind Randomized Controlled Multicenter Clinical Trial*, 2006.
[8] Kubica, 2020.
–
Kubica, P., et al., *Production of Verbascoside, Isoverbascoside and Phenolic Acids in Callus, Suspension, and Bioreactor Cultures of Verbena officinalis and Biological Properties of Biomass Extracts, Molecules MDPI*, 2020.
Odo von Meung, *La Pharmacie des Moines, Macer floridus, Des vertus des plantes*, 9. Jh.
Verhelst, 2012.

Safran
[1] Gohari, et. al., *An Overview on Saffron, Phytochemicals, and Medicinal Properties*, 2013, und Ganora L., *Herbal Constituents Foundations of Phytochemistry*, 2009:150.
[2] Butnariu, M., et al., *The Pharmacological Activities of Crocus sativus L.: A Review Based on the Mechanisms and Therapeutic Opportunities of its Phytoconstituents*, 2022, und Bian, J., et al., *Neuroprotective Potency of Saffron Against Neuropsychiatric Diseases, Neurodegenerative Diseases, and Other Brain Disorders: From Bench to Bedside*, 2020.
[3] Hosseini, A., et al., *Pharmacokinetic Properties of Saffron and its Active Components*, 2018.
[4] Butnariu, 2022.
–
Bruneton, 2008.
De Cleene, Lejeune, 2003.
Heinrich, 2018.
Keller, 2009.
Verhelst, 2012.
Wyk, 2019.

Baldrian
[1] Uyldert, 1977:176.
[2] Genderen van H., Schoonhoven, L. M., Fuchs, A., *Chemisch-ecologische flora van Nederland en België*, 1996:229, und Bruneton, 2008:598.
[3] Simmonds, 2018:206.
[4] Ganora, 2009:48.
[5] Verhelst, 2012.

Cannabis
[1] Pendell, D., *Pharmakopoeai, Power Plants, Poisons, & Herbcraft*, (1. Auflage 1995) 2010: 182–183.
[2] Taylor, R., *Death and Resurrection Show: From Shaman to Superstar*, 1985:189–190.
[3] Hughes, B., *Homo sapiens correctus psychovitaminen 1*, 1964.
[4] Bruneton, 2008:453.
[5] Ganora, 2009:127.
–
Bruining, W., *Eenvoudig wietologisch handboek*, 1991.
Bruining, W., *Mediwietolie: het ideale volks medicijn*, 2011.
Dariš, B., et al., »Cannabinoids in Cancer Treatment: Therapeutic Potential and Legislation«, in: *Journal of the Association of Basic Medical Sciences*, 2019.
Frank, M., Rosenthal, E., *Marihuana groeiboek*, 1978/1986.
Guzmán, M., *Cannabinoids: Potential Anti-Cancer Agents*, 2003.
Heinrich, 2018.
https://trimbos.nl/docs/e084a515-84af-4f69-8ea5-1291641a1df3.pdf.
Manniche, 2006.
Niesink, R., Laar M. van, *THC en CBD en de gezondheidseffecten van wiet en hasj*, 2012.
Pellati, F., et al., *Cannabis sativa L. and Non-psychoactive Cannabinoids: Their Chemistry and Role against Oxidative Stress, Inflammation, and Cancer*, 2018.
Verhelst, 2012.

Gagel
[1] Suzman, J., *Work, A History of How We Spend Our Time*, 2020:193.
[2] Redzepi, R., Zilber, D., *Noma's handboek voor fermenteren*, 2019:26.
[3] Buhner, 1998:146.
[4] Frazer, J., *The Golden Bough, A Study in Magic and Religion*, 1922/1993:219.
[5] Buhner, 1998:178.
[6] Blankaart, S., *Den Nederlandschen Herbarius*, (1. Auflage 1756) 1980:412.
[7] Pendell, D., *Pharmakopeai, Power Plants, Poisons & Herbcraft*, 2010:66.
–
De Cleene, Lejeune, 2003.
Doppagne, A., *Les Grand Feux*, 1972.
Eliade, M., *The Sacred and The Profane, The Nature of Religion*, (1. Auflage 1957) 1987.
Jongstra, A, *Ecologieën. Een album in de natuur*, 2020.
Lardot, F., 2019: https://blik-ardennen.luxembourg-belge.be/de-heksen-van-de-ardennen.
Rätsch, 2005.
Rätsch, C., Müller-Ebeling, C., *Pagan Christmas, The Plants, Spirits and Rituals at the Origins of Yuletide*, 2006.
Vervoort, R., »*Vrouwen op den besem en derghelijck ghespoock*«, *Pieter Bruegel en de traditie van hekserijvoorstellingen in de Nederlanden tussen 1450 en 1700*, 2011.

Blätter und Blüten

Brennnessel
[1] De Cleene, Lejeune, 2003:417.

Ginkgo
[1] Verhelst, 2012:273.
[2] Tapan Kumar Mohanta, Yasinalli Tamboli, P.K. Zobaidha, *Phytochemical and Medicinal Importance of Ginkgo biloba L.*, 2014.
[3] Hofferberth, *The Efficacy of EGb 761 in Patients With Senile Dementia of the Alzheimer Type, A Double-blind, Placebo-controlled Study On Different Levels of Investigation*, 1994.
[4] Seligmann, 1996:115.
[5] Ganora, 2009:140.

Kamille
[1] De Cleene, 2019:133.
[2] Mellie Uyldert, 1977.
[3] Simmonds, 2018:122.
[4] Bruneton, 2009:521.
[5] Verhelst, 2012:365.

Matcha
Ba, X., et al., *L-Theanine in cancer prevention and treatment*, 2006.
Guo, Y., et al., »Green tea and the risk of prostate cancer: A systematic review and meta-analysis«, in: *Medicine* 96, 2017.
https://cebp.aacrjournals.org/content/15/12_Supplement/A157.
https://www.ncbi.nlm.nih.gov/pmc/articles/PMC3049752.
Matsumoto, K., et al., *Effects of Green Tea Catechins and Theanine on Preventing Influenza Infection among Healthcare Workers: A Randomized Controlled Trial*, 2011.
Mädesüß
[1] Ganora, 2009:107.
[2] Verhelst, 2012.
–
Zamardzic, S., et. al., *Antioxidant, Anti-Inflammatory And Gastroprotective Activity Of Filipendula Ulmaria (L.) Maxim. And Filipendula Vulgaris Moench*, 2018.

Löwenzahn
[1] Bianchini, 1976:36, oder De Cleene, Lejeune, 2003:8.
[2] McVicar, 1994:243.
[3] Ganora, 2009:119.
[4] Savich, A., et al., *Analysis of Inulin And Fructans In Taraxacum Officilae.L. Roots The Main Inulin-Containing Component of Antidiabetic Herbal Mixture*, 2021:527.
[5] Vogel, 1967:529.
–
De Cleene, Lejeune, 2003.
Green, J., *The Herbal Medicine Makers Handbook*, 2002.
Verhelst, 2012.
Vogel, 1979, 1967.

Koka
Atonil, A., *Mama Coca*, 1978.
Ganora, 2009.
Lestrange, A. de, *Coca Wine, Angelo Mariani's Miraculous Elixer and the Birth of Modern Adverstising*, 2016.
Rätsch, 2005.

Blauer Lotus
Manniche, L., *An Ancient Egyptian Herbal*, 2006.
Rätsch, 2005.

Huachuma-Kaktus
[1] Heaven, R., *San Pedro, The Gateway to Wisdom*, 2016:21.
[2] Sharon, D., 1972:128.
–
Furst, 1972.
Huxley, A., *The Doors of Perception*, (Dt.: *Die Pforten der Wahrnehmung*), 1954.
Rätsch, 2005.
Schultes 1998, und Schultes, R., Hofmann, A., Rätsch, C., *Plants of the Gods*, 2001.
Uyldert, 1977.

Peyote-Kaktus
[1] Furst, P., *Flesh of the Gods, The Ritual Use of Hallucinogens*, 1972:137.
[2] Löhndorff, E. F., 1955:135.
–
Castaneda, C., *Journey to Ixtlan, The Lessons of Don Juan* (Dt.: *Reise nach Ixtlan: Die Lehre des Don Juan*), 1961.
Lame Deer, John (Fire), Erdoes, R., *Lame Deer*, 1970.
Löhndorff, E., *De indiaan sterft* (Dt.: *Der Indio: Kampf und Ende eines Volkes*), 1955.
Rätsch, 2005.
Schultes, et al., 2001.
Waarheid, De, 1955, 10.12.1955.

Knollen und Wurzeln

Ingwer
[1] Frawley, D., Lad, V., *The Yoga of Herbs, An Ayurvedic Guide To Herbal Medicine*, 2008:122.
[2] Tierra, M.C.A., *Planetary Herbology, An Integration of Western Herbs Into the Traditional Chinese and Ayurvedic Systems*, 1988:244, und Semwal, R.B.· Semwal, D.K., Combrinck, S., Viljoen A.M., *Gingerols and Shogaols. Important Nutraceutical Principles from Ginger*, 2015.

[3] Verhelst, 2012:606.

–

McVicar, L., *Jekka's Complete Herb Book*, 2007.
Zwelebil, K. V., *The Siddha Quest for Immortality*, 2003.

Ginseng
[1] Ganora, 2009:143.
[2] Fulder S., *Een boekje open over ginseng, het toverkruid van het Oosten*, 1976:28, und Johannsen, 2006:172.
[3] Lee, et al., *Radioprotective Potential of Ginseng*, 2005:237–243.

–

Rätsch, C., Müller-Ebeling, C., *The Encyclopedia of Aphrodisiacs*, 2003.
Verhelst, 2012.
World Health Organization, *WHO Monographs on Selected Medicinal Plants*, Bd. 1, 1999:172.

Knoblauch
[1] Uyldert, 1977:146.
[2] Simmonds, 2018:20.
[3] Verhelst, 2012:87.

–

Ganora, 2009.
Genderen, 1996.
Uyldert, 1977.

Kurkuma
[1] Hennings, Kalman, *A Review of Its Effects on Human Health*, 2017.

Meerrettich
[1] Wyk 2019:59.
[2] Uyldert 1977:157–158.
[3] Bruneton 2008:203.

–

Arumugam, A., Razis. A., *Apoptosis as a Mechanism of the Cancer Chemopreventive Activity of Glucosinolates: A Review*, 2018. https://mdpi.com/2311-7524/7/7/167/pdf?version=1624958181.
Ku, K., et al., *Correlation of Quinone Reductase Activity and Allyl Isothiocyanate Formation Among Different Genotypes and Grades of Horseradish Roots*, 2015.
Manuguara, S., et al., *The Antioxidant Power of Horseradish, Armoracia Rusticana, Underlies Antimicrobial and Antiradical Effects, Exerted In Vitro*, 2020.
Verhelst, 2012.
Walters, A., *Horseradish: A Neglected and Underutilized Plant Species for Improving Human Health*, 2021.

Schwarzer Winterrettich
[1] Neumayer, P., *Kiezen voor natuurlijke antibiotica*, 2001:111.
[2] Uyldert, 1977:157–158.
[3] Vogel, A. H. C., *De Kleine Dokter, waardevolle raadgevingen, geput uit de rijke schat van aloude Zwitserse genezingsgebruiken*, 1979 (unverändert seit 1967):27.

–

Manivannan, A., Kim, J., Kim, D., Lee, E., Lee, H., *Deciphering the Nutraceutical Potential of Raphanus sativus-A Comprehensive Overview*, 2019.
Verhelst, 2012.

Maca
[1] Dini, A., Migliuolo, G., Rastrelli, L., Saturnino, P., Schettino, O., *Chemical composition of Lepidium meyenii*, 1994.

–

National Research Center, *Lost Crops of the Inca*, 1989.
Quiros, C. F., Epperson, A., Jinguo Hu, Holle, M., »Physiological Studies and Determination of Chromosome Number in Maca, *Lepidium meyenii* (Brassicaceae)«, in: *Economic Botany*, Bd. 50, Nr. 2 (April–Juni, 1996):216–223.
Rätsch, 2003.
Verhelst, 2012.
Wolfe, 2009.

Kava
[1] Wyk, 2019:256.
[2] Turner, J., *The Water of Life: Kava Ritual and the Logic of Sacrifice*, 1986.

–

Kilham, C., *Kava Medicine Hunting in Paradise*, 1996.
Lebot, V., Merlin, M., Lindstrom, L., *Kava: The Pacific Elixir: The Definitive Guide to Its Ethnobotany, History and Chemistry*, 1997.
Rätsch, 2005.
Sahlins, M., *How »Natives« Think About Captain Cook, For Example*, 1995.

Tepezcohuite
[1] Hellinga, Plomp, 1997:106.
[2] Rätsch, 2005:362.

–

Hall, M. P., *The Secret Teachings of All Ages*, 1928, Neuauflage 2003.
Schultes, 1998.

Iboga
[1] De Smet, P., *Herbs, Health and Healers, Africa as Etnopharmacological Treasury*, 1999:137–138.
[2] Rätsch, 2005:489.

–

Buhner, S. H., *Sacred and Herbal Healing Beers, The Secrets of Ancient Fermentation*, 1998.
Ça s'explique IBOGA, Gabon TV, 2014.
Schultes, 2001.

REGISTER

DANK

Ich möchte mich bei allen bedanken, die ich jemals getroffen habe oder deren Werke ich gelesen habe. Ihr alle habt mich und dieses Buch geprägt. Wir erkennen uns gegenseitig. Dieses Buch ist dem gesamten Universum gewidmet, der Illusion, die die Wirklichkeit aufrechterhält. Insbesondere ist es aber auch den Pflanzen und Pilzen gewidmet – das Buch ist eine Ode an diese wundervollen Wesen.

IMPRESSUM

LIEBE LESERIN, LIEBER LESER,

wie wunderbar, dass du dich für ein Buch von GU entschieden hast! In unserem Verlag dreht sich alles darum, dir mit gutem Rat dein Leben schöner, erfüllter und einfacher zu machen. Unsere Autorinnen und Autoren sind echte Expertinnen und Experten auf ihren Gebieten, die ihr Wissen mit viel Leidenschaft mit dir teilen. Und unsere erfahrenen Redakteurinnen und Redakteure stecken viel Liebe und Sorgfalt in jedes Buch, um dir ein Leseerlebnis zu bieten, das wirklich besonders ist. Qualität steht bei uns schon seit jeher an erster Stelle – jedes Buch ist von Büchermenschen für Buchbegeisterte gemacht, mit dem Ziel, dein neues Lieblingsbuch zu werden.

Deine Meinung ist uns wichtig, und wir freuen uns sehr über dein Feedback und deine Empfehlungen – sei es im Freundeskreis oder online.

Viel Spaß beim Lesen und Entdecken!

PS: Hier noch mehr GU-Bücher entdecken: www.gu.de

FÜR DIE UMWELT

Dieses Buch wurde auf PEFC-zertifiziertem Papier aus nachhaltiger Waldwirtschaft gedruckt. Aus Liebe zur Natur verwenden wir leichtes Papier.

DIE BÜCHERMENSCHEN HINTER DIESEM PROJEKT

Verlagsleitung: Nadja Harzdorf-van Wickeren
Projektleitung: Fabian Barthel
Übersetzung: Birgit van der Avoort
Satz und Lektorat: Gerdi Killer, booklab GmbH
Cover: ki 36 Editorial Design, München, Bettina Stickel, Petra Schmidt
Herstellung: Markus Plötz
Reproduktion: Ludwig Media, Zell am See
Druck: Firmengruppe APPL, Wemding
Bindung: conzella, Pfarrkirchen

Originalausgabe:

© 2022 Nijgh Atelier
Nijgh Atelier ist Teil von Nijgh & Van Ditmar
Titel der Originalausgabe: *Plantkracht. Het heilzame plantenboek.*
Texte: Wouter Bijdendijk
Rezepte: Joris Bijdendijk
Food- und Produktfotografie, Styling und Illustrationen: Jessie le Comte
Lifestyle-Fotografie: Saskia van Osnabrugge
Fotos auf den Seiten 25 (oben), 79 und 86: Wouter Bijdendijk
Foodstyling: Joris Bijdendijk, Ivar Beusink und Yascha Oosterberg
Geschirr: The Bird Tsang Ceramics Studio und private Sammlung
Botanische Fachberatung: Roxali Bijmoer
Rezeptredaktion: Yulia Knol
Umschlag- und Innengestaltung: Jelle F. Post

www.nijghenvanditmar.nl

Gefördert durch

Nederlands letterenfonds
dutch foundation for literature

Grillparzerstraße 8, 81675 München

www.gu.de/kontakt | hallo@gu.de

GU ist eine eingetragene Marke der GRÄFE UND UNZER VERLAG GmbH

1. Auflage 2025,
ISBN: 978-3-8338-9805-1

WICHTIGER HINWEIS

Diese Veröffentlichung wurde mit größtmöglicher Sorgfalt erstellt. Dennoch können weder Autoren noch Herausgeber eine Haftung für etwaige Ungenauigkeiten und/oder Auslassungen in dieser Publikation übernehmen.

Sei immer vorsichtig beim Verzehr von Heilpflanzen und Pflanzenprodukten. Beginne stets langsam und in Maßen und steigere dich allmählich. Wenn du Herzprobleme oder andere Beschwerden hast, Medikamente einnimmst oder schwanger bist, kannst du nicht alle Pflanzen essen. Herausgeber und Autoren können in keiner Weise für eventuelle Probleme oder Verletzungen im Zusammenhang mit dem Verzehr der Pflanzen und Pflanzenprodukte aus diesem Buch verantwortlich gemacht werden. Siehe auch den Warnhinweis auf Seite 19.